Minerva Shobo Librairie

明治大学社会科学研究所叢書

地域卸売企業ダイカの展開

ナショナル・ホールセラーへの歴史的所産

佐々木聡［著］

ミネルヴァ書房

地域卸売企業ダイカの展開——ナショナル・ホールセラーへの歴史的所産

目次

序　総合卸売企業の発展

本書は、日用雑貨品の中間流通の主要企業である夻十全堂（だいか）・ダイカ株式会社の経営発展の過程を経営史的に検討した研究書である。

卸売業は、二〇一二（平成二四）年時点で、日本の実質国内総生産の七・四パーセントを占める。製造業の二〇・六パーセント、サービス業の一八・三パーセント、不動産業の一一・五パーセントに続く地位にある産業である。小売業が五・七パーセント、金融・保険が五・二パーセントであることと比べると、その相対的な地位の高さがあらためて注目されよう(1)。

日本の国民経済のなかでこのような地位を占める卸売業の発展過程について、これまで実証的な研究の蓄積は乏しいといってよいであろう。これまでの流通やマーケティングの史的研究の主な対象はメーカーや小売企業であり、流通の中間に位置する卸売企業の経営史的研究は、ほとんど進展をみなかったといってよい。卸売企業の動向を対象とした主な諸研究をみても、その多くが卸売企業を没個性的に捉えている点が共通している。この共通項こそが、従来の諸研究の限界を示す点であったともいえる。

一九六二（昭和三七）年、林周二の『流通革命』（中公新書）が刊行され、多くの反響を呼んだ。林の主張は、「問屋斜陽論」・「問屋無用論」と曲解された。これについて林は「現実の問屋資本そのものが新しい時代に即応して脱皮し変化することを否定するものではない」[2]と述べており、林が無条件かつ自動的に凋落するとは主張していないことが確認できる。

ただし、その後の卸売企業の研究の多くが経営の主体的な諸側面に焦点をあててこなかったがゆえに、林の指摘した二つの可能性を分けたものが何であったのかを明らかにすることができなかった。すなわち、どのような卸売企業が姿を消し、どのような卸売企業が発展を遂げたのかという点が、長きにわたる研究史上の課題であったといえる。

本書は、こうした研究史への認識を基礎に、卸売企業がどのようにして新時代の要求を満たす諸条件を具備するような発展を遂げたかについて、実証的に検討したものである。別の言い方をすれば、当時のいわゆる「問屋無用論」がなぜ現実のものとならなかったのかという論点について、事例研究によって解明を試みたものである。

本書で事例研究の対象とするダイカは、卸売企業のなかでも、いわゆる日用雑貨の卸売企業であり、現在の経産省の統計上は、おおむね医薬品・化粧品卸売業のカテゴリーに属する。二〇一二年の同省『商業動態統計調査』の「業種別商業販売額」でみると、機械器具卸売業、鉱物・金属材料卸売業、食品・飲料卸売業、各種商品卸売業に次ぐ売上規模となる[3]。

ダイカは、一九〇九（明治四二）年五月に函館で㊄十全堂（まるご）として創業し、化粧品・小間物、石鹼、洗剤、歯磨、雑貨、米穀を商った。一九一六（大正五）年に㊄十全堂に屋号を変更し、一九六九（昭和四四）年八月には北海道内の他の六社（うち一社は同年一二月に合併手続きを完了）と合併してダイカ株式会社となった。二〇〇二（平成一四）年四月には、ダイカ株式会社と名古屋の有力卸企業の伊藤伊株式会社、九州・中国地域の広域卸企業となっていた株式会社サンピックの三社による共同持株会社あらたが設立され、同年九月に四国の徳倉株式会社がこれに加わった。その二年後の二〇〇四（平成一六）四月には、同じ四社の完全統合による株式会社あらたが誕生した。この株式会社あらたは、その後も業界のリーダー的地位を維持し続けている。現状の業界内の地位からみても、その歴史的経過からみても、奈十全堂およびダイカは、経営史的研究の対象に値する代表的事例のひとつであるといえる。

さて、本書では、次のような時期区分と章の構成によって、検討を進めることにしたい。

まず第一章では、奈十全堂が創業された一九〇九（明治四二）年から、創業者が次代へ経営を継承する一九五九（昭和三四）年頃までの時期を検討の対象としている。この五〇年に及ぶ時期を創業者経営の時期と捉えて、創業者の経営理念、道内の業界動向と競争状況、全国の業界での相対的位置づけ、などを中心に検討し、その経営基盤の確立にいたる過程の特徴の析出を試みる。

第二章では、一九六九（昭和四四）年八月に、北海道の日用雑貨・化粧品系の有力卸売企業六社の合併によって誕生し、後に一社が加わって七社の統合会社となったダイカ株式会社の成立の背景と過程について検討する。本書では、一九六九年の道内七社による合併を、全国的な有力企業へと展開するうえでの大きな基盤の形成とみて、その前後の経営環境の変化すなわち客体的な背景を確認し、次いで、合併を主導した経営者たちの認識と彼らを結びつけた前史的背景および経営理念や経営構想といった主体的側面を検証することにしたい。また、この合併が北海道の業界に与えた影響や、この流通企業合併の経営史的意義を試論的に考察してみることにしたい。

第三章では、ダイカが全国展開を進める前の一九七〇〜八〇年代の発展過程を検討する。この時期のダイカの経営状況について、所有と経営の特徴、経営環境と経営方針、経営陣の特徴、人的資源の状況、組織と管理システム、情報・物流システム、業界内の地位などを中心にみてみることにしたい。こうした道内広域企業としてのマネジメント・システムの近代化の過程は、後の全国卸を目指す経営基盤となったと思われるので、できる限り、詳細な検討を試みたい。

第四章では、ダイカ株式会社が東北地方および関東地方へ事業を拡げていく過程を検討する。ダイカは、一九九〇年に八戸のネタツ興商を合併したのを契機に、青森、八戸、山形、福島、仙台、盛岡などの東北地域に営業拠点を拡げていった。一九九八年には、秋田の富士商会と埼玉のタナカと合併して、関東地域にも商圏を拡大し、さらに二〇〇〇年にはエヌフォーとの合併により新潟県にも進出した。こうした戦略を促した経営環境、経営者の主体的な戦略とリーダーシップ、資本と経営資源の蓄積、所有と経営の特徴、物流・情報システムの近代化、業務効率の追求、業界内の地位などをやや詳細に検討することにしたい。

最後に、終章では、本書で明らかにされたことを整理したうえで、本書全体を通じた総括を述べることにしたい。

注

(1) ここでの国民総生産に関する数値は内閣府の『国民経済計算』・「経済活動国内総生産（実質・連鎖方式）」二〇一二（平成二四暦）年による。また、ここでの叙述は、寺島大介「中堅・中小卸売業の生き残り戦略」（三菱ＵＦＪリサーチ＆コンサルティング『季刊　政策・経営研究』二〇一二、Vol.2）を参考にしている。

(2) 林周二『流通革命　増補版』（中公新書、一九八二年一〇月）一七〇頁。

(3) ここでの卸売業の種別地位は、経済産業省の『商業動態統計調査』・「業種別商業販売額」二〇一二（平成二四暦）年による。なお、ここで「おおむね『医薬品・化粧品』」と述べたのは、ダイカでは紙・紙製品なども扱うようになるからである。

第一章　五十全堂の生成

はじめに

本章で検討の対象とする経営期間は、五十全堂が創業された一九〇九（明治四二）年から、創業者が次代へ経営を継承する一九五九（昭和三四）年頃までである。序章でも述べたように、この五十全堂は、現在株式会社あらたとして、日雑商品卸業界の代表的企業となっているが[1]、この時期の五十全堂は、北海道内の道南の地・函館に拠点を置く地域企業であった。本章では、この五〇年に及ぶ時期を創業者経営の時期と捉えて、その地域企業が、いかなる経営理念と経営手法によって、いかに実績を伸ばして地域有力企業にまで発展してきたかを実証的に検討する。

なお、五十全堂の創業期の経営史料がほとんど未確認の現状では、その経営実績の検討に際しては、主にメーカー側の経営史料による傍証的な分析にとどまらざるを得ない面もあることをあらかじめお断りしておきたい。

1　創業者・齋藤脩平の経営と思想

大加十全堂の創業

大加十全堂の事業は、一九〇九（明治四二）年五月一日、一八八〇（明治一三）年五月生まれの齋藤脩平が函館市の西川町で開いた商店を起点とする。創業時の屋号は㊄十全堂とされ、化粧品・小間物、石鹼・歯磨・雑貨・米穀の問屋を営んだ。㊄は父の五平の名前からとり、十全堂は仏教の経典にある完全無欠を意味する十全と、家・建物の意の堂から成っているという。「だいか」の呼称をもつようになるのは、一九一六（大正五）年に、大加十全堂に屋号を変更してからのことになる。当時、大戦ブームで発展した函館の二つの有力企業、大加（つかいか）相馬商店（金融、不動産）と太橋（だいぼしはし）谷（や）商店（船舶、雑貨、倉庫）とを凌駕せんとの思いから、大と加を合成して大加としたとされている。[2]

齋藤脩平がいかなる動機と志をもって小間物・化粧品の商業を選んだのかについては、今のところ明らかではない。しかし、齋藤脩平は、米穀商だった父の家業を継ぐ前から石鹼に関心をもち、自ら石鹼製造を手掛けてみたかったようである。[3] 脩平をそうした商品の扱いへといざなう環境要因を考察するためのてがかりとして、まず当時の函館の小間物業界や北海道内の函館の商業上の位置づけについて確認しておきたい。

函館の業界・経済動向

一般に舶来の石鹼・化粧品などの洋小間物は、開港後、横浜などの居留地のニーズの高まりとともに普及し、東京では日本橋などでそれを扱う小売・卸売の商店が開業し始める。花王の創業者の長瀬富郎による長瀬商店も、代表的事例のひとつであった[4]。同じ開港の地、函館でも洋風の物品を扱う商店の登場は早く、一八六八（明治元）年に今井市右衛門が末広町に唐物店と称した舶来品の店を開いた。その翌年の五月には、渡邊孝平が大町で洋物店（ようぶつてん）（金森商店）を開き、これが後の棒二森屋デパートへと発展する[5]。一八七二（明治五）年には、加藤文五郎が函館で洋品、化粧品を扱ったのをはじめ、その二年後には渡邊孝平の金森商店も小間物店を開業し、いくつかの業者が小間物を扱うようになった[6]。小樽や札幌でも小間物・化粧品を扱う店がいくつか開業し、小樽や札幌には後の百貨店の前身ともいうべき勧工場（かんこうば）も設けられ、新しい商品が北海道の人口集約地を中心に浸透していった[7]。

こうした商業者の動向を反映し、一八九三（明治二六）年五月には函館和洋小間物商組合が設立され、翌年には小樽にも小樽洋物小間物商組合が設立された[8]。函館の組合が設立された年、日本銀行でも、三井銀行支店との従来の代理店契約を解除して、函館、札幌、根室、室蘭に出張所を、小樽に派出所を置いた。これは、日清戦争前後の北海道金融の実情や道内商業の発展にかんがみて、保管や出納、諸公債の事務取扱や為替業務を営むためであった。函館出張所は、二年後の一八九五年七月に北海道支店に昇格したほど、道内の商業の中心と位置づけられたのである[9]。

脩平の奉公と独立

活況を呈する函館の経済環境のなかで、父・五平は、父親の五太夫とともに福井から函館に渡った後、米穀商を営んでいたが、脩平が一〇歳の一八九〇（明治二三）年に他界した[10]。その六年後の一八九六（明治二九）年に尋常高等小学校を卒業した脩平は、一六歳で大阪の小間物問屋に奉公した。奉公先も経験の内容も不明ではあるが、大阪でも歯磨や石鹼をはじめ新しい国産のトイレタリー商品が普及してきた時期であったから[11]、貧しい食事しか与えられない厳しい状況にありながらも[12]、何らかの新時代の商業の方向性を感じ取ったことであろう。

翌一八九七(明治三〇)年に函館に戻って小さな米屋を始め、翌年五月に再度上京して函館に戻った八月頃に、二軒の米穀商と合併し、函館米商合資会社を開いた。屋号は、共同経営を意味する「三輪」であった。奇しくも石鹼・化粧品業界の代表的な人物である三輪善兵衛の姓と同字である。この米穀商時代の齋藤脩平自身の記録[13]をみると、倉庫・運搬に関わる記録や、税、保険、白米相場に関する記録があり、この時期に商業全般や函館の経済に関する基礎的な知識や情報を蓄積するとともに、それらの入手方法を学んだと思われる。

一九〇五(明治三八)年、二五歳となった齋藤脩平は、「三輪」から米をとっていた古着屋の主人の世話で、青森県七戸町の米穀商の長女であった太田てる(一八歳)と結婚し函館市青柳町に新居を構えた。その四年後の一九〇九(明治四二)年に、前述のように夵十全堂を創業したのである。創業当初は、東京の問屋・木屋葉満田芳兵衛から花王石鹼やミツワ石鹼を仕入れ、このほかヘチマ・コロンやライオン歯磨なども取り扱っていたという。当時の函館の業界では、丸九加藤、角三星新田、八二西沢などが有力競合店であった。齋藤脩平は、米問屋と小間物・雑貨店の兼業となったが、妻てるが小間物・雑貨の夵十全堂をきりもりし、取扱量も増えていった[14]。

ちなみに、明治後期のライオン歯磨の取引先は、全国で一七四店あったが、北海道では、函館地区で三店、小樽地区で八店、札幌地区で四店、旭川地区で一店の計一六店あり、齋藤脩平の夵十全堂もそのひとつに数えられている[15]。

創業から七年後の一九一六(大正五)年、齋藤脩平は、第一次大戦の景気を見込んで五〇〇排水トンの汽船を購入した友人の連帯保証人となった。しかし、支払不能となった友人に代わって、一〇万円という大金の弁済義務が生じてしまった。債権者の北海道拓殖銀行に交渉の末、七万五〇〇〇円に減額してもらい数年をかけて返済を済ませたが、これ以来、齋藤脩平は「親子間の保証は仕方ないが、兄弟間でも保証人にはなるな」と教えたという。こうした初期の経済的な辛苦は、多くの企業家に共通する一面でもある。齋藤脩平の場合も、この経験がその後の経営理念の形成に少なからず影響を与えたとみられよう[16]。

さらに、齋藤脩平は、「働くは人の道」を終生の人生訓とし、後に㐂の社訓ともした。「働く」という言葉は「はた」を「らく」にすることだと、口癖のように周囲に言っていたという。社会貢献を重視する勤労観とみることができよう。そして「働かざるは食うべからず」、「勤労に悪なし、怠惰に善なし」を座右の銘として、周囲の者を諭したという。いずれも、大阪時代の奉公や負債弁済などの経験をふまえて形成された経営思想といえる。後述するように、こうした勤労観は、社会貢献を成した先人への傾倒や、業界の人材育成を尊重する思想の基盤となったと思われる。ちなみに、「働くは人の道」は、現在の株式会社あらたの社訓ともなっている。

一方、齋藤脩平は、日々、数種類もの新聞に目を通していたというから[17]、情報の入手と分析を重要視した経営者であったとみることができよう。

市議と平田文右衛門への傾倒と改姓

ところで、一九二一（大正一〇）年四月一四日、函館では二二〇〇戸余りを焼く大火となり、㐂十全堂も店舗を焼失した。その翌年の一九二二年八月一日、函館は一八九九（明治三二）年一〇月以来の区制から市制に変わった[18]。齋藤脩平は、同年一〇月の最初の函館市議会議員選挙に立候補して、三六人の議席数のうち第四位で当選した。当選すれば、㐂十全堂の宣伝になるとの考えであったと推察されるが、任期の四年間は事業の経営をほぼ妻に任せきりとなり、二期目は立候補しなかった。これに懲りて、齋藤脩平は、「政治の世界にははまらない事」を諭した[19]。政・商分離の経営思想がここにできたといえる。

その一方で、齋藤脩平は、函館の発展に尽力し、渡邊孝平、今井市右衛門、平塚時蔵とともに函館四天王と称された平田文右衛門に傾倒した。平田は、呉服・太物の商いから和洋建築金物の事業を手掛けたが、学校・病院の創設、新聞の創刊、道路の拡充、水道の敷設、港湾の修築、船渠の創始、経済的弱者の救済など、公的な組織や施設の充実に力を注いだ。一九〇一年に六〇歳にて天寿を全うしたが、没後六年目に函館区会ではその功績をたたえて、肖像が議事堂に掲げられた[20]。

齋藤脩平は、今日的に言えば、社会的貢献活動（CSR）あるいは社会的企業家（social entrepreneur）の先駆ともいうべき平田の実績に畏敬の念を持ち続け、長男の悟（後の大総一郎）にも、平田のことを何度も話したという[21]。平田の実績を学ぶことを通じて、社会的貢献に関する思いが齋藤脩平の内なる世界で、次第に重きをなしていったのであろう。

ところで、齋藤脩平は、幼名の末吉を嫌い一六歳の末に改名を終えたが、齋藤という姓も変えたいと思っていた[22]。一九二九（昭和四）年、まず三男の修七郎が東京の体育大学に在学している機会を利用し、函館の親元に戻らないので勘当するという名目で除籍した。次いで、除籍された修七郎が一九三一年に大の姓で一家を創設し、長男の悟以外の弟妹が養子に入って大の姓を名乗った。当初は、奃にちなんで「大家（だいか）」という姓で届けたが、「だいけ」としか読まれず、「大」に変更した。長男の悟は長男であるため養子に入れなかったが、専門家による複雑な手続きを経て、今度は悟の方が齋藤から変わって大となって名も総一郎となる変更手続きを一九三二年に完了したという[23]。いわば、商号に、所有型経営者の姓を合致させたということになる。

2　戦前期の道内卸業界と㊈十全堂の経営展開

小樽・札幌卸業者との競争局面

一九二〇（大正九）年代以降も、北海道内陸部の開拓の進展にともない、本州などから函館を経ずに直接道内諸港へ出入りする船舶が多くなった。函館では依然として商業の発展が進んでいたが、小樽や札幌は函館を上回る伸長率となった。函館の商人が小樽や札幌の商人に対して競争を優位に展開させるには、北上して室蘭、夕張、日高、十勝地区へと営業エリアを拡大することが焦眉の急であった。この時期の函館では、丸九・加藤、角サ星・新田、丸守・守田などの店が発展を遂げていたが、八二西沢や㊈十全堂が道内に商圏を拡大した。とくに㊈十全堂は、室蘭、登別、苫小牧へと営業基盤を固めていった。[24]

一方、小樽では、一八八九（明治二二）年一二月に壽原猪之吉によって創業された壽原合名の広域展開が著しかった。[25]一九〇八（明治四一）年に合名会社に改組したのを機に、猪之吉は金沢市に居を構えて閑居し、三男の壽原英太郎が采配をふることとなった。英太郎は、一九一一（明治四四）年東京に仕入店を開き、元卸を排してメーカーとの直接取引を推進して利益の確保に努めた。第一次大戦後の不況期には、道内各地に商圏を拡大していった。一九二一（大正一〇）年に壽原商事株式会社に改組し、一九二六（大正一五）年には函館に同社の出張所を置いた。[26]壽原とともに、一九一〇（明治四三）年に七福会をつくって七店の共同仕入を行った村住三右衛門の梅屋も、一九一八（大正七）年には小売部を閉じて営業品目を整理したものの、装粧品、化粧品、セーター、メリヤス類、帽子などの繊維製品から万年筆、線香、写真機など幅広い商品を取扱い、道内から樺太まで商圏を拡げていった。[27]

本拠の地域を越えた広域的な商権争いは、道内の業界の動きにも反映することとなった。一九二二（大正一一）年一〇月、平尾賛平商店のレート化粧料本舗が定山渓で全道代理店会を開いたのを機に、出席者全員の賛成で北海道小間物化粧品卸商連合会が結成された。会長には小樽の壽原英太郎、副会長には札幌の小六節之助が就き、札幌の小泉清一と大沢染次郎、小樽の久保与三五郎と松本栄三郎、函館の西沢音八と加藤文五郎、旭川の石田万作と山本亀次郎が幹事となった。全道の有力商業拠点の代表者を役員としてスタートし、その後の会員数は三〇に達した。ところが、翌年一〇月に小樽で開かれた総会では、函館市の同業者が全員入会を拒絶し、連合会としては入会勧誘を継続した。函館の同業者の加入が実現したのは、五年後にクラブ太陽会創設と合わせて函館で開かれた一九二八（昭和三）年九月の総会においてであった。このとき、副会長には奈十全堂の齋藤脩平と札幌の早川正秀が就いている。これによって、全道全市一二町の業者一〇〇名以上の会員を擁する団体となった。しかし、その後再び函館側の業者が退会を表明した(28)。

このように、全道を網羅した協調と結束は、それぞれの商権争いの思惑もあって、その維持が難しかったとみられる。

メーカーの販路戦略への対応

先にふれた有力メーカーによる販売網の組織化の動きは、乱売すなわち小売店の採算を度外視した値引競争を背景としたものであった。この乱売は、流通の川上である卸店やメーカーの利益も圧迫した。メーカーとしては、各流通段階での適正価格の維持に努める必要があり、一九二〇年代からそのための施策が積極的に講じられた。

資生堂では、一九二三（大正一二）年一二月に化粧品の小売店をボランタリー・チェーン方式によって組織化し、一九二六年一月には石鹼などの日用品の小売店の組織化もはかった。そして各地の有力代理店を特定代理店として組織化し、一九二七（昭和二）年からは、資生堂商品の専門卸店の販売会社（販社）を、各地域の有力卸店との協力によって、全国に設けていった。「東のレート、西のクラブ」と並び立った両社、すなわち平尾賛平商店と中山太陽堂でも、同様に組織化をはかった。中山太陽堂では、大洋会という全国の代理店（卸店）協議機関の発足を一九二二（大正一一）年一一月に決議したのをはじめ、一九二五年の大阪の小売店組織である大阪共栄会など、代理店や小売店の組織化を進展させた。平尾賛平商店でも、一九一五（大正四）年の小売値段協定組織の会津若松レート会、前述の一九二二年の北海道レート会など、同様に全国各地で組織化をはかった[29]。

北海道の各地域の有力卸店は、いずれのメーカーの動きにも対応した。資生堂との関係をみると、五十全堂が一九一五年に資生堂化粧品連鎖店取次契約を結び、一九二三（大正一二）年には、資生堂特定代理店契約を結んだ。一九二七年に旭川の石倉商店も資生堂特定代理店契約を結んだ[30]。五十全堂では、齋藤脩平が資生堂の松本昇の唱える資生堂チェインストア制度に賛同し、資生堂の化粧品や石鹼の積極的な販売拡大を推進したという[31]。このほか、小樽の本間商店[32]や前述の旭川の石倉商店なども資生堂製品の拡販に積極的で、一九二九（昭和四）年八月一日、これら三社の協力で、資生堂北海道販売株式会社が、五十全堂全額出資の資本金五万円をもって、函館に設立された[33]。

資生堂北海道販売株式会社の初代支配人は、五十全堂の支配人を務めていた青柳福治が担当した。齋藤脩平の長男の大総一郎が実務面を担当し、小樽、旭川、釧路、室蘭に順次配給所を開設していった。室蘭も重要な商業エリアで、小樽から定期便に乗って一昼夜の出張が慣行となった。これらの配給所の開設年は今のところ確認できていないが、母体の五十全堂が、一九二九（昭和四）年に札幌、一九三一年に旭川にそれぞれ出張所を設けて、小樽・札幌・旭川の商権確保を展開している動きと無関係ではないと推察される。一九三四年三月の函館の大火では、母体の五十全堂は全焼したが、資生堂北海道販社は類焼を免れた。しかし、大半の資生堂チェインストア加盟店が焼失し、販社では復興の支援に努めた。一九三九年には北海道販社の拠点を函館から札幌に移した(34)。

中山太陽堂のクラブ化粧品の専門卸会社であるクラブ化粧品販売会社との関係でみると、中山太陽堂は一九二六（大正一五）年五月一日に従来の業界の慣行を破って、製品の取引系統、利益、取引資格などを明確化する「陽級販売制度」を設けたが(35)、同年六月、北海道でも全道六市にクラブ共栄会が設立された(36)。〓十全堂は一九二八（昭和三）年七月にクラブ化粧品函館販売会社を設立した。これは、〓十全堂にいた中村福松の発案であるとされ(37)、中村自身が同社常務取締役に転任した(38)。また中山太陽堂の製造の化粧品・石鹼・歯磨・歯ブラシなどのうちの共栄会専売の新シリーズの留型商品（これを特定品と呼んだ）などを扱う特定品販売会社についてみると、一九三七年一二月に札幌の廣瀬支店が中心となって設立した札幌クラブ特定品販売会社の取締役に、齋藤脩平の五男の増田輝夫を派遣している(39)。

なお、札幌には、廣瀬支店が中心となって一九三一年七月に設立したクラブ化粧品札幌販売株式会社もあった。また旭川には、第一田巻商店、丸石石橋純商店、石倉商店などによって一九三七（昭和一二）年六月に設立された旭川クラブ特定品販売株式会社もあった(40)。

このように函館の〓十全堂はじめ、札幌や小樽の有力卸店は、メーカーのチャネル戦略へ能動的に対応した。とくに、〓十全堂の場合は、有能な人材をメーカー販社に派遣するほどの積極的な対応を示した。こうした姿勢は、むしろ〓十全堂という母体の卸業経営にとっても、派遣された人物にとっても、メーカーの戦略や商品の情報を継続的に入手する素地とメーカーや同業者との人脈基盤をつくることになったとみることができる。

人材の育成と商圏拡大

すでに述べたように、𠮷十全堂では、メーカーのチャネル戦略に前向きに対応し、資生堂北海道販社の青柳福治、クラブ化粧品函館販売会社の中村福松など自ら育てた人材や、札幌クラブ特定品販売会社の脩平の五男・大輝夫（増田家へ養子に入る）など、自社の有能な人材を送り込んだ。これらの人々は、みな齋藤脩平の「働くは人の道」という勤労観の下で育成された。齋藤脩平は、勤労のなかにこそ人間としての研鑽と楽しみがあるという信条をもって人材育成に当たり、力量のある人材を育てたのである。メーカー販社に派遣された三人をはじめ、西衛（戦後の一九五〇年五月に旭川に第一文化堂を設立）、前田昌弘（同じく戦後の一九五〇年四月に旭川にクラウン商事を設立）、山崎勢一（後に一九六八年二月設立の函館花王製品販売株式会社常務に就任）なども齋藤脩平に育てられた人物であった(41)。

彼らは、若い時期から齋藤の教えに従い、精力的に活動した。たとえば、クリームなどの特売が出ると、町々の駅へ商品梱を送っておき、現地で大八車を借りて、それに商品梱を積んで小売店に売り込んだ。大量仕入の大量販売によって、競争上の優位を確保したのである。一九二八（昭和三）年の長万部と輪西間の長輪線鉄道の開通に際しては、森、長万部を越えて、室蘭、登別、苫小牧へと鉄道活用による商圏の範囲を拡大していったという(42)。

花王との取引実績

ところで、すでにふれたように、𠮷十全堂では、一九二九（昭和四）年に札幌に、一九三一年には旭川にそれぞれ営業所をおいていたが、一九三三年には樺太にまで営業所を設けて(43)、商圏を拡大していった。この時期の𠮷十全堂の経営実績を示す経営史料は、今のところ確認できていない。そこで、メーカー側との取引関係や取引実績をみることによって、𠮷十全堂の相対的な地位を探ってみることにしたい。

表1－1　花王石鹼代理店配荷実績（1929～30年度）

所在市	取引先代理店	配荷梱数	
		1929年度	1930年度
函館市	𡘙十全堂	185	151
小樽市	壽原商事会社	670	638
小樽市	中松合名会社	81	54
小樽市	村住三右ヱ門	40	45
小樽市	中山龍太郎	23	17
小樽市	久保與三五郎	25	10
札幌市	丸日聯合会社	194	131
札幌市	廣瀬商店	(99)	86
札幌市	小泉清一	19	65
札幌市	早川正秀	149	22
旭川市	石倉忠平	74	62
留萌市	澤井政一	2	1
釧路市	橋本文平	148	139
根室市	諏訪庄兵衛	1	1
小計(A)		1,611	1,422
全国合計(B)		35,087	32,224
(A)÷(B)×100(%)		4.59	4.41

（出典）花王石鹼株式会社長瀬商会『府県別配荷表（昭和6年1月24日調）』。

（注）1．責任梱数と最小限梱数のいずれも，店入品と直送品の合計値である。

2．1929年度の廣瀬商店の配荷梱数（99）は小計値に算入されていない。

表1－1は一九二九（昭和四）年から次年度にかけての花王石鹼と北海道の主要代理店との石鹼の取引実績を示したものである。この表に示されるように、全国のなかで北海道の代理店の実績は、四・五パーセント前後である。そのなかで、最も配荷実績が大きいのは、小樽の壽原商事であり、群を抜いた実績であったことがわかる。一九二九（昭和四）年度でみると、首位の壽原の六七〇梱に次いで札幌の丸日（まるひ）聯合[44]の一九四梱、第三位が齋藤脩平すなわち𡘙十全堂の一八五梱であった。翌三〇年度も、六三八梱の壽原の首位は変わらないが、𡘙が一五一梱で二位となり、三位が釧路の橋本文平の一三九梱、四位が丸日聯合の一三一梱となっている。したがって、首位の壽原との大差はあるものの、この時点で𡘙十全堂が北海道内で第二位の代理店として位置づけられたことになる。

ちょうど、その一九三〇（昭和五）年八月、花王では二代長瀬富郎による新装花王発売計画が発表され、販売・流通面の改革もその一環とされた。販売経路の整理、新市場の開拓、一手代理店の活動区域の限定、小売値段の確定による乱売防止などが営業部の重要課題とされた[45]。北海道・樺太地域および東北地域でも、「直接店（所謂A級店）及間

表1-2　花王石鹼代理店目標配荷数（1931年度）（1梱＝50ダース）

代理店名	所在地	責任梱数	最小限梱数	奨励金(1ダース当り)(単位：銭)
十全堂本店	函館市地蔵町	300	259	3.0
壽原商事株式会社（本店） 壽原商事株式会社（出張所）	小樽市入船町1丁目 函館市鶴岡町42番地	1,000	852	3.0
中松合名株式会社	小樽市住初町1丁目	100	97	2.5
梅屋（村住三右衛門）	小樽市色内町6丁目	100	81	2.5
中山龍太郎商店	小樽市色内町4丁目	40	31	2.0
丸日聯合販売株式会社	札幌市南2条西2丁目	180	133	3.0
小泉清一商店	札幌市南1条西2丁目	100	72	2.5
廣瀬徳市商店	札幌市南1条西3丁目	200	200	3.0
石倉忠平商店	旭川市4条通13丁目	130	112	3.0
橋本文平商店	釧路市西幣舞町	180	135	3.0
小計(A)		2,330	1,972	−
全国合計(B)		−	51,287	
(A)÷(B)×100(%)		−	3.85	

（出典）花王石鹼株式会社長瀬商会『昭和6年度（自3月1日至11月31日）北海道及奥羽6県区販売方法並予算体系』。
（注）1．壽原商事株式会社は，本支店合計あるいは双方の数値である。
2．責任梱数と最小限梱数のいずれも，店入品と直送品の合計値である。
3．上記出典によれば，最小限梱数でみると，店入品1,161梱，直送品811梱となっている。

接店（所謂B級店）を現在取引関係店より厳選する」方針が示されたが、「北海道は地理的関係、現有勢力、信用状態、営業方針等より考慮して、差当り大なる変革を加へず将来に於て適当と認めたる時適当の販売区域を確定する方針」であるとされた(46)。

表1-2によって、この流通改革の方針が示された後の花王石鹼の代理店をみると、壽原商事の本店・支店を合わせて一社とすると、一〇社となっており、表1-1の久保與三五郎（小樽市）、早川正秀（札幌市）、澤井政一（留萌市）、諏訪庄兵衛（根室市）の四つが外されていることがわかる。これは、表1-1からも理解できるように、一九三〇年度の取引実績が少なかったためである。久保商店は壽原商事の帳合、澤井商店は壽原商事もしくは中松合名の帳合、諏訪商店も壽原商事に一任するとされ、いずれも壽原商事の取引先のB級店に降格された(47)。したがって、「大なる変革」ではなかったかもしれないが、「現在取引関係店より厳選する」ことは実施に移されたといえる。

表1－3　間接店の責任梱数と奨励金（1931年度予定）（1梱＝1ダース）

所在地	店　名	帳合元代理店	責任梱数	奨励金（単位：銭）（1ダース当り）	金額（単位：円）
室蘭市	山口直次	壽原	120	3.0	180
小樽市	本間勘次	壽原	80	2.5	100
小樽市	高森市太郎	壽原	100	2.5	125
小樽市	久保商店	壽原	30	2.0	30
釧路市	両谷商店	壽原	15	2.0	15
釧路市	村上紙店	壽原	20	2.0	20
根室市	西川商店	壽原	6	2.0	6
根室市	佐野商店	壽原	5	2.0	5
根室市	諏訪商店	壽原	10	2.0	10
帯広町	竹中商店	壽原	10	2.0	10
帯広町	愛英商店	壽原	10	2.0	10
野付牛町	田巻商店	壽原	10	2.0	10
名寄町	高見商店	壽原	10	2.0	10
稚内町	松森商店	壽原	10	2.0	10
稚内町	桑原商店	壽原	10	2.0	10
留萌町	澤井商店	壽原	10	2.0	10
豊原町	岡本薬局	壽原	15	2.0	15
眞岡町	茶の木屋	壽原	15	2.0	15
札幌市	羽鳥商店	石倉	40	2.5	50
合　計			526	－	641

（出典）花王石鹼株式会社長瀬商会『昭和6年度（自3月1日至11月31日）北海道及奥羽6県区販売方法並予算体系』。
（注）責任梱数と最小限梱数のいずれも，店入品と直送品の合計値である。

夼十全堂は、この表1－2に示される一九三一（昭和六）年度の売上目標である最小限梱数でみても、あるいは期待値と思われる責任梱数でみても、一九三〇年度の実績と同様に、壽原商事に次ぐ第二位に位置づけられている。しかも、一九三〇年度には第三位の橋本文平商店との差を拡げており、この一九三〇年代初めの花王との取引でみる限り、壽原に次ぐ地位をより確かなものにしたといえよう。

なお、その壽原の首位の座も盤石であった。表1－3は、これら三店を含む壽原の間接店と各店の配荷予定数および奨励金（予定）を示したものである。これをみても、壽原が北海道の広範囲にわたって一八の間接店を擁する要となる大代理店であったことが理解されよう。なお、樺太地域には花王石鹼の直接取引店がなく、壽原商事、中松合名および梅屋商店より配給され、ツバメ石鹼は高森市太郎商店より配給されていたが、適当な時期に直接取引を開始する予定であるとされた(48)。

『函館商工名録』にみる齋藤脩平

ここで函館小間物・化粧品業界内での齋藤脩平の位置づけを、現在の函館市中央図書館に所蔵されている『函館商工名録』をてがかりにみてみたい。

一九一四（大正三）年の『函館商工録附録函館人名録』の和洋小間物商の業界人には、前述の加藤文五郎や新田完一および西沢音八らの名前はあるが、齋藤脩平の記載はない(49)。一九一八（大正七）年の『函館商工名録』には、西沢、新田、加藤らの名前より二〇数名の後に和洋小間物問屋・齋藤脩平の記載がある(50)。その五年後の一九二三（大正一二）年の『函館商工名録』では、西沢、新田、加藤らの名前より前に、和洋小間物・化粧品委託卸商の十全堂商店の名前が記載されている(51)。一九二七（昭和二）年の『函館商工名録』には、西沢よりも七名後に㐂・齋藤脩平の名前が記載されているが(52)、一九二九（昭和四）年の『函館商工名録』では、十全堂・齋藤脩平の名前が和洋小間物業界の筆頭にあり、それ以降一九三七年の『函館商工名録』まで、㐂十全堂・齋藤脩平の名前が筆頭となっている(53)。

このように、一九二〇年代になって齋藤脩平の名前が業界内の名簿で上位に記載されるようになったことは、他の事情も考慮しなければならないものの、齋藤脩平と㐂十全堂の実績が広く認知されるようになった一証左といえよう。

株式会社化と経営陣

さて、前述のように一九三四（昭和九）年三月の函館の大火では、母体の㐂十全堂は全焼したが、資生堂北海道販社は類焼を免れた。⿱大加十全堂は、鉄筋の建物であった資生堂販社に店を移し、営業を再開した。⿱大加十全堂の火災からの復興にあたっては、小売店が協力を惜しまなかった。三カ月から六カ月の支払いが通常であったが、この困難に際して、翌月一〇日までの現金あるいは手形払いにしてくれたので、東京のメーカーへの支払も短期となり、より大きな割合のリベートを得ることができた。同年、齋藤脩平は、函館市地蔵町に鉄筋コンクリート三階建ての新店舗を竣工させた。二年後の一九三六（昭和一一）年五月、齋藤脩平は、⿱大加十全堂を⿱大加十全堂株式会社とし、

表1－4　1935年の⿱大加十全堂の経営陣

役　職	氏　名
店主	齋藤脩平
支配人	青柳福治
総務部長	大総一郎
札幌支店主任	井元光三
旭川支店主任	西　衛
樺太支店主任	多田雑吉
本店地方部主任	山崎勢一
本店市内部主任	丸山三策
小樽市内部主任	鈴木市三郎
本店発送部主任	鹿野為吉
本店計算部主任	菊地廣志
本店会計部主任	大平八郎
旭川地方部主任	前田精一
旭川市内部主任	齋藤亀吉
旭川支店内務主任	大輝夫

（出典）『昭和十一年小間物化粧品年鑑』（東京小間物化粧品商報社，1936年1月）251頁。
（注）1．本店所在地は，函館市地蔵町大通。
2．札幌支店所在地は，札幌市南2条西6丁目。
3．旭川支店所在地は，旭川市宮下通9丁目。
4．樺太支店所在地は，樺太豊原町西2条南4丁目。

みずから代表取締役社長に就任した。資本金は三〇万円であった。この当時の壽原商事の資本金一二〇万円には及ばないが、前述の⿱大加十全堂の関係した資生堂北海道販売株式会社の五万円や、クラブ化粧品販売株式会社の二万円と比べると、かなり大きな資本であったとみることもできよう。その当時の年間売上は八〇万円であったという。[54]販売区域は、友人の橋本文平の商業エリアである道東を除く北海道全域、樺太全島、千島全域、さらに青森県の下北半島にも及んだ。[55]

表1－4は、株式会社化の前年の⿱大加十全堂の経営陣である。これをみると、店主は齋藤脩平であり、支配人は前述の資生堂北海道販社の支配人ともなった青柳福治である。ちなみに青柳は、脩平の妻・てるの妹・みきを伴侶とする

ので、親族とみなしてよいであろう。総務部長には齋藤脩平の長男の大総一郎、本店会計部主任には四男の平八郎、旭川支店内務主任には五男の輝夫が就いており、息子たちが経営の一翼を担う体制になっている。このようにファミリー・ビジネスの色彩が濃いものの、それとともに本店の各部および札幌、旭川、樺太の各支店の主任には、前述の西衛、山崎勢一のほか、同族以外の人材が配置されている。

表1－5は株式会社化翌年の経営陣である。これをみると大総一郎が専務取締役に就き、齋藤脩平は取締役となっている。また砺十全堂がメーカーへの対応策として設立した販社のひとつであるクラブ化粧品函館販社の同年の経営陣をみると表1－6に示されるように、齋藤脩平が代表的な立場にとどまっている。したがって、これらをみる限り、

表1－5　1937年の砺十全堂の経営陣

役　職	氏　名
専務取締役	大総一郎
常務取締役	青柳福治
取締役	齋藤脩平
監査役	大平八郎
札幌営業所主任	井元光三
旭川営業所主任	増田輝夫
樺太地方販売主任	山崎勢一
本社地方主任	星　直流
本社市内主任	高田喜代志
本社庶務主任	菊地廣志
旭川市内主任	齋藤勝久
旭川地方主任	前田精一
アイデアル化粧料函館販売主任	阿部正一
小樽市内主任	樋谷長治
札幌市内主任	岡田吉衛

（出典）『昭和十三年小間物化粧品年鑑』（東京小間物化粧品商報社，1938年1月）268頁。
（注）1．本店所在地は，函館市地蔵町大通。
2．札幌営業所所在地は，札幌市南2条西6丁目。
3．旭川営業所所在地は，旭川市宮下通9丁目。
4．アイデアル化粧料販売所は，函館市西川町28。

表1－6　1937年のクラブ化粧品函館販売株式会社の経営陣

役　職	氏　名
取締役社長	齋藤脩平
常務取締役	中村福松
取締役	大総一郎
監査役	青柳福治
地方主任	加藤兼雄
市内主任	木下松蔵

（出典）『昭和十三年小間物化粧品年鑑』（東京小間物化粧品商報社，1938年1月）268頁。
（注）業務内容は，クラブ化粧品プラトン文具の販売。

この株式会社への改組翌年の時期に、齋藤脩平が関係事業全体を統率する立場を維持しながらも、本体である㐂十全堂のリーダーの役割を長男の総一郎に委ねることを次第に内外に明らかにしていったとみることができよう。

ただし株式会社化の前後のいずれをみても、家族・同族の出資比率が不明ではあるが、依然として所有と経営の両面で家族・同族の力が強いと推定される。そうしたなかにありながら、齋藤脩平の「働くは人の道」という経営理念と、日々の情報分析による経営判断のもとで育成された専門経営者（salaried manager）が、次第に経営面での役割のウェイトを高めていったこともうかがわれる。

花王製品の売上実績と取引構造

株式会社化の時期の㐂十全堂の東日本のなかでの地位を、再び花王との取引実績によってみてみよう。表1－7に示されるように、一九三五（昭和一〇）年の総取引額実績で、㐂十全堂は一五位にランクされている。北海道の卸店に注目すると、小樽の壽原商事が第三位、札幌の廣瀬支店が三〇位となっている。前述のように、㐂十全堂は、これより五年ほど前の時点で、前述のように花王との取引実績で北海道第二位の地位を確かなものとしていたが、この時点でも、その地位に変わりがなかったことが確認される。

とはいえ、同表に示されるように、壽原商事と㐂十全堂の総取引金額は四倍近くの開きがあったし、㐂十全堂の花王石鹼の取引梱数でみても、㐂十全堂の五一一梱（一梱は五〇ダース）は壽原の一〇五九梱の約半数であった。ただし、ここで注意したいのは、㐂十全堂と壽原商事の店入品（みせいれ）と直送品との比率の違いである。店入品とはメーカー（本舗）が㐂十全堂や壽原商事などの取引先代理店へ納品するものであり、直送品とは代理店の帳合にもとづいてその帳合先である二次卸店や小売店へメーカー（本舗）から直送するものである。表1－7に示されるように、壽原商事の花王

表1－7　1935年度花王石鹸製品総売上東日本（本店所管内）上位30社

順　位	所在地	店　名	取引金額(円)	花王石鹸の取引梱数		
				店　入	直　送	合　計
1	日本橋	桑原花生堂	190,781	192	3,085	3,277
2	赤坂	三勇商店	117,921	115	2,105	2,220
3	小樽	壽原商事株式会社	115,022	191	868	1,059
4	日本橋	大山商店	92,806	899	307	1,206
5	本所	井田両国堂	80,900	285	1,038	1,323
6	日本橋	田中花王堂	72,602	151	1,063	1,214
7	名古屋	丸五商会	67,003	131	717	848
8	神田	武蔵屋商店	60,323	46	1,017	1,063
9	宇都宮	小野川鍋次郎	52,928	338	396	734
10	日本橋	鈴木福次郎	51,993	318	245	563
11	松本市	宮坂金人	48,521	289	505	792
12	本所	川合商店	47,315	578	306	884
13	名古屋	水谷友吉商店	43,899	128	729	857
14	八王子	三玉屋商店	31,045	9	206	215
15	函館	☆十全堂本店	30,948	329	182	511
16	横浜	矢部多三郎	30,736	57	415	472
17	赤坂	上州屋商店	30,523	279	219	498
18	名古屋	三川屋	30,271	347	95	442
19	釧路市	橋本文平	28,585	183	238	421
20	品川	芹田商店	28,565	340	150	490
21	石巻市	吉村商店	27,577	85	301	386
22	名古屋	中東商店	25,996	0	525	525
23	神奈川	岩田時之助	25,167	194	220	414
24	川越	山崎善助	22,272	0	403	403
25	福井	野地正大堂	21,338	48	170	218
26	川崎	露木助蔵	20,455	58	357	415
27	浜松	林屋本店	20,178	210	72	282
28	松本	石原合名会社	19,810	29	201	230
29	横浜	細谷利三郎	19,590	168	129	297
30	札幌	廣瀬支店	19,307	133	125	258

（出典）花王石鹼株式会社長瀬商会『昭和10年度各製品総売上額順位表（本店管内）』。
（注）取引金額は，上記出典には銭の単位まで記載されているが，ここでは円未満は四捨五入した。

石鹸の直送品は八六八梱であり、約八二パーセントを占める。したがって、壽原商事の場合は、先にもみたように、この時点でもなお、多くの二次卸店などの取引先を擁していることが理解されよう。これに対して、𡘙十全堂の直送品は一八二梱で約三六パーセントであり、店入品の比率が約六四パーセントと高い。表1－8に示されるように、この店入品のみの取引梱数では、全国の二〇位にランクされている。このことは、製造・本舗である花王側からみても、いっそうの地域商圏内での取引先の新規開拓が期待される代理店であり、𡘙十全堂自体としては、安定的な取引先の確保によりいっそう努めるべき状況にあったことがうかがわれる。

表1－8　1935年度花王石鹸店入扱の梱数全国順位（300梱以上）

順　位	所在地	店　名	店入花王石鹸取引梱数
1	大阪	瀬戸	1,004
2	大連	寺島	980
3	東京	大山	899
4	大阪	角倉	896
5	大阪	間	879
6	大阪	二六	776
7	大阪	亀山	665
8	朝鮮・釜山	釜山化粧	652
9	東京	川合	578
10	大阪	盛岡	565
11	京都	鈴木	531
12	大阪	柴仁	485
13	兵庫・神戸	竹本	471
14	大阪	川村	466
15	大阪	古野	436
16	大阪	朝日堂	419
17	名古屋	三川屋	347
18	東京	芹田	340
19	栃木・宇都宮	小野川	338
20	北海道・函館	𡘙十全堂	329
21	福岡・門司	吉井号	320
22	香川・高松	綾田	315

（出典）花王石鹼株式会社長瀬商会『昭和10年度花王石鹼店入扱梱数全国店順位表（本支店）』。

（注）1．上記出典で21位は古井号となっているが間違いなので訂正した。
　　　2．上記出典で22位の所在地が愛姫・高松となっているが，県名の表記と県名それ自体が誤りなので訂正した。

3　戦時期から戦後期の奈十全堂

戦時期の経営とメーカーとの関係

日米開戦の翌一九四二（昭和一七）年から石鹸や洗剤の配給は統制下に置かれ、同年七月一日には、その中心となる日本石鹸配給統制株式会社が資本金三〇〇万円をもって設立された。諸々の議論を経て設立された同社は、結局、主な製造業者と主な卸業者すなわち元卸業者がその株主となった。製造業者八一名の所有比率が七三・五五パーセントで、元売業者のそれは二六・四五パーセントであった。北海道の元売業者として、株主となったのは池田市造（一三〇株）と壽原商事（一〇五株）であった(56)。

表1－9は、同年の花王の北海道の取引先を示したものである。卸業者が、自社や自社の帳合先のリスク保証としてメーカーに預ける信認金の額でみると、池田市造が五七五〇円と大きく、奈十全堂は五〇〇〇円とそれに次ぐ額となっている。もっとも、壽原食品の信認金額が不明であるので、同社と壽原商事本・支店の合計額が、池田や奈十全堂を上回る可能性も考慮しなければならないが、少なくとも、奈十全堂が統制下で、壽原商事の本・支店の合計額を上回る信認金であったことだけは確認できる。したがって、この戦時統制期にも、奈十全堂は、引き続き花王側から重要な配給経路の要と位置づけられていたといえよう。

休業と再開

しかしながら、戦時期に転業者や廃業者が続出したなかで、奈十全堂も、翌一九四三（昭和一八）年から三年間、

表1-9　花王石鹼の北海道の取引先（1942年9月）

店　名	住　所	信認預金（単位：円）
㐂十全堂株式会社	函館市地蔵町7	5,000
坂田音蔵	函館市地蔵町7	250
壽原商事株式会社支店	函館市末広町	1,300
壽原商事株式会社	小樽市入舟町1丁目	990
本間勘次	小樽市花園町西2丁目	250
池田市造	小樽市色内町6－14	5,750
壽原食品株式会社	小樽市色内町8丁目	－
廣瀬支店	札幌市大通西10丁目4	1,100
石田油店	札幌市南2条西1丁目	350
株式会社古谷商店	札幌市南1条西1丁目	－
高桑支店	旭川市1条通り10丁目	300
石倉油店	旭川市4条通り12丁目	350
奥村商店	旭川市2条通り9丁目	500
山口直次	室蘭市泉町	3,000
星井鉄蔵	室蘭市大町33	－
橋本文平	釧路市北大通り8	2,800
竹中一晃	帯広市西1条11丁目	180
磯部光正	帯広市大通り11丁目	－
田巻商事株式会社	野付牛町1条東1	350

（出典）花王石鹼株式会社長瀬商会，花王石鹸株式会社『昭和17年9月調　取引先名簿』。

（注）信認金の「－」は，上記出典では数字が記載されていない。

その業務を休止した。化粧品などが贅沢品とみなされ、製造休止となり、商品が配給されなくなったことが主な要因であったとされる。齋藤脩平は、シャッターを閉めた暗い㐂十全堂の店舗内で新聞を読み、中庭の池を眺めて暮らす日々であったという(57)。外的世界へのはたらきかけの中断を余儀なくされるなかで、内なる世界の深淵に目を向けることになったことであろう。一方、長男の大総一郎は、函館で眼鏡のレンズを造る東亜光学工業の常務を務めた。また三男の大修七郎は米穀統制会社で働き、いずれも本業の再開を待つこととなった(58)。

終戦の翌一九四六（昭和二一）年五月、㐂十全堂では函館本社のほか、札幌と旭川の営業所で営業活動を再スタートさせた(59)。

戦後の業界動向

道内の業界団体であった北海道小間物化粧品卸商連合会は、戦時中から終戦直後にかけて活動を休止し、実質的に解散した状態であった。一九四七（昭和二二）年、小樽新粧会の設立と同時に北海道化粧品小間物卸商連合会が結成され、ここに道内の業界団体が復活した。会長には壽原九郎が選出され、二名の副会長のひとりに大総一郎が就いた。同連合会は、一九五七年に北海道卸粧業連合会と改称したが、大総一郎は、その後も長く副会長の職を務め、壽原会長を補佐することになる。

一九五〇（昭和二五）年三月頃まで、統制物資の八〇パーセントまでが解除となり、統制価格も二一二八品目から五三一品目に減少した[60]。一九四九（昭和二四）年四月の石鹼配給規則にもとづく戦後配給統制は、石鹼メーカー・卸業者・小売業者および地域消費者のクーポン集券のための縦のつながりを必要にし、激しい競争もみられた。朝鮮戦争勃発翌月の一九五〇（昭和二五）年七月に、同規則は撤廃され、自由競争の時代となった[61]。同年、奈十全堂も帯広へ進出し、営業のいっそうの広域化をはかった。

一九五〇年六月に勃発した朝鮮戦争の特需によって生産は回復したが、翌年以降、生産過剰と滞貨の山によって、メーカーや卸業者も小売店も苦境に立たされた。北海道内の卸業者でも、倒産に追い込まれる者も少なくなかった。生産過剰は、業界の積年の問題ともいうべき乱売を再発させた。そうした状況下で、一九五三（昭和二八）年九月一日に独占禁止法の一部改正法が公布・施行され、同法第二四条第二項で例外規定的な措置としての再販売価格維持制度が実施されることとなり、メーカーの意図する一定の価格が小売レベルまで遵守されることとなった[62]。同年のうちに美香園、高橋東洋堂およびパピリオなどが再販売価格維持契約書を届け、実施にふみきった。これまで奈十全堂の取引実績を相対的にみる際にとりあげてきた花王が再販制度を導入したのは、一九六三（昭和三八）年三月になってからのことである[63]。

戦後の花王との取引実績

再販規定が設けられる少し前の一九五三年六月時点での花王の北海道内の代理店とその帳合先の登録店を示した史料[64]によると、旭川の高桑商事が本拠を中心に周辺地域に広く取引先を確保し、三一もの登録店を擁していた。これに次ぐのは壽原産業であり、小樽の本店が一五店、函館支店が二店となっている。札幌の石田一郎商店の一五店、旭川の石倉産業の八店、小樽の有限会社池田の七店、山田東洋商店の五店などがそれに続いている。後の一九六八(昭和四三)年三月に旭川花王が設立される際、高桑商事や石倉産業がその中心となるのも、この取引先のネットワークから理解できよう。㊄十全堂は函館市内の三店となっているが、先にみたように、㊄十全堂は直送扱いよりも店入扱いが大きいので、取引実績額は知りえないが、それによれば別の順位となる可能性があろう。㊄十全堂も花王販社設立に協力を惜しまなかった。

大総一郎への継承と経営実績

一九五九(昭和三四)年、㊄十全堂は齋藤脩平が一九〇九(明治四二)年五月一日に㊄十全堂を創業してから五〇周年を迎えた。戦前の売上水準を回復し、一般化粧品卸店としては全国のなかで六~七位にランクされ、得意先の小売店も三〇〇〇余店となり、従業員数も一六〇人までになったという。この五〇周年の節目に齋藤脩平は引退し、長男の大総一郎が社長に就任した。五〇周年記念祝賀会は東京の椿山荘で挙行され、経営の継承も披露された[65]。

大総一郎は、すでにふれたように、父・脩平から「働くは人の道」の勤労観を徹底して叩き込まれた。ただ、大総一郎の場合、そうした思想がイスラエルの共同体思想のキブツへの関心へと赴く。したがって、社会的貢献の思想にやや禁欲的な要素も加えられ、それが恬淡さとなって表出することもあったとみられる[66]。

とはいえ、すでに前述のように、継承者として内外が認める立場にあって実務の経験は積んでおり、また父・脩平と同様に情報の収集と分析は怠らなかった。五〇周年記念の少し前の一九五九年一月二一日には、マックスファクター北海道販売株式会社を分離・独立させ、札幌本社を拠点に旭川、函館、帯広、釧路に営業所を置き、さらに北見（一九六三年）、室蘭（一九六五年）、小樽（一九六八年）、苫小牧（一九六九年）などに営業所を置いた。(67) メーカーの流通経路戦略に対して、新たな対応も展開したのである。

一方、一九五七（昭和三二）年～一九五八（昭和三三）年のライオン油脂の取引実績上位一〇〇位以内に入っている北海道の卸業者の記録をみると、前述の丸日聯合（四位）や、ライオンとの関係が強い函館のミクニ商事（一九四一年設立、一〇位）、旭川の上田商事（四三位）などが上位に位置しているが、枩十全堂は、そのなかにはみられない。(68)

そこで、ライオン歯磨の製品の取引実績をみると、一九六二年上期の時点で、枩十全堂は東日本で二一位、全国でも三七位の売上高の実績であり、これは北海道の代理店のなかでは首位であった。この道内首位の地位は、少なくとも一九六〇年代半ばまでは変わらなかった。(69) このように、枩十全堂は、二代目の大總一郎の時代になって、ライオン歯磨製品の取引実績でみても、道内ではトップの実績を残すまでに成長したのである。

おわりに

以上、概観してきたように、枩十全堂は、函館の経済・商業が興隆する明治末期に創業された。創業者である齋藤脩平は、勤労を最重要視し、さらに事業を通じた社会貢献を尊重する経営理念をもった企業家であった。

函館を拠点とした齋藤脩平による枩十全堂の事業は、札幌・小樽の同業者が函館を含めた地域に事業を展開するのに対抗して、同様に北海道各地へと拠点を増やすこととなった。さらに、メーカーによる流通経路の掌握の戦略に対しては能動的に対応し、奈十全堂を母体とするメーカー製品専門の販売会社もいくつか設立した。これは、メーカーや同業者との人脈や情報交換の基盤の形成を意味した。他面で、このような齋藤脩平による卸業経営を全体としてみれば、主柱の奈十全堂を中心として、複数の「分社」制による道内広域総合卸業へと経営を進展させたとみることができる。そうした「分社」的広域総合卸業経営の担い手として活躍したのは、齋藤脩平の経営理念のもとで育成された従業員や子息たちであった。地理的な広がりをもちながらそれぞれの独自性と独立性を保ちながら連携する組織運営の方法は、その後の時期に同社が合併を推進していく際の経験的基礎となった可能性もあろう。

一方、奈十全堂のメーカーとの取引実績をみると、すでに一九三〇年代初期には花王との取引実績で、北海道内第二位にランクされるまでになっていた。戦後の一九六〇年代前半には、ライオン歯磨との取引実績でみる限り、北海道内で首位にランクされるようになったのである。それは、齋藤脩平から経営の舵取りを継承した大総一郎の時代になってからのことになる。

その一九六〇年代後半には、冒頭にもふれたように、奈十全堂は、道内同業者との統合によるダイカの誕生へと展開を遂げることになる。ダイカへの統合の背景や経過については、第二章で検討する。

注

(1) 一九九一(平成三)年から二〇〇五(平成一七)年までの洗剤・化粧品卸売業の年間売上高上位一〇社の推移を整理した研究によると、一九九一年では、ダイカは首位のパルタック、二位の中央物産に続く三位にあったが、一九九二年から二〇〇〇年までは首位のパルタックに続く二位の地位にあり、ダイカを含む四社の持株会社あらた設立後の二〇〇二年以降は、あらたがパルタックを抜いて業界首位の座となっている（松原寿一「わが国の日用雑貨流通における卸売業の合併の方向性」中央学院大学商学部『中央学院大学商学論叢』二二巻一・二号、二〇〇七年、七八～七九頁）。

（2）大誠編集・発行『「夻十全堂」創立者　齋藤脩平伝』（人間社制作、二〇〇一年二月）一一頁。なお、同書によれば、同書名で採用している齋藤の「齋」（通常の「齋」の字のYの部分が了となっている）は、一八九六（明治二九）年（一六歳の時）に齋藤脩平と改名する前の齋藤末吉が一〇歳の時点（一八九〇年）で正字として使用したと思われる字であるという。二〇歳の時点の齋藤脩平の自署は「齋」（まん中がYで下が示す）となっており、函館市に残る戸籍では「齊」（まん中が了）となっているという（同書、三～四頁）。本書では、『「夻十全堂」創立者　齋藤脩平伝』で採用しているのと同じ「齋」を使用することとする。

（3）『北海道商報』復刊九五三号「開道一〇〇年記念号」（北海道商報社、一九六八年一〇月）六六頁。

（4）当時の洋品の普及や商業の状況と長瀬商店の開業については、服部之總『初代長瀬富郎伝』（花王石鹼株式会社五十年史編集委員会、一九四〇年）五〇～六二頁を参照されたい。

（5）ここでの函館の洋物店および函館をはじめとする小間物・化粧品の店や業界に関する叙述は、とくに断りのない限り、『北海道商報』復刊一一九七号「北海道卸粧業連合会・北海道装粧卸連合会第五〇回総会並びに大会記念誌」（北海道商報社、一九七五年）一〇～二三頁、『北海道商報』復刊一五三六号「北海道卸粧業連合会第六〇回総会並びに大会記念誌」（北海道商報社、一九八五年六月）一六～三五頁、『北海道商報』復刊一八四〇号「北海道卸粧業連合会第七〇回総会並びに大会記念誌」（北海道商報社、一九九五年五月）三二～四九頁と『北海道卸粧業界の歩み』（北海道卸粧業連合会、二〇〇七年）による。

なお、渡邊孝平の洋物店開業の月について、前掲『北海道商報』復刊一八四〇号の八三頁では五月とされているが、岡田健三編『初代渡邊孝平伝』（市立函館図書館、一九三九年一一月）の二四三頁には「六月十一日始めて洋物店を開きたり」とある。また同書二四二頁には「函館大町に洋物店を開き屋號を森屋と稱し商標を森と附し開業の事」と記されている。

（6）前掲『北海道商報』復刊一五三六号によると、明治期の函館の有力小間物商として、「長年にわたって函館の小間物商組合長を務めた加藤文五郎をはじめ、函館屈指の小間物商であった新田大平の跡を継いだ新田完一、やはり明治から大正にかけては函館屈指の西沢音八、西沢石松、明治一三年に金沢から函館に移って洋小間物雑貨の店を開店した加藤久五郎などのほか、西島屋三郎、藤代清吉、江原熊三郎、木下清次郎、後藤米松らの名前があげられる」としている（同書、一九頁）。なお、幕末から明治初期にかけて、小樽、室蘭、釧路などの荷物が函館を経由したこともあって、函館商人には「北海道第一の商人」という意識が少なからずあったという（同書、一九頁）。

(7) 小樽では、明治中期の小間物・化粧品の商人として、行商で得た資金で小間物店を開業した村住三右衛門、壽原薬粧の前身の壽原小間物店の壽原猪之吉、弥平次、重太郎のほか、薬舗を開いていた直江久兵衛、角江重左衛門、角江の店を譲り受けた秋野音次郎、札幌で開業し小樽にも化粧品卸店を開店した中△向井の向井嘉兵衛などがあげられる。札幌では、明治初期には、一八七二（明治五）年に新潟から札幌に移りその二年後に(井)の暖簾を掲げた今井藤七、今井と同郷で小間物店を開き開拓使の御用商も務めた新田貞治、石田久平・万作二親子などがおり、明治二〇年代になると、洋物商の南部与七、小間物商の南部佐七のほか、喜多島慶次郎などがあげられる。南部佐七は、小間物のほかに勧工場を新築したり美術小間物類も扱ったという。また喜多島慶次郎は、小樽にも支店を置いて、学用品、玩具のほか、水油、錬油などの製造も手掛けたという。一方、小樽の勧工場は一八八三（明治一六）年、札幌の勧工場はその翌年に設立された。札幌の勧工場で開店して独立した小泉清吉、広瀬徳市らが業界の主な人物としてあげられる。小泉清吉は義兄弟の関係にあった小六亀吉、小谷仙之助とともに一八九〇（明治二三）年に(小)印下駄小間物合資会社を設立したが、小谷亡き後に、これは解散し、小泉と小六はそれぞれ独立した。小泉の店は第二次世界大戦前まで札幌屈指の店で、同店の出身者には岡沢彦太郎、北川博、大嶋淳治、山敷善吉のほか、大沢公四郎商店の善次郎などがいる。小六は節之助が後を継ぎ秀義が店を再興し、㈱小六となった。また、現在の大丸藤井の創業者藤井専蔵も、一八九二（明治二五）年に滋賀県の長浜から札幌に移り油の行商から商いを始め、和洋紙、文具、石鹼などへ事業を拡げた。この藤井専蔵のもとで甥の藤居（ママ）準一（正しくは藤井と思われる――引用者）や宮田貞吉が仕事を覚え、準一はその後紙卸業の日藤商店を開く。藤井専蔵の店から独立開業した者としては、古谷辰四郎（古谷製菓初代社長）、中村信以（富貴堂書肆初代店主）、片岡利一郎（共栄社油脂化学初代社長）、鈴木治作（カネヨ石鹼社長）などがいるという（前掲『北海道商報』復刊一五三六号、一九～二〇頁）。なお、大丸藤井については、大丸藤井株式会社百年史制作委員会編『DAIMARU FUJII 101』（同社、一九九二年）が詳しい。

（8）『昭和十年小間物化粧品年鑑』（東京小間物化粧品商報社、一九三五年）三三頁。なお、小樽の組合は山三梅屋商店の村住三右衛門などの発起によるというが（同書、一五頁）、組合名称が小樽小間物商組合となっている文献もある（前掲『北海道商報』復刊一一九七号、一一頁、一八頁前掲『北海道商報』復刊一五三六号、一八頁）。また、これより先の一八七二（明治五）年に北海道では、岩内用品小間物商組合が設立されていた（前掲『昭和十年小間物化粧品年鑑』三三頁および佐々木聡『日本的流通の経営史』有斐閣、二〇〇七年、九頁）。

（9）平田淳二編『函館経済史』（函館商工会議所、一九六四年）三三六〜三三八頁。函館出張所の支店昇格とともに根室出張所が廃止され、その二年後の一八九七（明治三〇）年には室蘭出張所も廃止された。函館支店は、一九〇六（明治三九）八月に小樽出張所の支店昇格にともない、出張所となって、これと同時に札幌出張所も廃止して業務の一部を北海道銀行に引き継いだ。一九一一（明治四四）年六月、函館出張所は再び支店に昇格した（同書、三三七〜三三八頁）。なお、日本経営史上、よく知られているように、日本銀行が三井銀行との代理店契約を解除した年は、中上川彦次郎による三井銀行改革で、支店・出張所の整理が進められていた時期である。

なお、ここでいう北海道銀行は、一九五一（昭和二六）年三月設立の今日の北海道銀行ではなく、一八九四（明治二七）年三月設立の余市銀行を発祥とする小樽銀行（一八九七年一二月設立）の系譜の銀行で、一九〇六年五月には、一九〇〇（明治三三）年一月設立の北海道商業銀行（一八九一年六月設立の屯田銀行を発祥とする）を合併して北海道銀行となった。同行は、一九二八（昭和三）年三月に百十三銀行（一八七八年一月設立、一八九六年七月には函館銀行を合併）を、一九四一年一〇月に北海道商工銀行を、一九四三年一二月に函館貯蓄銀行をそれぞれ合併したが、一九四四年九月には、北海道拓殖銀行（北海道拓殖銀行法により一九〇〇年二月に設立）に統合された。北海道拓殖銀行は、周知のように、一九九七年一一月に経営が破綻した。翌一九九八年三月に解散し、二〇〇六年一月に清算を終え一〇六年の社業に幕を閉じた。拓銀の道内業務は、一九一七（大正六）年八月に北海道無尽として設立された第二地銀の北洋銀行に継承された（道外業務は現在の中央三井信託銀行が継承）。

（10）五太夫は福井の丹生（にゅう）郡風巻（かざまき）村（後の清水町）の出身とされているが、五太夫と五平の親子が、いつ福井から北海道に渡ったかは、現在のところ不明である（前掲『「⽲十全堂」創立者　齋藤脩平伝』三頁）。なお、この五太夫・五平をはじめ、前述の加藤久五郎（注（6）参照のこと）、後述の壽原英太郎（注（26）を参照のこと）や村住三右衛門（注（27）を参照のこと）などのように、北陸地域の出身者が多いことは、この地域のこの業界の競争や協調のあり方を特徴づける要因のひとつとして、注目しておきたい。

（11）『パルタック八十年史』㈱パルタック、一九七八年一二月）八〜一三頁。

（12）前掲『「奈十全堂」創立者　齋藤脩平伝』六頁。

（13）『明治三十三年　當用日記』（前掲『「奈十全堂」創立者　齋藤脩平伝』二九〜四九頁所収）。なお、やや後の記録であるが『函館商工名録・昭和二年版』（函館商業会議所、一九二七年）一一五頁には一九二四（大正一三）年二月設立の三ツ輪函館米商株式会社（資本金二〇万円、払込資本金一〇万円、取締役社長・片桐菊蔵）という会社が掲載されている。同社は、その社名から齋藤脩平が設立時に関係した三輪の屋号の米商合資会社の後継会社と推測される。また『函館商工名録・昭和四年版』（函館商工会議所、一九二九年）二八一頁には一九二四（大正一三）年六月設立の函館米商株式会社（資本金二〇万円、払込資本金一〇万円、取締役社長・竹本七左衛門）の記載があり、さらに『函館商工名録・昭和一三年版』（函館商工会議所、一九三八年）二一一頁には一九二四（大正一三）年一月設立の三ツ輪の屋号を冠した函館米商株式会社（資本金二〇万円）の記載がある。いずれも設立年は同年であっても設立月が一致していないが、同一の会社と推測される。

（14）『北海道商報』復刊一一九七号、一一〜一二頁および五八頁。なお、葉満田芳兵衛は、一八六七（慶応三）年六月一〇日に静岡県（詳細不明）に生まれ、化粧品卸の木屋芳兵衛本店（神田区美倉町）を営んだほか、太陽印粉末石鹼本舗の柳屋商会（江戸川区平井）の事業も営んだ（『昭和十一年小間物化粧品年鑑』（東京小間物化粧品商報社、一九三六年、二三八頁、二四三頁、二九〇頁）。なお、脩平の妻てるについては、文献によって「テル」あるいは「てる女」・「テル女」などとまちまちである。

（15）ライオンとの関係では、明治末年のライオン歯磨の取引店リストには葉満田芳兵衛の名前がみられず、函館地区の取引先は、齋藤脩平のほか、加藤文五郎、今井洋物店とされており、小樽地区は壽原英太郎、原栄蔵、梅屋商店、中村合名会社、久保与三郎、秋野音次郎、篠田治七、今井洋物店、札幌地区では藤井専蔵（下記出典では藤井ではなく藤升となっているが、これは誤りであろう）、早川正秀、高桑合名会社、今井洋物店、旭川では石田万作二などの名前がある（『ライオン歯磨八十年史』ライオン歯磨株式会社、一九七三年、一二八頁)。なお、葉満田芳兵衛は、その後のライオン歯磨との取引実績により、一九三四(昭和九)年の東京ライオン会の理事兼常務理事のひとりとなっている(『歯磨の歴史』株式会社小林商店、一九三五年、六八五頁、前掲『日本的流通の経営史』二二三頁)。

(16) ここでの齋藤脩平に関する叙述は、前掲『「㟢十全堂」創立者　齋藤脩平伝』六〜一一頁による。齋藤脩平の債務経験については、別の記述もある。前掲『北海道商報』復刊九五三号には、齋藤脩平の三男の大修七郎(後に㟢十全堂常務)の記憶として「父は親子兄弟以外の人の保証はしてはいけないとも教えている。これは父が苦い経験があるからだ。父の知人の息子が百十三銀行に入社保証人となったが、その男が不正貸付をして当時の金で六万円の損失を銀行に与えその責をとらされることになり、全財産と見合ってもトントン、父は毎月百円払で決め(ママ)六万円払うのに十年もかかったという」とされている(同書、六七頁)。

(17) 同書、一五頁。

(18) 前掲『函館経済史』四〇二頁。焼失戸数について、同書では二〇四一戸とされている。ここでは、『東京朝日新聞』大正一〇年四月一五日号などの記事によった。なお同紙同日号では「三〇〇〇戸」という記載もある。

(19) ここでの齋藤脩平に関する叙述は、前掲『「㟢十全堂」創立者　齋藤脩平伝』一二〜一三頁による。

(20) 函館四天王の概略は、さしあたり岡田健蔵編『函館市功労者小伝』(函館市、一九三五年)三六〜四一頁を参照されたい。

(21) 前掲『「㟢十全堂」創立者　齋藤脩平伝』一三頁。

(22) 同書、八頁。なお、齋藤という名前を嫌ったのは、ありふれた名前であったからであるとされている。

(23) 同書、一三〜一四頁。

(24) 前掲『北海道商報』復刊一一九七号、一五頁、前掲『北海商報』復刊一五三六号、二二頁、前掲『北海道商報』復刊一八四〇号、三九頁。

(25) 壽原合名は、一八八九(明治二二)年一二月壽原猪之吉によって壽原小間物店として創業された(『五十年史　壽原商事株式会社』一九四一年三月、一〜二頁、『北海道粧業名鑑　一九七二』北海道商報社、一九七二年、二七九頁)。壽原猪之吉から英太郎へと引き継がれた頃、取扱商品は和洋小間物、化粧品、メリヤス、帽子、洋傘、毛織物、文房具、内外雑貨、洋酒、缶詰、食料品などさまざまであった。化粧品では、レート、クラブ、御園、井筒油、田中花王堂の乙女肌、七尾の香油、歯磨ではライオン、クラブ、ダイヤモンド、石鹼では花王、ミツワ、近磯のウヅマキ、萩原のパール、由利の大判などであった。これらは、すべてメーカーとの直接取引ではなく、クラブ化粧品は、当時、東京の近藤波保商店が北海道の販売権を掌握していて、御園化粧品は丸見屋の発売、井筒油は安藤井筒堂の販売になっていたという（前掲『北海道商報』復刊一一九七号、一一頁）。そうしたなかで、一九一一（明治四四）年、壽原合名会社の壽原英太郎は、東京に仕入店を開いて元卸を排除して、メーカーとの直取引へと進めたのである（同書、一五頁）。

(26) 壽原英太郎は、一九二一（大正一〇）年に、壽原合名会社を資本金五〇万円の壽原商事株式会社に改組し、永年勤続の従業員にも株をもたせ役員への登用の道も開いた。壽原商事では、一九二五年には入船町一丁目に鉄筋三階の店舗を新築し、洋物店と小間物店を同店に集めた。その際、小間物と文房具類を中村富作に譲って独立させ、新たに化粧品部を設けて、化粧品、歯磨、石鹼の販売に重点を置き、一九二七年には薬品部を設けて、薬店の販路も拡げていった（『北海道商報』復刊一一九七号、一五頁）。なお、前掲『北海道商報』復刊一八四〇号、八〇頁では、中村富作の独立開業と株式会社改組は、函館出張所開設と同じ一九二六（大正一五）年とされている。なお、壽原英太郎は、一八八二（明治一五）年八月二七日生まれで富山県福岡町の出身であり、東京高等商業学校を卒業し、北海道銀行（前述のように一九〇六年五月設立の北海道銀行と思われる――引用者）取締役や衆議院議員も務め（『昭和十三年小間物化粧品年鑑』東京小間物化粧品商報社、一九三八年、二七一頁）、戦後は小樽市長も務めた（前掲『北海道商報』復刊一一九七号、六〇頁）。

(27) 前掲『北海道商報』復刊一一九七号、一一〜一五頁。北海道の業界史に詳しい北海道卸粧業連合会理事・事務局長の米山幸喜氏（元北海道商報社）によると、山三梅屋の創業者の村住三右衛門は、一八四七（弘化四）年三月、石川県能美郡御幸村の生まれで、一八七〇（明治三）年三月に小樽に渡り、一八七五（明治八）年に手宮町で小間物店を開業したという。前掲『昭和十三年小間物化粧品年鑑』の二七二頁に記載されている村住三右衛門は、一八七二（明治五）年一〇月七日生まれで石川県出身とされているので、次代など世襲の別の人物と思われる。なお、本章でしばしば参考文献としている『北海道商報』紙の発行主体である北海道商報社の社長を務めた島野一二も、この梅屋出身である（前掲『北海道商報』復刊一一九七号、一五頁）。島野一二は一八九三（明治二六）年一一月七日に、村住と同じ石川県に生まれた（前掲『昭和十三年小間物化粧品年鑑』二七一頁)。梅屋の分店として一九三七(昭和一二)年に木櫛の卸を始め、翌年、稲穂町の小町屋商店の隣の店を借りて技芸材料店を開いた。島野一二が『梅屋五〇周年誌』をまとめたことに、当時の北海道小間物化粧品卸商連合会の会長の壽原英太郎が注目し、その才を認めて当時発足した同連合会の機関紙の発行を委託した。それが、『北海道商報』紙の創刊にいたる経緯であるという(前掲『北海道商報』復刊一一九七号、一五頁)。ところで、その後、梅屋では、一九二二(大正一一)年に小樽の緑町にあった遠藤石鹼工場を引き受けて梅印粉末石鹼を発売し、一九三三(昭和八)年には梅屋化粧品製造所をつくって、量り売りの梅の友クリームのほか、ポマードや香水なども発売した。このように製・販の兼営も試みたが、一九四三(昭和一八)年に企業整備の一環で店を閉じて、戦後は再開されなかった(前掲『北海道商報』復刊一一九七号、一四〜一五頁)。

(28) ここでの北海道小間物化粧品卸商連合会に関する記述は、前掲『昭和十年小間物化粧品年鑑』一四頁、前掲『北海道商報』復刊一一九七号、四四〜四六頁、前掲『北海道商報』復刊一八四〇号、六六頁による。なお、第二回総会の開催時期について、前掲『昭和十年小間物化粧品年鑑』一四頁では、一九二三(大正一二)年一一月一八日とされているが、ここでは、『北海道商報』復刊一一九七号、四四頁と『北海道商報』復刊一八四〇号、六六頁によった。

(29) この時期のメーカーによる小売店や卸店の組織化戦略については、前掲『日本的流通の経営史』三九〜六七頁を参照されたい。

(30) 石倉商店の石倉忠平は新潟県出身で、一八九四(明治二七)年四月一五日生まれとされている。叔父の縁で札幌の石田周作の店(一九二九年に周作が亡くなり一郎が後継者となる)に奉公して、苫小牧、室蘭、滝川、旭川へと出張を経験する。一九二〇(大正九)年に独立して、旭川六条一六に大忠・石倉商店を開業した。大忠というのは先祖の大造の大と自分の名前の忠を重ねたもので、後に忠平の名も宏祐と改名した(前掲『昭和十年小間物化粧品年鑑』二四八頁、前掲『北海道商報』復刊一一九七号、一二〜一七頁)。

(31) 松本昇については、伊藤肇『ボランタリーチェーンの先駆者　松本昇』(時事通信社、一九七二年)を参照されたい。

(32) 本間商店は、一九〇六(明治三九)年に札幌に開業した早川正秀商店に一三年勤務して独立した本間勘次が一九一六(大正五)年に暖簾分けをしてもらって、弟の五佐治とともに洋品小間物・化粧品卸の店として開いた合資会社である(前掲

『北海道商報』復刊一一九七号、一二～一四頁、六一～六二頁)。

(33) 北海道の資生堂販社については、資生堂広報部編『資生堂販売会社五十年史』(株式会社資生堂、一九七八年)二三～三〇頁を参照されたい。なお、一九二九年八月に設立された資生堂北海道販売株式会社の所在地について、同書二六頁では函館市地蔵町とされ、同書二八頁では函館市鶴岡町一番地とされていて一致しない。これに関して、花王株式会社資料室所蔵『販売網調査報告集』(一九四〇年対策委員会)所収の「資生堂販売会社機構概況報告」(昭和一三年三月一二日)での所在地は、函館市鶴岡町一番地とされている。

(34) 前掲『資生堂販売会社五十年史』二六頁および前掲『「〓十全堂」創立者 齋藤脩平伝』七九～八〇頁。なお、『資生堂販売会社五十年史』二八頁では、「支配人には宇野和一郎が任命された」とあるが、いつの時点か不明である。

(35) 『創業中山太陽堂 クラブコスメチックス八〇年史』(株式会社クラブコスメチックス、一九八三年八月)五八～六三頁および『百花繚乱 クラブコスメチックス百年史』(株式会社クラブコスメチックス、二〇〇三年一二月)八四頁。

(36) 前掲『北海道商報』復刊一八四〇号、八〇頁。ただし、一般的には「共栄クラブ会」である。

(37) 前掲米山幸喜氏の情報による。

(38) 中村福松は一九〇五(明治三八)年七月八日に函館で生まれ、一九二〇(大正九)年に〓十全堂に入店した(前掲『昭和十一年小間物化粧品年鑑』二五四頁)。戦時中の一九四四(昭和一九)年になると製品の配給も途絶え、クラブ化粧品函館販売株式会社も休業状態となり、戦後の一九四八(昭和二三)年に個人商店としての中村福粧堂を設立した(前掲『北海道商報』復刊一一九七号、一九～二〇頁)。

(39) 増田輝夫は一九一三(大正二)年八月二八日に函館に生まれ、〓十全堂の支配人を務めていた(前掲『昭和十三年小間物化粧品年鑑』二七二頁)。

(40) この時期の廣瀬支店の店主廣瀬久也は一九〇一(明治三四)年一月二八日に札幌に生まれ、父親の後を継承したとされているが、同店の創業や社歴の詳細は不明である(前掲『昭和十年小間物化粧品年鑑』二四七頁)。なお、この時期のクラブ化粧品販売株式会社およびクラブ特定品販売株式会社の概要については、前掲『日本的流通の経営史』五二～五五頁を参照されたい。

(41)　ここでの𠆢十全堂出身者に関する叙述は、主に前掲『北海道商報』復刊一一九七号、一五頁による。また、第一文化堂とクラウン商事の設立の時期と場所については前掲『北海道粧業名鑑　一九七二』二八九頁による。函館の花王販社の設立時期については、『北海道花王販売株式会社　写真で綴る三十年の歩み』（北海道花王販売株式会社、二〇〇〇年）三五頁による。なお、西衛氏は一九〇九（明治四二）年一一月三〇日、「北海道生まれ」とされている（前掲『昭和十一年小間物化粧品年鑑』二五五頁）。
(42)　前掲『北海道商報』復刊一一九七号、一五頁。
(43)　前掲米山幸喜氏による。
(44)　ライオン石鹼株式会社からの北海道以北の総代理店の要請を受けて、当時の株式会社藤井商店（後の大丸藤井）の経営者となっていた宮田貞吉（創業者の藤井専蔵の妻の実弟にあたる）は、同社の石鹼を含む雑貨部門を独立組織とすることを決め、一九二九（昭和四）年七月二五日に資本金一五万円をもって丸日聯合販売株式会社を設立した。なお同社は一九六六（昭和四一）年に丸日販売株式会社と社名変更し、その三年後には大丸藤井株式会社と合併した（前掲『DAIMARU FUJII 101』七六～七七頁、一九五～一九七頁）。
(45)　新装花王発売にともなう流通革新の試みについては、前掲『日本的流通の経営史』六九～一〇一頁を参照されたい。
(46)　花王株式会社資料室所蔵『昭和六年度（自三月一日至一一月三一日）北海道及奥羽六県区販売方針並予算体系』。
(47)　同史料。
(48)　同史料。
(49)　『函館商工録・附録函館人名録』（函館商工会、一九一四年）三一～三二頁。なお、同書には加藤文五郎（末広町九三番地）について、「明治元年山の上町（今の旅籠町）に小店舗を開き以来幾多の変遷を経て今日にては斯業者中の覇者たり而して販売品目は和洋小間物洋物類雑貨類を広く日高膽振釧路千島樺太方面に数名の店員を派遣し販路拡張を図りつつあり当主は現に商業会議所の議員たるが以前区会議員の栄職にあり公共の為めにも努力し取引先の信用最も厚し」と記されている（同書、六五頁）。また新田完一（末広町二六番地）については、「函館の小間物商中商歴の古きを以て知らるる創業は明治七年にして本道に於て角サ星の名は普及して多大の信用を博し北海道全道内地其他に亘りて販路を有す卸部の販売品は和洋小間物婦人小間物類一式小売部には各和洋物並に袋物婦人物一切其他美街（ママ）品貴金属類等を広く需要に応じ営業の範囲日に広まるを見る」と記されている（同書、六四頁）。

(50)『函館商工人名録・大正七年版』（函館商業会議所、一九一八年）一〇二～一〇六頁。

(51)『函館商工人名録・大正一二年版』（函館商業会議所、一九二三年）九九～一〇四頁。

(52)『函館商工名録・昭和二年版』（函館商業会議所、一九二七年）一一三～一二三頁。

(53)『函館商工名録・昭和四年版』（函館商工会議所、一九二九年）一一三～一一九頁、『函館商工名録・昭和六年版』（函館商工会議所、一九三一年）一二九頁、『函館商工名録・昭和九年版』（函館商工会議所、一九三四年）九九～一〇四頁、『函館商工名録・昭和一一年版』（函館商工会議所、一九三六年）一〇一～一〇五頁。

(54)ここでの各社の資本金規模は、『函館商工名録・昭和一三年版』（函館商工会議所、一九三八年）二一一頁および二一七頁による。

(55)前掲『「奟十全堂」創立者　齋藤脩平伝』一五～一六頁。

(56)日本石鹼配給統制株式会社については、前掲『日本的流通の経営史』一〇三～一三九頁を参照されたい。また池田市造氏についての詳細は、現在のところ不明であるが、ライオン歯磨株式会社『本社管内代理店名簿』（昭和二九年七月一日現在）一九頁には、北海道地区のライオン会員の有限会社池田（小樽市色内町六─二七）として記載されており、その代表者名が池田市造となっている。さらに、筆者が池田市造氏についての情報提供をお願いした米山幸喜氏の調査によると、一九一六（大正五）年に北海道小樽潮陵高等学校（旧制小樽中学校、略称：樽中）を卒業しており（同校第一一期名簿による）、山一（やまいち）の屋号で紙、文具、荒物・雑貨を主に扱っていたという。

(57)前掲『「奟十全堂」創立者　齋藤脩平伝』一六頁。

(58)前掲『北海道商報』復刊一一九七号、一九頁。

(59)前掲『「奟十全堂」創立者　齋藤脩平伝』一六頁。なお、一九四七（昭和二二）年の『函館商工案内名簿』（函館商工会議所、一九四七年）の化粧品・小間物業者の名簿に奟十全堂あるいは齋藤脩平や大総一郎の名前はみあたらないが（三一～三二頁）、一九四九（昭和二四）年の『函館商工案内名簿』（函館商工会議所、一九四九年）の化粧品・小間物業者の名簿に奟十全堂とその代表者である大総一郎の名前が記載されている（七五～七六頁）。
(60) 前掲『北海道商報』復刊一一九七号、二〇頁。
(61) 戦後の石鹼配給規則に関しては、前掲『日本的流通の経営史』一四一～二〇六頁を参照されたい。
(62) 再販売価格維持制度に関しては、同書二二四～二二九頁を参照されたい。
(63) 花王の再販実施については、同書三二四～三三二頁を参照されたい。
(64) 花王石鹼株式会社『花王石鹼登録扱店店名及住所録』（一九五三年六月三一日現在）。
(65) 前掲『㈱十全堂』創立者　齋藤脩平伝』一六頁。
(66) 関係者への聞き取り調査による。
(67) 前掲『㈱十全堂』創立者　齋藤脩平伝』一六頁および『北海道粧業名鑑　一九七二』（北海道商報社、一九七二年）二八四頁。
(68) 佐々木聡「㈱十全堂にみる地域有力卸企業の生成」（明治大学経営学研究所『経営論集』第五九巻第一・二号、二〇一二年二月）二一一頁を参照されたい。
(69) 同稿、二一一頁。

第二章　ダイカ成立の背景と過程

はじめに

本章では、一九六九年の道内七社による合併の過程と背景を検討する。その際、彼らを合併へ促した背景はもとより、合併を主導した経営者たちの認識と経営理念や経営構想といった主体的側面について検証することにしたい。これによって、合併を促進した客体的条件と、合併を可能にした主体的条件を明らかにする。さらに、北海道のほぼ全域をカバーする広域卸企業のダイカ誕生が業界の動向に及ぼした影響や、その広域企業成立の経営史的意義の考察を試みることにしたい。

1　合併の理論的背景とメーカー・小売業の動向

まずはじめに、経営環境の問題すなわち合併の客体的側面について、みておくことにしたい。後にダイカのリーダーとなる大公一郎が粂十全堂に入社した一九六三（昭和三八）年頃、日本の流通業界は大きな変動の時期にあった。さまざまな面の変化があったが、ここでは主に四つの点に注目したい。第一は、大公一郎の粂十全堂入社前年の一九六二（昭和三七）年一一月に出版された、林周二（しゅうじ）の『流通革命』である。(1) 第二は、同書の刺激ときたるべき外資参入への危機感から、卸機能を内部化しようとした花王販社の設立である。第三は、その花王の戦略に刺激されたライオン油脂の「三強政策」である。そして第四は、北海道内でも広がった小売側の流通変革である。

『流通革命』論

まず林周二の『流通革命』論は、資本力のあるメーカーと小売業との直接の取引交渉が進展し、その中間に位置した問屋が従来の機能を喪失すれば、その役割を終えることを展望したものであった。林周二は、従来の問屋・卸の主張する自己のレーゾン・デートルを、品揃え機能・倉庫貯蔵機能・運輸機能・情報機能という経路機能すなわち卸の機能と、これらに金融的機能・サービス的諸機能という経路プラスサービス機能を加えた全体を問屋機能として整理している。そのうえで、経路プラスサービス機能は現実に低下しており、経路機能も長期的な投資活動に力を注ぐ産業資本すなわちメーカー、あるいは大規模小売商がそうした機能をもつことによって、卸業・問屋の斜陽化が進むとしたのである。また、林周二の主張のなかで、経営者職能についてふれた部分に注目すると、問屋資本が目先の商機に追われ長期的計画的な視点をもてなかったことも、そうした斜陽傾向の一因として指摘している。(2)

『流通革命』論に対しては、相反するふたつの反応があった。ひとつは、まさに、みずからの存立の危機を脅かす林周二説それ自体の完全否定である。これらのなかには、林周二自身の見方では、有力メーカーと有力小売商によって疎んじられるようになった問屋が焦燥感に駆られた「鬱憤ばらしの声明文」もあった。林は、「今日の問屋経営者の頭脳レベルを反映して、論理の貧弱なものが多い(3)」とまで言っている。林の批判対象は、いわば現状維持・現状肯定のための非論理的あるいは感情的反駁といってよい。ここでの林の表現そのものが、当事者の感情を刺激したことも否めまい。しかし、当時の卸業経営者のなかには、社会・経済の現実の変化を洞察できなかったり、業界や家業の慣習や悪弊に甘んじて盲目的になり合理的思考をもてなかった者が少なくなかった。また経理面でいい加減な者もあり、危機に瀕したり自滅する者さえあった。

これに対し、『流通革命』論を刺激として、みずから経営改革を推進しようとした経営者たちもいた。林周二自身も、「昔の意味における問屋的機能滅亡論であって、現実の問屋資本そのものが新しい時代に変化することを否定するものではない。また業種、業態によっては経路機能をいとなむ卸業の存在価値を否定するものではない(4)」と述べており、問屋経営者が新時代に対応した経営革新を遂行する可能性は否定していない。

後述する大加十全堂の大総一郎とその継承者の大公一郎、丸文の橋本雄介、および中央物産の丸山源一などは、こうした革新型のタイプとみることができる。これらの経営者は、林が欠落していると批判した長期的視点に立ってみずからの経営のあり方を展望し、新しい経営構想を描きながら施策を積み重ねていくのである。

花王販社の設立

『流通革命』論の背景には、可処分所得の増大にともなって衣食住が豊かさを増してゆく当時の日本の現実の変化と、より豊かな近未来像があった。さらに、同書が大きなインパクトを与えたいまひとつの背景には、二年後の東京オリンピック開催を機として進展していた資本の自由化があった。この後者の面は、外資が日本市場へ参入し消費者や小売業者との直接取引を推進するという危機感をメーカーにもたせ、さまざまな施策を促すこととなった(5)。

花王では、前述の前近代的・非合理的な取引先問屋の立て直しの意図や、進歩的な取引先問屋側の自主的な連携を契機として、一九六三（昭和三八）年から、花王製品の卸を専門とする販売会社いわゆる販社が設立され始めていた[6]。販社の設立は、一九六九年八月時点で全国で一三〇社にも及んだ。北海道でも、一九六八（昭和四三）年に、北海道内各地の有力卸店の出資によって七つの花王販社が設立されることになる[7]。

花王販社は、花王製品の卸売を同社に一元化する目的で設立されたから、出資主体の有力卸店は、代行店経路などの一部を除き、花王製品を扱うことができなくなる。したがって、そのマイナス分を補充するために他社製品による販売拡大をはかる必要があり、競争が激しくなるという影響があった。また、花王というメーカーによる前方統合的戦略でもあり、卸業の関係者の眼には、林周二の「問屋斜陽論」に現実感をもたせるようにも映ったのである。しかしながら、北海道を含め日本の多くの卸業者がその設立に協力したことは、「分社」的経営によって花王製品の販路を確保したことにとどまらず、株主・経営者として、花王の販売戦略に関する情報入手の基盤をも確保したことになったのである。この点は、後述するように、日本の経営風土の基礎の上に卸業者が規模の経済性（economy of scale）と範囲の経済性（economy of scope）と情報経路を確保する意味をもったこととして、注意しておきたい。

ライオン油脂の「三強政策」

北海道に花王販社が設立された一九六八（昭和四三）年の五月、ライオン油脂の小林寅次郎社長は、卸店組織のライオン石鹼会の各地区役員会の席上、「問屋無用論の立場に立って販社政策をとった花王[8]」とそれに応じた「メーカーに隷属する卸機構[9]」に対する競争戦略として、「三強政策」なるものを発表した。この「三強」とは、①「自ら努力して体質を強化する卸店に販売の重点を置く」、②「ライオン油脂製品を強く育てる卸店活動を期待する」、③

「行動的ライオン党との結びつきを強め激動期に処す」という内容であった[10]。

この「強い卸店」・「強い商品」・「強い結びつき」を柱とする方針は、花王の販社戦略とは異なり、卸店の独立性と自主性を保ちながら取引関係を発展的に継続しようというもので、花王販社の内部化戦略への卸店の反発を巧みに斟酌した戦略ともいえる。ライオン油脂では、この戦略の成果をあげるため、積極的な協力を惜しまない「行動的ライオン党」とされる卸店のなかにライオン油脂を専門に扱うライオン油脂製品部を設置したり、卸業の経営近代化の施策や卸店と取引のある小売店の支援を実施していった[11]。

花王との差別化戦略とはいえ、こうしたライオン油脂による戦略も、卸業者側にとっては、メーカー側による包摂的な戦略として捉えられたことであろう。そうした認識をもちながらも、卸業者の多くは、自社のなかにライオンの専門の部署を設けるなど、協力を惜しまなかった。これも、花王販社への協力の場合と同様に、ライオン油脂の販売経路と戦略的な情報の入手の基盤を確保する意味をもつものであったとみることができよう。

道内小売業の変革

他方、北海道内の小売業の変化についてみると、「(昭和)三〇年頃までは炭鉱や各種工場、鉄道・農協などの事業所の生協購買会が量販店として知られて」おり、「(昭和)三一年には札幌市に中央生協が出現」し、「三二年には函館の消費生協が地域生協の認可を得る」が、三〇年代の「前半はまだ定着したものではなかった」という[12]。三〇年代後半になると、変化の速度が増してくる。昭和三一年に量販形式の札幌駅前店を開設した金市舘が「三二年には帯広、三四年に函館、三五年旭川、三六年北見、室蘭、苫小牧と道内各地に店舗を拡大」し、「(昭和)三八年にはスーパーのホシ、大晃が札幌で開業」した。また昭和三六年に「札幌の俗称大学村(北二五東三)に店舗を新設し地域生協としてスタートし」た札幌市民生協も、「(昭和)四四年まで一五店舗を開設」するにいたった。昭和四〇年代には「道内各地にもそれぞれ量販店が定着」し、「(昭和)四三年には五一四店と増加」し、「量販店の販売額シェアは三九年に三パーセント、四一年に四パーセントと上昇、四三年には五・九パーセントとなり、百貨店のシェアに近づく」までになったという。

このように目前で進行する商品納入先の動態的な変化も、道内卸業経営者にとっては、改革を意識させる大きな変化と捉えられたのである。

2　合併の経営史的基盤

以上のような経営環境の変化のなかにあって、合併の構想と計画が具体化することになる。ここでは、まず合併の初期段階で主体となった㑒十全堂と丸文の経営史的概要と両社の関係について確認する。次いで、そうした前史がこの時期の経営者にいかに継承され、またそれぞれの経営者がいかなる経営理念を基礎に、いつからどのような合併を構想したかについて検討することにしたい。

㑒十全堂と丸文の関係

両社の経営概史　第一章でみたように、㑒十全堂は、一九〇九(明治四二)年に函館の齋藤脩平(一八八〇年五月〜一九六一年九月)によってまず㊄十全堂として創業され、化粧品・小間物、石鹼・歯磨・雑貨・米穀などを扱った[13]。脩平の父五平は、福井県の丹生(にゅう)郡風巻(かざまき)村(後の清水町)から函館に渡り、米穀商を営んでいた。脩平は三男で、幼名は末吉といった。

齋藤脩平は、一九一六（大正五）年に㐂十全堂に屋号を変更し、室蘭、登別、苫小牧へと地盤を固め、その後、札幌や旭川にも営業所を置いた。この前後に、化粧品メーカーによる販社設立戦略にも積極的に対応し、人材と資本を拠出している。この点は、先にふれた花王販社の設立の際の協力と同様の前史であり、卸業者が規模と範囲の経済性と情報経路を確保するうえで、重要な意味をもつものであった。

一九三六（昭和一一）年には、㐂十全堂株式会社へと組織をあらためた。この時期、販売区域は、道東を除く北海道全般、樺太全島、および青森県の下北半島にまで広がっていたが、道東区域は脩平の友人であった丸文の橋本文平の販売区域であったので進出しなかったという[14]。

一九五九（昭和三四）年の創立五〇周年目には、齋藤脩平から長男の大総一郎へと経営が引き継がれた。一九六六（昭和四一）年二月には、本社を函館から札幌に移した。その後も発展を続け、道内では、小樽の壽原と並び称される代表的な存在となる。

一方、丸文は、淡路島の神代生まれの橋本文平（一八九三年九月〜一九六六年九月）が一九一三（大正二）年に十勝の池田町で糸や針などの小間物類の行商を始めたのにさかのぼる[15]。翌一九一四年に釧路の西幣舞（にしぬさまい）町に丸文橋本商店という店をもって、小間物のほか石鹼・化粧品などの卸売を始めた。

この頃、橋本文平は、齋藤脩平と共同で山吹石鹼を製造するなど、創業者同士の親交は深いものがあったとされる[16]。齋藤脩平は、何種類もの新聞を読むほど情報の獲得に熱心な人であり[17]、橋本文平も読書を日常としていた[18]。また、齋藤脩平は「働くは人の道」・「『働く』とは『はた』を『らくにする』こと」ということを説いており[19]、橋本文平は熱心なロータリアンであった[20]。情報や他の知見の摂取の旺盛さや、事業の社会性の意識という面で両者に相通じる面があったと思われる。

その後、橋本商店は、第一次大戦の好景気による釧路の発展とともに成長し、一九二六（昭和元）年には弟の要も協力し益々営業を伸張させた。戦後の一九四六（昭和二一）年に、文平の息子・雄介が、釧路で、丸文橋本雄介商店として戦時中に中断していた営業を再開し、三年後には株式会社丸文橋本商店に組織変更して、発展を遂げた。[21]

両社の人的交流の継承

前述のように、㐂十全堂の創業者・齋藤脩平と丸文の創業者・橋本文平は互いに共同事業を行い、また双方の商圏不可侵を暗黙のルールとするほど親しい関係にあった。また齋藤脩平が釧路に所有していた土地の管理を橋本文平に委ねるような仲でもあった。[22] この両者の親交は、一九六九（昭和四四）年五月一〇日の七社合併披露の場で、齋藤脩平の長男で後継者の大総一郎（一九〇七年一月〜二〇〇五年一二月）が述べたように、「先代以来の長い親交」[23]となるにいたった。この点は、北海道の斯業界史に詳しい米山幸喜も「創業者同士の親交は深いものがあ」り、「その交流は自然な姿で二代目」すなわち丸文の後継者の橋本雄介（一九一六年一一月〜一九九八年四月）と大総一郎に「引き継がれ」たと評している。[24]

さらに、橋本雄介は、一九六三（昭和三八）年三月に㐂十全堂に入社した三代目の大公一郎に大いに期待したとされる。大公一郎を四〇日間にわたる世界の流通事情視察に誘い、二人は行動も宿泊も共にしたという。[25] 四七歳の橋本雄介はすでに道内業界の代表的な存在となっていたが、一九三八（昭和一三）年四月生まれの大公一郎はまだ二五歳であった。橋本雄介は、業界を牽引する立場にありながら、次代の道内業界リーダーとなり得る若い人材を求めていたのであろう。この意味で、それぞれの当時の年齢と、二二年近くの年齢差は、ほど良い年廻りであったといえる。一橋大学を卒業後、約二年のレナウン商事勤務を経て㐂十全堂に入社した大公一郎は、橋本雄介の眼に、大いなる可能性をもった輝かしい人材に映ったのであろう。大公一郎もまた橋本雄介の「人間性に尊敬と信頼の念を抱き」[26]、頼もしい大先輩とみた。

革新の認識と合併構想

大総一郎の経営理念と合同への志向

大公一郎入社年の一九六三（昭和三八）年、大総一郎は、『週刊粧業』紙による卸業の現状と将来展望についての取材に対して、「卸業全体を展望していうならば、まず流通の再編成あるいは団結して現状に対処する必要が迫られている。少なくとも北海道という土地は東京では想像できないほど多くの不利な点があり、道内統一のために私は私利私欲をすてて卸企業卸業界発展に尽していきたい」と述べている。[27]

この大総一郎の言葉を、少し細かく検討してみよう。まず、このなかの「北海道の不利な点」は、一言でいえば、北海道という広大な地域全般のインフラ整備が不十分であり、冬季の雪による交通遮断などもあって、ニーズに応じた即時的な対応が難しいということであろう。これは地域社会それ自体としてみれば弱点であろうが、それを補完・強化する役割を果たすことができれば、それを担う主体にとっての強みとなる。すなわち、後に大公一郎が述べている表現を借りれば、問屋側が「販売、回収、在庫、配送、情報といったいわゆる問屋の五大機能をますます強化[28]」することによって、その存立意義を社会的に認知させることができる地域的特性でもあった。

他方で、この機能強化を、各地域の個別の主体がそれぞれに遂行することは、各業者の商圏が離散しているために、重複や欠落を生じることもあって、北海道の全体最適を十分に満たすことができない。そのために「道内統一」すなわち広域的な同業者の連携が必要であるとの認識もあったろう。

地域の業界団体としては、一九二二（大正一一）年に北海道小間物化粧品卸商連合会が成立し、一九二〇年代後半すなわち昭和初期には、函館の業界が退会する不和もあったが、その復帰後、先代の齋藤脩平は小樽の壽原英太郎と並んで代表的な立場の一人であった(29)。戦後は一九四七（昭和二二）六月に北海道化粧品小間物卸商連合会として再発足し、会長には壽原九郎が就き、大総一郎は副会長に選任された。橋本雄介によれば「会長の壽原九郎さんは、非常にお忙しい方でしたから会合では当時の十全堂大総一郎さんが議長をつとめることが多かった(30)」としている。したがって、大総一郎は、戦後の北海道業界の会合のとりまとめ役のひとりであり、「卸企業卸業界発展に尽し」ていくことを明言できる立場にあったのである。

他方、大総一郎は、父の齋藤脩平が唱えた「働くは人の道」・「『働く』とは『はた』を『らくにする』こと」という家訓に、イスラエルの共同体社会のキブツの思想を加えて継承した。折にふれて、大総一郎はキブツについて関係者に紹介したという(31)。やや偏向の感も否めないが、そこに「私利私欲をすてて」と発言する大総一郎の根拠があったのであろう。それと同時に、キブツのような共同体的な運営を北海道業界全体の連携と重ね合わせたともみられる。

大総一郎の目指した卸企業像

このような大総一郎の立場や思想を基礎に、より具体的な企業合同の構想へと練り上げられていく。七社合併の前年の一九六八（昭和四三）年一月四日付けの『北海道商報』紙で大総一郎は、次のように述べている(32)。大総一郎の経営思想がよく表現されており、当時の状況やその後のダイカの経営展開にも関わる内容でもあるので、長文を厭わず引用しておくことにしたい。

「資本主義経済のわが国では、信頼できる弱小卸店の生き残る道は信頼できるメーカーと専門販社によって一体となるか、家業から企業へ脱皮して企業合同による一大結社を形成するほかにありません。少なくとも年間百億ぐらい売り上げ(ママ)する会社にね。現在では夢のような話しですが実現性はないことはありません。北海道がもし人口増の見込みがなければ集中するところに進出することです。そうして三井物産とか三菱商事のように優秀な大学卒業生が喜んで入社してくるような大企業にならなければだめです……。子供でも事業でも自分のものだから好き勝手にして良いのだと考えるのが当り前になっていますが私はこういう考え方に矛盾を感じます。事業も社会性を持っている以上、社会からのあずかりものという考え方が正しいのではないでしょうか。それだけに大切にしなければならないものですよ」。

犇十全堂をはじめ北海道の多くの卸業経営者は、戦前から化粧品会社の専門販売会社の設立に協力してきた。本体の卸業経営を広域化させ複数の事業単位を設けるとともに、それぞれが人材と資本を別会社に拠出する「分社」的な経営を実践してきた。前述の花王販社の設立の際には、卸業者が出資者や経営者として、あるいは流通経路の一部を担う代行店として協力し合ってきた。しかし、流通の川上に位置するメーカーへの拮抗力を維持するためのそうした緩やかなヨコの連携の方法から一歩踏み出して、道内業界が合同による独自の道を歩むことによって大規模化をはかり、より近代的な企業へと脱皮させる必要があると考えたのであろう。

アメリカ経営史上の「近代的企業」との比較

Ａ・Ｄ・チャンドラーによれば、アメリカの経営史上の近代的企業とは、複数の異なった現業事業単位をもち、俸給経営管理者（salaried manager）の階層（managerial hierarchy）によって管理されている企業である。これらの近代企業の各事業単位は、それぞれの管理本部をもち、常勤の俸給管理者によって運営される。これに対して伝統的企業は、単一の事業単位であり、個人あるいは少数の企業所有者が運営していた。近代企業は、その管理階層による調整が市場メカニズムによる調整よりも優るようになってから、伝統的企業にとってかわった。そして複数事業単位の企業規模がその規模を大きくし多様性を増すとともに、管理者はより専門的となり、所有と経営の分離が生じたという[33]。

犇十全堂も丸文も、すでに販売拠点を複数もち、またメーカーの販社政策への協力で「分社」的な経営も営んでいた。その意味で、アメリカ経営史上の近代的企業へ向かう一面を備えていたが、所有と管理組織の実態からみて、やはり同族色の濃い伝統的企業の域にとどまるものであった。大総一郎も、この合併構想のなかで、アメリカ経営史上の近代的企業を明確に意識していたわけではなかったであろう。

しかし、「優秀な大学卒業生が喜んで入社してくるような大企業」とか、「事業」を「自分のものだから好き勝手にして良いのだと考える」ことに「矛盾を感じ」るという発言に、少なくとも伝統的な同族企業から脱したいという意識は読み取れる。さらに、「事業も社会性を持っている以上、社会からのあずかりものという考え方が正しい」という、先代の齋藤脩平から継承した考え方にキブツの思想を加えた企業倫理観も表されており、そうした理念を備えた近代企業を志向していたとみることもできよう。

「流通革新」の担い手たる意思表明

さて、この企業合同について、大総一郎は、約一年後の一九六九（昭和四四）年一月五日付けの『北海道商報』紙では「経営理念を等しくする同業者が協同して、それぞれ年商百億か二百億の企業に脱皮して近代的な経営ができるようにしなければならい」と述べ、いっそう踏み込んだ見解を披露している。さらに、この協同によって「機械とともに、優秀な人材の導入が可能となって来ることのメリットの方が大きい」とする。さらに、林周二の『流通革命』論への反応に関係することとして「われわれ卸業のライバルはもう同業者ではなく太く短いパイプになることを要請する流通革新に抵抗する現状維持的な考え方にあるのではないでしょうか」とも述べている。(34)

前述の『流通革命』論への反応のうち、盲目的・感情的現状維持論を批判するとともに、大総一郎みずからが卸業の流通革命の担い手たらんことを表明したものであった。

橋本雄介の認識

大総一郎と同様に、先代の理念と関係を継承した橋本雄介は、一九六八（昭和四三）年八月一〇日に北海道卸粧業連合会(35)の席で「花王販社誕生の反省として問屋企業の改革を強く訴え、道卸連憲章を守り、業界の正常化、健全化を強く訴え」た。[36]このなかの「花王販社誕生の反省」の真意は明らかではないが、花王というメーカーの本舗政策貫徹の強い姿勢に屈して花王製品の商権を剝奪されたことや、花王販社が強い対抗勢力となったことを意味するであろう。また「道卸連憲章[37]」とは、「卸企業の存立を明確化し、経済流通への貢献度を高め、ひいては業界の堅実なる発展を樹立する」ことを目的に、『流通革命』論の波紋と流通の変革が進行していた一九六六（昭和四一）年七月九日の北海道卸粧業連合会で橋本雄介によって提示され承認されたものである。その第四項では「業界のルールを守り互譲互恵共存を欣ぶ」とされている。

いずれにせよ、橋本雄介も、経営環境が激しく変わるなかで、大総一郎と同様に、あるべき強固な卸企業のかたちを展望していたのである。

3　合併にいたる過程

十全堂と丸文の協議

大総一郎と橋本雄介の協議　先代の経営理念と良好な関係を継承した大総一郎と橋本雄介の話し合いは、まず一九六八（昭和四三）年一一月にもたれ、合併も話題になったという。[38]橋本雄介は「ライオン歯磨さんが、二〜三年前から卸店へ合併、協業化を説いていたので、本道筋も合併しなければと思い、十全堂さんと話合った」と述べている。[39]しかし、このなかに出てくるライオン歯磨の北海道支店長によると「ダイカ合併はまったく知らなかったし、相談も受けなかった。むしろ本社が先に合併発表があったと連絡してきた」と述べており、ダイカ誕生への関与を否定している。[40]ここでの真実を解明する史的根拠は確認できていない。しかしながら、橋本雄介が前述のライオン油脂の「三強政策」を意識してライオン歯磨と混同したか、あるいはライオン歯磨の者に「三強政策」と同様あるいはそれに近い趣旨の可能性を示唆されたかのいずれかの可能性があろう。

いずれにせよ、まず奈十全堂と丸文は、花王の北海道販社が設立され、ライオン油脂の「三強政策」が公表された一九六八（昭和四三）年から、合併に向けての具体的な協議を開始したことは確かであろう。翌一九六九（昭和四四）年春頃には、二人の協議に、後述するように「合併」の口火を切ったとされる大公一郎もあらためて加わって、極秘裏に話が進められることになった。[41]

大公一郎の理念

ところで、合併前、大公一郎は、東京の有力卸店の経営者に、卸業が明るいヴィジョンを描けないことを告げたところ、「問屋の未来にヴィジョンなどと考えること事態（ママ）まちがっている。問屋というものは大体そういうものだ。大学出の君がやる仕事ではないよ」といわれて愕然とした覚えがあったという。[42]

この東京の経営者とは、中央物産の丸山源一である。大公一郎も短く紹介しているが[43]、丸山は、一九六一（昭和三六）にP&Gのキャメイ石鹼の輸入総代理店契約をはじめ、タンパックス社（タンパックス・タンポン）やプラウ社（コパトーン）との輸入契約を結ぶなど、さまざまな経営革新を実現していた。丸山は、一三年間の商社勤務のなか、八年間ニューヨークで勤務しており、そうした海外経験を基礎とした経営の展開であった。丸山自身も「問屋に将来はないのか」と自問したうえで、「問屋無用」とはいわないが「将来が厳しいことは事実」であるとし、「問屋が生き残るためには、徹底した流通の合理化」をはかることが必要であるとしている。[44] さらに、丸山は「有力海外メーカーの製品で、日本に類のないものの販売権を持って全国の問屋小売店へ供給」するために、「国内販売向けの加工、在庫管理、広告宣伝、チャネルづくりまで」を自社で行い、「自社商品として取り組」むことを実践していたのである。[45]

大公一郎も、「問屋業の未来に全ての道が閉ざされている」とは思わなかった。卸業の現状の何かしらの課題を発見し、それを克服する方向を目指していた。最初に思ったのはやはり北海道という地域性に関わることであった。「特に生産地と消費地が距離的にも時間的にも最も離れている北海道」では、「やりようによっては明るい道が開けるのではないか」と思うようになったのである。そうした分散的・間欠的販売経路の間隙を縫うことが、まず構想されたと思われる。そして「それを実現させるためには、我々の力をつけること、規模を大きくすること以外にはない」と考え、みずからの「構想は合併へと繋がってきた」という[46]。

「合併」話の口火

ところで、時間的にいつの時点か曖昧ではあるが、大総一郎、大公一郎および橋本雄介の三人のなかで、「合併」を最初に口にしたのは大公一郎であるとされる。一九六八年一〇月、橋本雄介から丸文ゴルフ会に誘われて、ゴルフ会前日に釧路の料亭で食事をした際に、大公一郎が橋本に新会社の「社長になってほしい」旨を要請したという。この時点で、大公一郎は、父親の総一郎には話していなかったようであるが、父親が賛成することを確信したうえでのことであった。これは、前述の大総一郎と橋本雄介による合併協議開始時期とされる一九六八（昭和四三）年一一月の前月のことである。いずれにせよ、その時点では、大公一郎からの申し入れに対して橋本雄介から即答はなかった。しかし、これがきっかけとなって両社の話し合いが具体的に進展することになり、大総一郎と橋本雄介が固い握手を交わすことになったとされている[47]。

石田商店と山崎商事の参加

𡚴十全堂と丸文の協議が進展する一方で、別の合併話も始められていた。石田商店と山崎商事のそれである。

両社の経営概史

石田商店は、新潟出身の石田周作が一八九九（明治三二）年に、札幌に油と合羽の店を開いたことにさかのぼる[48]。石田商店となったのは、一九〇五（明治三八）年頃と推定される[49]。蠟燭と香油のほか、鬢付なども製造し、線香や油を仕入れて、卸売と小売を兼ねる商いをした(50)。一九一〇（明治四三）年に、後述する石倉忠平が叔父の縁で奉公し始めた。この頃から、苫小牧、室蘭、滝川、旭川へと出張販売をするようになった。

一九一九（大正八）年、大戦景気で一万円の蓄財を成したことを祝い、得意先や取引先を招いて二日間大盤振舞をしたという逸話もある。この頃には、化粧品や石鹼も扱うようになり、梅ヶ香香油製造本舗化粧品石鹼問屋と称した。一九二九（昭和四）年に、周作が他界して、息子の石田一郎が経営を引き継いだ。戦時中は、食用油の配給所の機能を果たし、戦後の一九五五（昭和三〇）年に株式会社石田商店へと改組した(51)。

山崎商事は、山崎義夫が、旭川の中村長市商店から戦後の一九四八（昭和二三）年に独立して岩見沢で起こした事業であり、一九五二（昭和二七）年に山崎商事株式会社となった。堅実一本の経営と評されたが、山崎義夫は小柄ながら豪放磊落な性格で業界では類まれなる人物であったという(52)。

四社合併への進展　石田商店と山崎商事のそれぞれの本拠は札幌と岩見沢であるから、札幌に本拠を移して広域展開していた大十全堂と釧路を拠点に展開していた丸文との合併構想と比べると、比較的、近い商圏内での合併の協議であったといえる。この石田・山崎の合併話が、いつから開始されたのか正確なところは不明であるが、一九六八（昭和四三）年二月頃から噂話には上っていたという(53)。

一方、合併話は、石田商店をめぐって山崎商事と大幸商店との間にあったともされている(54)。有限会社大幸商店は、一九四八（昭和二三）年に大島直治によって創業された化粧品、雑貨、小間物の卸会社である(55)。一九五八年時点では資本金一〇万円の小規模会社であったが(56)、一九六一年時点では資本金一〇〇万円の会社となっている(57)。

三社のそれぞれに事情があった。石田商店は花王製品の扱いが札幌花王販売に移行したことがあり、山崎商事には、札幌と旭川の両営業所の閉鎖や炭鉱の不振という背景があった。また、大幸商店には、経営の見通しの不安があったようである。いずれにせよ、これら三社の合併ではなく、石田・山崎の二社合併の協議へと進むこととなった。

噂話のあった翌年の一九六九（昭和四四）年四月二一日、札幌のパークホテルで開かれたライオン会の場で、山崎義夫社長が石田商店との合併話が最終段階まで進んでいることを丸文の橋本雄介社長に伝え、意見を求めた。山崎は、親交のあった橋本に背中を押してもらいたかったのかもしれない。橋本は返答に困り、上京中の大総一郎に相談し、四社合併案も具申した。大総一郎は、この提案に賛同し、橋本は、後の会談で奙十全堂と丸文の合併話も打ち明けて、石田商店と山崎商事もこれに加わるという四社合併の合意がなされることになった。

なお、四社合併の裏に日東化学の辻直人専務（元旭電化常務）の斡旋があったという説もあるが、大公一郎によれば「大総一郎と橋本雄介がアドヴァイスを求めたということであり斡旋ということではない」という。[58]

石倉産業と丸協の参加

さて、四社合併の披露は、一九六九（昭和四四）年五月一〇日に東京のホテル・オークラで開かれる奙十全堂株式会社創業六〇周年の場とされた。その前日に、石倉産業からの申し入れで、同社と丸協を含めた六社合併へと話が進展することになる。

両社の経営概史

その石倉産業は、第一章の注記(30)でもふれたように、札幌の石田商店に奉公していた石倉忠平が、結婚を機に一九二〇（大正九）年に旭川で創業した。[59] 屋号の大忠は、先祖の大造の大と自身の忠平の忠とを合わせたものであるが、自身の名前は後に宏祐と改名している。創業の二年後、つてを頼って陸軍の七師団御用商になってから力をつけていったとされる。

丸協は、菊地金市が、戦後（昭和一四年という説もある）、北見市に起こした化粧品卸会社である[60]。菊地は、一九二九（昭和四）年に、田巻靖司が一九一四（大正三）年に起こした化粧品卸会社に勤め、斜里、標津に販路を開拓し、網走線を南下して各地に得意先を拡充した。帯広に田巻の出張所を設けることにも努めたという。そうした経験と実績を踏まえての開業であったろう。

六社合併への急展開

丸協は、石倉産業の北川光雄が実際の経営を菊地から引き継いでおり、石倉産業の傍系と位置づけられる状況になっていた。北川は、薬科大学を卒業後に武田薬品に入り、同社を退社して石倉産業に入っていた[61]。石倉産業の石倉克祐は、一九六九（昭和四四）年五月九日、四社合併発表の前日で上京していた関係者のもとに電話を入れた。電話を受けた橋本雄介に、石倉は、四社合併の話を聞いたことを伝えたうえで「傍系の北見の丸協ともども是非参加させてほしい」と述べ、さらに「明日の発表会にもこのことを公表してもらいたい」旨、申し添えた[62]。

合併発表の予定で集まっていた四社の関係者は驚いたものの、結局、皆が賛同し、翌日の発表に加えられることとなった。極秘裏に進められていた四社合併であるが、ちょうどこの五月九日は、四社の社員全員に各社社長メッセージとして伝えられた日であった[63]。

電話ひとつで決まった六社合併というのも、一般には安易ととられるかもしれないが、道内の経営者のふだんからの懇親や意思疎通に加えて、あるべき方向性についての共通の思いがあったからこそ、円滑に進展したのであろう。この六社合併により、旭川と北見を本拠とする有力卸店が加わることになり、函館から札幌に出た㐂十全堂、釧路の丸文、札幌の石田、岩見沢の山崎と合わせると、道内の広範囲にわたって本拠をもつ有力店の大同団結へと拡大したことになる。

合併の実現と発足時の体制

丸十全堂創業六〇周年記念懇談会での公表

一九六九（昭和四四）年五月一〇日、ホテル・オークラに約一〇〇名が集まって、丸十全堂株式会社創業六〇周年記念懇談会が開催された(64)。大総一郎社長は、挨拶で「流通革命は論議の段階ではなく実行の域に入ってきた」と述べ、「第二の創業として始める企画を発表したい」と述べた。この直後、丸文、石田商店、山崎商事の三社長が雛壇に着席し、丸十全堂はじめ四社合併の発表会に変わった。

ふたたび登壇した大総一郎は、丸十全堂、丸文、石田商店、山崎商事の四社は「八月一日を記して合併する」ことを披露した。また、その趣旨は「個々の力で競争に明け暮れていては落伍する憂いも」あるので、「北海道業界の安定、発展」のために「企業規模の拡大と人材の結集」をはかることにあるとした。さらに、大総一郎は、この合併によって「卸業界再編成の端緒を開き、その社会的使命を達成したい」との抱負も述べた。

その後、橋本雄介が、前日の電話での申し入れを受けて、四社に加え、石倉産業と丸協の参加も示唆した。橋本雄介は合併の趣旨について「お互いの尊敬と信頼をすべてに優先することを根本理念とし、その目的を問屋の存在理由の確立と、人間の無限の可能性の発見において大同参加した」と語った。林周二の「問屋斜陽論」やメーカーによる流通戦略と大手スーパーなどの狭間にあって、橋本雄介は「問屋の存在理由」を高める必要があるとし、そのためには「産業構造審議会の政府への答申にもある」ように「取引経路の簡素化、大量取引体制の樹立、取引の合理化・近代化、需給の適合化を基調」として「反省するところにひとつの道が拓けるものと確信する」と述べている。

大幸商店の参加

五日後の同年五月一五日には、大幸商店も参加の意向を表明した。同社は、一九四八（昭和二三）年六月に、大島直治が札幌で創業した化粧品卸会社である。創業当初は、社長以下三名で、取扱商品はマスター、メヌマ、井筒、オペラの四品目であったが、その後、取扱商品も広がり、一九六三（昭和三八）年には鉄筋二階建ての社屋を建設するほどまでに成長した[65]。
合併の動機について、大島は「今後一匹狼では仕事はできない。大型化して時代の進歩についていかなければならないと痛感して自ら判断した[66]」と述べた。それだけではなく、大幸の従業員に対して「このまま小規模な私達の家業に勤めさせていていいのか、このままでは社員の方々が結婚するにしても肩身が狭かろう」との思いもあった[67]。これは、先に紹介した大総一郎の「優秀な大学卒業生が喜んで入社してくるような大企業にならなければ」という見解と同じ思いであり、ひとり大島のみならず合併に参加した経営者たちのなかに共有されていたことであったろう。

ダイカの発足　㈱十全堂株式会社では、一九六九（昭和四四）年五月二一日の臨時株主総会で、大幸を除く五社の自社への合併が原案通り可決され、同年六月七日には、社名をダイカ株式会社に変更登記した。同時に営業目的も一部変更し、下記のように定められた[68]。

① 化粧品・歯磨・石鹼・食料品・紙文具・玩具娯楽用品・繊維製品・装粧品・其の他雑貨の販売並びに製造及び委託販売
② 医薬品並びに医薬部外品の販売
③ 損害保険代理業
④ 前各号に付帯する一切の業務

合併前の各社の主な取扱品、仕入先および販売先は、表2-1に示す通りであった。このうち、主要取扱品は、この営業目的の①と②に集約されたといえる。

表2－1　合併参加７社の主な取扱品・仕入先・販売先

岙十全堂	主要取扱品	化粧品，石鹸，歯磨，日用雑貨，家庭紙
	主要仕入先	ライオン歯磨，旭電化，花王，資生堂商事，ホクシー，十条キンバリー
	主要販売先	化粧品店，薬局・薬店，デパート，スーパー
丸　　文	主要取扱品	化粧品，石鹸，歯磨，日用雑貨，家庭紙
	主要仕入先	ライオン歯磨，旭電化，花王，資生堂商事，ホクシー，山陽スコット
	主要販売先	化粧品店，薬局・薬店，デパート，スーパー
石田商店	主要取扱品	石鹸，洗剤，日用雑貨
	主要仕入先	花王，ライオン油脂
	主要販売先	雑貨店，２次卸店
山崎商事	主要取扱品	石鹸，洗剤，日用雑貨
	主要仕入先	花王，玉の肌石鹸
	主要販売先	炭鉱の生協，雑貨店
石倉産業	主要取扱品	化粧品，日用雑貨，蠟燭（自家生産）
	主要仕入先	大日本除虫菊，化粧品会社
	主要販売先	化粧品店，薬局・薬店，農協
丸　　協	主要取扱品	化粧品，日用雑貨
	主要仕入先	大日本除虫菊，化粧品会社
	主要販売先	化粧品店，薬局・薬店，農協
大幸商店	主要取扱品	化粧品，化粧小物
	主要仕入先	ウテナ，ジュジュ
	主要販売先	百貨店，自衛隊，道庁の売店

（出典）筆者の質問に対して提示された大公一郎氏のメモによる。

そして同年八月一日をもって、新会社がスタートした。発足一カ月後の九月一日には、六月に公正取引委員会に申請していた合併申請がようやく許可され、同年九月二五日の臨時株主総会では大幸商店との間で交わした合併契約書が承認された[69]。発足当初の経営陣とその出身母体は、表２－２に示す通りであった。

これをみると、会長の大総一郎と社長の橋本雄介をはじめ、監査役を含む二二人の役員のうち岙十全堂と丸文のそれぞれの出身者が六名、計一二名が役員を占めており、この両社中心の経営陣となっていたことがわかる。また副社長には、これら二社と石倉産業を除く他の四社の出身者が就いており、いちおうバランスが考慮されたと思われるが、専務には、この新会社の実質的なリーダーとなる大公一郎が就いている。なお、大幸商店の合併は同年一二月となったので[70]、合併前のダイカ新発足の時点で大幸商店の大島社長が取締役副社長に就いていたことは注

表2－2　ダイカ成立時の経営陣

役職名	氏　名	出身母体
代表取締役会長	大総一郎	兪十全堂
代表取締役社長	橋本雄介	丸文
取締役副社長	石田一郎	石田商店
	山崎義夫	山崎商事
	大島直治	大幸商店
	北川光雄	丸協
	大修七郎	兪十全堂
	橋本圭介	丸文
専務取締役	大公一郎	兪十全堂
常務取締役	石倉克祐	石倉産業
	加藤永太郎	兪十全堂
	星直流	兪十全堂
	大宮豊穎	丸文
	大島淳治	大幸商店
取締役	太田敏雄	丸文
	黒沢隆	丸文
	佐藤脩	石田商店
	植田一雄	山崎商事
	石崎静夫	兪十全堂
監査役	石倉みを	石倉産業
	石田博	石田商店
	坂野洋二	丸文

（出典）ダイカ株式会社『第1(34)期営業報告書』（自昭和44年1月21日至昭和45年1月20日）10～11頁，米山幸喜編『ダイカ創業物語』（北海道商報社，1989年）9～10頁および『北海道商報』復刊1197号（1975年）33頁のほか，筆者自身による大公一郎・米山幸喜両氏への確認に対する回答による。なお，米山幸喜氏によれば，加藤永太郎常務取締役は銀行出身で経理担当であり，坂野洋二監査役は会計士であったという。

目されよう。

払込資本金は、同年九月三日の登記時点で一億四〇〇〇万円、同年一二月三日の登記で一億八三五万円であった(71)。業界では、化粧品中心の株式会社大粧（一九七六年一〇月に株式会社パルタックに商号変更）が一九六九年四月に二億円に増資しており(72)、それには及ばないものの、当時の日用雑貨卸会社としては大規模資本の企業となった。人員をみると、新会社発足直前の同年七月三一日時点では二二六人であったが、新会社発足の翌日からは四八二人と倍以上の増員となった(73)。合併後の最初の決算では、売上高は約三五億円であった(74)。

合併直後の展望と課題

専務取締役の大公一郎は、合併によって想定されるメリットを、一〇項目に整理していた。それは、①大量仕入による原価低減、②業界内発言力の増大、③全道販売網完成にともなう一手販売商品の取り扱いが可能になること、④電子計算機の本格導入が可能になること、⑤経営陣の強化、⑥適材適所の広域化にともなう人材開発、⑦新規採用の有利さ、⑧金融力の増大、⑨取扱商品の充実、⑩競争緩和による収益力の向上、などである(75)。

これらは、合併直後に想定された可能性であり、ひとつひとつを実現していくには、全体的で大きなビジョンが必要であった。そこで、「長期五カ年計画」を策定して五年後の売上高目標を一〇〇億円として設定した(76)。大公一郎自身によれば、この「長期五カ年計画」は、明文化されたものではなく、売上目標を設定したものに過ぎなかった。ただし、これを基礎に、毎期、売上や利益の予算を樹立して、それに向かって邁進するということには熱心であったという(77)。

この長期計画が、林周二が批判した長期経営計画をもてなかった従来型問屋経営者を意識したものであるかどうかはわからないが、いずれにせよ、これが前身会社の奈十全堂の時代を通じても、初めての長期経営計画であった。これによって、また一歩、経営の近代化を進めたといえる。

他方、合併前後に従業員の動揺も発生した。後述するように、ダイカの成立は、道内卸業界の合同を促すことになったが、そのひとつに粧連株式会社があった。ダイカ成立母体のひとつであった石倉産業の本拠地は旭川であったが、そこには旧奈十全堂旭川支店もあって、競合関係にあった。そうした従来の関係の影響や石倉産業の内部事情もあって、石倉産業の一部の従業員は粧連の方への参加を表明した(78)。

また合併にともなって、営業拠点の見直しも必要であった。まず、表2－3に示されるように、合併前の各社の営業拠点で、あまり競合のない地域の拠点は、そのまま新会社ダイカの営業所とした。旭川では、奈十全堂の拠点を石倉産業社屋に吸収させ、これを旭川営業所とした(79)。これに札幌内の三つの営業所を加えて、一二の拠点でスタートした。この札幌の営業拠点こそ、再編の対象であった。合併当初、札幌では、札幌営業所（北6条東三丁目、旧奈十全堂）、札幌中央営業所（南2条西一丁目、旧石田商店）、札幌西営業所（北2条西一丁目、旧大幸商店）の三つの営業所があった。それぞれに業種別の分担を決め、札幌営業所はスーパーと量販店、札幌中央営業所はデパートと官庁関係、札幌西営業所は薬局と化粧品と雑貨店を担当させることとした。これとともに商品の移動も実施された。全商品のうち約半数は共通していたが、残る約半数は業態に適合させるために移動させる必要があったのである。しかし、それぞれの営業所の旧会社時代からの関係をみると、表２－１に示されるように、得意先の業種もさまざまであり、また旧会社の商品構成も異なっていたので、業種別に単純に分けることに無理があった。このため得意先に対して迷惑をかける事態も発生した。[80]

そこで、一店一店ごとにどの従業員がどの店を担当するかについての一覧表を作成し、従業員の担当する店をなるべく変えずに、その得意先について営業所に所属するようにした。さらに、商品が移されても、未経験の商品のために商品知識に欠けたり在庫の有無の把握が不完全な場合も多く、得意先からの注文に即応できない事態も招いた。得意先に、自店の担当者を覚えてもらうのにも時間を要した。この他、モノと人の移動にともなう混乱も生じた。給与体系の確立、仕入先の選別と取扱商品の取捨選択、取引銀行の選別と資金繰りの問題、経理システムの統一などの課題もあった。こうした混乱や課題を、徐々に解消していく努力が払われたのである。[81]

なお、一九六九年九月一日には、小樽の旭友商事の営業権を継承し、小樽営業所を開設した。これにともない、札幌の三つの営業所を札幌営業所に統合した。[82]

表２－３　合併参加各社の非競合地域

㐂十全堂	函館，苫小牧，滝川，室蘭，帯広
山崎商事	岩見沢
丸　　協	北見
丸　　文	釧路

（出典）筆者の質問に対して提示された大公一郎氏のメモによる。

経営理念の浸透による社員の意志統一

合併会社の経営者間の意志統一はあっても、従業員の仕事への意欲が減殺されては、企業の有効な組織力とはならない。従業員の不安や動揺を解消し、仕事に対する情熱を組織化するために、橋本雄介社長は、一九六九年八月三日の創業記念式典で合併の基本理念と基本姿勢を明確にした。

まず基本理念は「卸商社として流通経済の一翼を担い、産業社会・地域社会に貢献する事を念頭に、道内の有力な卸企業が永年の歴史と伝統を茲に結集して創業した会社」であり、「したがってわれわれはこの創業の精神を基に旺盛なるフロンティア精神で事に当たり、常に和親協調、相互信頼、謙虚なるを以って身上とし奉仕の精神に徹することをわが社の最高理念とする」とされた[(83)]。

ここに示された内容は、「流通経済の一翼を担う社会的使命の重大さを認識して奉仕の精神に徹せん」、「誠実謙虚な態度と旺盛なるフロンティア精神を以って仕事に従事せん」、「喜びを分かち合い和親協調の精神で邁進せん」という三つのスローガン[(84)]に分けられて、この式典はじめ折々に唱和されることとなった。さらに、この基本理念を実現させるべく、基本的態度、誠実と謙虚と努力、信頼と好感、奉仕の精神、期待される社員像、厳しさ、という六項目の綱領が定められた。このうち基本的態度では、自社の発展を企図する前に、顧客の満足、生産企業（仕入先）への寄与、同業他社との商道徳に基づいた協調関係確立、国家社会の法を守り適正な納税、全社員が福祉関係で固く結ばれる、などの五つを考えるべきとされた[(85)]。橋本は、これらを踏まえて新会社が経営されることによって、繁栄が無理なく実現されることを強調した[(86)]。

橋本社長は、月例の営業所会議をはじめ機会あるごとに、上記の経営理念とそれにもとづく所信を、直接、従業員に説いた。翌年の一一月頃には、「漸くにして私の経営理念も、理解浸透を見たかに思われ」、また「営業所からの意見もかなりスムーズに上申されるに至り」、従業員の「意志も一つの輪となった感」があると述べることができるまでになった[(87)]。

4　ダイカ成立の経営史的意義

ここで、ダイカの成立が当時の道内卸業界にどのようなインパクトを与え、また全国の卸業界の動向のなかでどのように位置づけられたのかについてみてみよう。また、アメリカ経営史研究の成果を参考にしながら、ダイカ成立の経営史的意義を試論的に検討してみることにしたい。

北海道内外の業界動向

道内卸業界再編への影響　ダイカの成立と関わりをもちながら、道内の卸業界の再編成が進展した。代表的な事例としては、先にもふれた粧連の発足と、大丸藤井と丸日販売の合併があった。

まず、粧連成立の経緯をみておこう。一九六五（昭和四〇）年に「黒バラ同志会」なるものを結成していた、小樽の小町屋商事、函館の中村福粧堂、丸文、旭川のクラウン、石田商店、山崎商事の六社が、かねてより合併や協業について話し合いを重ねてきたが、一九六九（昭和四四）年四月二一日のライオン会で顔を合わせたのを機会に具体的な方向へと話を進めることとした(88)。しかし、小町屋の佐藤社長と、石田商店および山崎商事の両社長の意見交換はなされないままに終わり、丸文、小町屋、中村福粧堂、クラウンの四社で話し合いがなされたが、丸文とクラウンは辞退することになった。このうち丸文が、石田、山崎両社とともに、㡀十全堂との合併へと舵を切り替えることになったのは前述の通りである。丸文とクラウンが辞退した時点で、小町屋と中村福粧堂では、新しい構想を練り始めたが、そうしたなかでダイカ発足の情報が流れた。同年六月七日、室蘭の鈴木康収堂を加えた新合併案を発表したが、五日後の六月一二日、鈴木康収堂は内部的な問題から辞退し、これと前後して、前述のように、ダイカに参加した石倉産業の菊川らがこちらの合併への参加の意思を表明した。

結局、小町屋と中村福粧堂を中心に、菊地らの参加も得て、同年八月五日、合併の法的な登記を済ませ、九月一日より営業権譲渡による新会社の粧連株式会社が発足した。粧連は、発足当初、資本金四〇〇〇万円、従業員一九〇名であった。札幌市（中央区南2西一二）の本社と本店のほか、小樽、函館、室蘭、旭川に支店をもち、苫小牧に出張所をおく、北海道の有力卸企業の誕生となった。[89][90]

一方、一カ月遅れて、同年一〇月一日、大丸藤井と丸日販売が合併して大丸藤井株式会社が発足した。[91]丸日販売は、一九二九（昭和四）年に、藤井商店の紙・文具と石鹸部門を分離して丸日聯合販売として設立された会社であり、両社幹部が同期であったこともあって人的交流が継続していた。多様化していた丸日販売の家庭雑貨品を大丸藤井に一本化することで、台頭してきた量販店などにも多品種の納入が可能となるメリットもあった。ダイカの合併発表の後、「机上論ながら以前両社間で話合った合併構想に火をつけ」ることになったとみられている。[92]新発足の大丸藤井株式会社は、大丸藤井五〇〇名と丸日販売一一〇名の合併で人員数からみるとダイカを上回る規模であり、合併後の資本金八五〇〇万円はダイカに次ぐ規模となった。

このように、ダイカの成立は、粧連の成立にいたる経過に具体的な影響を与え、また大丸藤井の合併を促す効果をもたらしたとみられる。

全国卸業界再編のなかでの位置

ダイカが成立した一九六九（昭和四四）年には、北海道以外の各地でも卸店同士の連携・合同が進められた。

九州では同年三月に長崎の有力卸店の成宮と丸橋の合同による新会社設立が発表され、両社の出資によって、石鹸・洗剤・雑貨系統を扱う丸宮と、化粧品系統を中心に扱う長崎大伸が設立された[93]。また同年五月二一日には、福岡市の瓜生商店と飯塚市の益富商事が合同して株式会社宏和として新たにスタートした[94]。同年五月には、大分県で小野雄商店（大分市）、甲斐商店（別府市）、本田生長堂（中津市）、かめい香油堂（佐伯市）の四社の合同が発表され[95]、六月一日よりユーホーとして新たに営業を開始した[96]。

大阪でも、同年四月二六日に、宇野達之助商店、高木、丸二商事の三社の合併が発表され[97]、同年六月に関西物産として新発足した。東京では同年五月六日、東京堂とときわ堂の提携が発表された。ただし、その内容は東京堂がときわ堂を事実上吸収合併する内容であった[98]。

ダイカの成立は、このように全国各地で卸業界の再編が進展しているなかでの合併のひとつであった。ユーホーの場合もダイカの場合も業績の良い企業同士の合併であり、当時の業界でも「理想的」合併と評価されたが、ダイカのように北海道という広い地域をカバーする大型合併は「卸業界に一層危機意識を高め」るというインパクトを与えたのである[99]。その直接的な影響であるか否かは特定できないが、ダイカ成立以降、卸業界の再編の動きは全国で加速されることになった。

アメリカ経営史の経験とダイカ成立の意義

これまでみてきたダイカの成立とその影響を、アメリカ経営史の研究成果に照らして再検討してみることにしよう。

規模の経済性・範囲の経済性　A・D・チャンドラーによれば、アメリカの経営史上、卸売業などの中間業者が規模の経済性（economy of scale）と範囲の経済性（economy of scope）の双方において優っている限り、その存在意義があった。この場合の規模の経済性とは、多くのメーカーの大量の製品を扱うことなどによって単位費用の相対的な低さを維持することであり、範囲の経済性とは、一定の施設・経営資源を通じて数種の関連した製品を扱うことによる優位性である。商品回転率を高めることは速度の経済性（economy of speed）を高め、規模と範囲の双方の経済性をより優位にさせる。メーカーが自ら購買、マーケティング、流通の施設に投資し、メーカーの取扱量が、中間業者自身がその取扱量から得ていた規模と範囲の経済性の水準を超え、中間業者の優位性が狭まるか、失われるとともに、中間業者もその役割を終えていったという。[100]

このコンテクストを、日本のメーカーたる花王の販社にあてはめてみよう。[101] 花王販社の設立に際しては、一部を除いて卸店の出資が基本であって花王自身はさほど投資を行っていない。しかも、出資卸店の経路や資源をほぼそのまま活用しており、ある時期までは、物流・情報面を除き、花王からの付加的投資は余りなされなかった。この意味では、アメリカの製造企業ほどコストをかけずに前方統合（vertical integration）戦略を実現したといえよう。花王製品の専門販社は、メーカーの流通戦略を、他の影響を受けずに貫徹できるというメリットがある。しかし、花王製品専門の卸会社として規模の経済性を保つには、大量生産体制を維持し続ける必要がある。そのためには、メーカーが大量の製品を販社に扱わせることができるように需要を掘り起こさなければならない。また、範囲の経済性を高めるには、製品系列の異なる新商品や同一製品系列内の多様な商品を発売する必要があった。いわばメーカー専門卸会社として優位性を保つための課題が、つねにともなっていたといえる。

一方、合併を実現したダイカのような総合卸企業は、複数のメーカーの製品を大量に扱うことで規模と範囲の双方の経済性を得ることが可能である。しかも商品構成の複合化によっているため、一メーカーの専門販社よりも市場に応じた弾力的な対応が可能である。ただし、あくまで他の同業者やメーカーあるいは小売業との拮抗関係のなかで、相対的な優位性を保つことによって実現されるのである。

アメリカと日本そして北海道の市場形成と経営風土の違いも、考慮する必要があろう。「人種のるつぼ」（melting pot）を特徴とするアメリカ社会では公正な競争が何よりも尊重され、一九世紀初頭に急速に発展した標準化にもとづく大量生産体制が大量販売のシステムと連動し、鉄道網の発達と大規模企業の垂直統合（vertical integration）戦略があいまって、東部から西部へと全国市場が形成されていった。[102] この過程で、規模と範囲の経済性の優位を失った中間業者が急速に消滅していった。

市場形成と経営風土

これに対し、日本の小間物などの流通では、地域市場圏の販売経路の担い手としての有力卸商が、一八九〇年代（明治期中頃）からそれぞれの地域で規模と範囲の経済的優位性を保ちながらその存在意義を高めていた。かれらの多くは、江戸期以来の伝統的な小間物商の商品群に洋小間物すなわち西洋の文具や化粧品類などを加えた、小資本の新興商人であった。[103] しかも、「均質的社会」（homogeneous society）[104] の日本では、競争と協調の両面を尊重する社会的価値観のもとでの企業活動が慣習となった。各地域の業界組織も早くから結成され、すでに戦前から化粧品メーカーの前方統合的な戦略に対しても、それぞれの地域の有力店の結束を保ちながら協力していたし、[105] メーカーも流通網構築に際しては、当初から、そうした新興商人の配給経路を活用した。したがって、メーカーと卸業者の取引関係は、長期相対的（あいたい）なものとなりがちであったし、メーカーは新製品の発売の際のほか、卸企業経営者との情報交換の場をもった。

このため、メーカーが前方統合戦略あるいはダイレクト・マーケティングを志向しても、そうした長期的な関係と地域有力卸企業のネットワークを打破して、[106] 従来の仕組みに優る新規の販売組織を構築することは、投資効率からみても、規模と範囲の経済性からみても難しいことであったといえよう。北海道についてみると、海で本州と隔てられた開拓地であり、日用品の開拓は北陸や新潟などから渡った新興の商人たちがフロンティアの役割を担った。函館はじめ小樽および釧路などの沿岸部や札幌を中心に地域市場が形成されたが、アメリカで鉄道網の形成とともに徐々に全国市場が形成されたのと同様に、北海道でも鉄道網が伸びるとともに[107]、道内各地に局地的な地域市場圏が広がり、その各地に有力店が台頭していった。各地域市場に製品を浸透させるには、冬場の交通遮断も含めて、市場規模が小さいわりにはきめ細かい対応が必要であり、地域卸店に販売活動を委ねる方がメーカーにとっても合理的であった。地域間の空白的市場を開拓する場合も、また同様であった。メーカーは価格維持のために卸店の系列化と密な情報交換に努め、卸店は連携によってこれに対応したが、メーカー間でも情報交換のために北海道への出張販売員たちの連携の場を設けた[108]。

北海道全土を網羅する市場は、徐々に新たな拠点を設置していくよりも、各地に経営を展開していた有力卸商をネットワーク化することによって形成することの方が経済性の観点からも合理的であった。有力卸企業側も、業界団体内でのゆるやかな連携から水平的結合（horizontal combination）による合併へと進むことによって規模と範囲の経済性をより高め、流通の川上と川下の双方への拮抗力と機能性をより確かなものとした。ダイカの成立は、そうした代表的な事例であったとみることができよう。

おわりに

ダイカの成立を促した客体的条件としては、旧態依然たる中間卸業者の消滅を示唆する流通改革の学説や、資本自由化をふまえたメーカーの流通段階の統合・包摂の戦略、さらには北海道内での小売新業態の台頭などがあった。また、そうした経営環境の変化を改革の好機と積極的に捉えた経営者たちの姿勢は、先代からの信頼関係や道内卸業者の日常の協調を基礎に、強い結束の方向へと進展させることを可能にした。結束の範囲は、当初の予定よりも広がり、道内では最大、全国でも第二位の資本金規模の企業合併となり、営業網も道内のほぼ全域となった。経営者の積極的な経営理念の発信は、企業合併にともなう不和の問題を緩和し、輻輳する営業や管理の問題も、若い世代の経営者をリーダーとする地道な取組みによって徐々に解決されていった。いずれにせよ、そうした主・客両諸条件があいまってダイカの合併が実現し、合併後の業務展開を順調なものにしたといえよう。

一方、ダイカの合併は、道内の他の卸業者の連携の模索と関係しながら進展した面があり、その動きを加速させる一面もあった。さらに、全国でみると、ダイカの合併前後に、各地でも連携や合併の動きがあったが、ダイカの合併は被合併会社の業績や関係からみても模範的なものであり、その規模の大きさや範囲の広さから、道内のみならず全国の卸業者に少なからぬ影響を及ぼすものであった。

他面において、日本の総合卸企業は、規模と範囲の経済性を発揮できる業態としての特徴を備えているものであったが、合併によるダイカの成立は、規模の経済性をより高める可能性を拡げた。また、合併にともなう重複や間隙を管理者が調整し速度の経済性を追求できる体制を整備することによって、範囲の経済性を高める可能性も期待できるようになった。

また均質的社会の日本では、協調にもとづく競争の経営風土が培われ、この石鹼・洗剤・化粧品の卸業界でも、そうした横の連携が強化されるとともに、メーカーの販売戦略への協力によって小売店も含む縦の連携も維持し情報交換の密度が保たれることになった。これによって、卸業界は、流通の川上から川下にいたる全体の動向をにらみながら、規模と範囲と速度の経済性を維持・向上させる戦略に必要な情報を入手できる体制を維持することになった。

ダイカの合併は、ダイカ自身にとっては、その規模と範囲のより高度な経済性を追求する基盤を形成する意味をもった。また卸業界全体にとっても、卸業界の経済性追求のひとつの模範を示すものであった。こうした意味で、ダイカの合併は、そうした卸業者の社会的存在意義を、日本の流通経営史上に大きくとどめる意義をもつものであったといえよう。

なお、ダイカは、その成立以降、小売業態のいっそうの展開とＥＣＲ（Efficient Cosumer Response）の高まりなどに応じた高度な流通機能の開発が求められていくなかで、さまざまな経営革新を遂行し、道内での基盤をより一層確かなものとしていくことになる。また、ダイカをはじめ各地の有力な卸業経営者は、そうした経営環境の変化のなかで、創意と工夫を重ねて、「問屋斜陽論」によって大方が予測した進路とは異なる道を歩んでいくことになる。

注

（1）ここでは、林周二『流通革命』増補版（中公新書、一九八二年一〇月、第五二版）による。なお、筆者が静岡県立大学経営情報学部在職中、林周二先生（同学部初代学部長）一般に「はやし・しゅうじ」と読まれることが多いが、多くの著書でふられているルビのように、正しくは「はやし・しうじ」）に聞いた際、「自分自身は問屋が（無条件に――引用者）無用などとは一言も言っていない」とのご返答であった。

（2）同書、一六六～一六七頁。

（3）同書、一六三頁。

（4）同書、一八〇頁。

（5）外資の代表的企業であるＰ＆Ｇの当時の日本市場への進出と花王の対応については、佐々木聡「Ｐ＆Ｇの日本進出と日本企業の競争戦略」（明治大学経営学研究所『経営論集』第五四巻第三・四号、二〇〇七年三月）を参照されたい。

（6）花王の初期の販社の設立過程とそれぞれの経営状況については、佐々木聡「花王初期販社の設立過程と経営状況」（明治大学経営学研究所『経営論集』第五五巻第二・三号、二〇〇八年三月）を参照されたい。

（7）北海道地域の花王販社の設立過程については、佐々木聡「北海道・東北地域での花王販社の設立と統合の過程」（明治大学経営学研究所『経営論集』第五八巻第三号、二〇一一年三月）を参照されたい。

（8）佐々木聡「ライオン油脂における『三強政策』の展開」（明治大学経営学研究所『経営論集』第四六巻第二号、一九九九年一月）九五頁。

（9）同稿、九五頁。

（10）同稿、九五頁および『ライオン油脂六〇年史』（ライオン油脂株式会社、一九七九年一二月）二六八～二六九頁。

（11）ライオン油脂の「三強政策」の展開と経営史的意義については、前掲「ライオン油脂における『三強政策』の展開」を参照されたい。

（12）ここでの北海道内の小売業の変化については、米山幸喜編『ダイカ創業物語』（北海道商報社、一九九九年八月）一一～一二頁および『北海道商報』復刊一一九七号「北海道卸粧業連合会・北海道装粧卸連合会第五〇回総会並びに大会記念誌」（北海道商報社、一九七五年）二二頁による。なお、引用文内の（　）は、著者による補足である。

（13）ここでの奈十全堂に関する記述は、とくに断りのない限り、大誠編集・発行『「奈十全堂」創立者　齋藤脩平伝』（人間社制作、二〇〇一年二月）、『北海道商報』復刊九五三号「開道一〇〇年記念号」（北海道商報社、一九六八年一〇月）六六～六七頁、前掲『北海道商報』復刊一一九七号一五～一六頁、『北海道商報』復刊一五三六号「北海道卸粧業連合会第六〇回総会並びに大会記念誌」（北海道商報社、一九八五年六月）二二一～二二三頁、『北海道商報』復刊一八四〇号「北海道卸粧業連合会第七〇回総会並びに大会記念誌」（北海道商報社、一九九五年五月）三九頁などによる。

（14）前掲『「奈十全堂」創立者　齋藤脩平伝』一六頁。

（15）ここでの丸文に関する記述は、とくに断りのない限り、前掲『北海道商報』復刊一一九七号、一七頁、前掲『北海道商報』復刊一五三六号、二二三～二二七頁、前掲『北海道商報』復刊一八四〇号、四〇～四三頁による。

（16）前掲『ダイカ創業物語』三〇～三一頁。

（17）前掲『「奈十全堂」創立者　齋藤脩平伝』一五頁。

(18) 前掲『北海道商報』復刊一一九七号、五九頁。
(19) 前掲『「㐂十全堂」創立者　齋藤脩平伝』一一頁。
(20) 前掲『北海道商報』復刊一一九七号、五九頁。
(21) 橋本雄介『卸売業の置かれている現況で私はこう考える』（北海道菓子食品新報社、一九八三年六月）七頁および奥付記載の橋本雄介氏略歴による。
(22) 前掲『北海道商報』復刊一五三六号、四五頁。
(23) 前掲『ダイカ創業物語』八頁。
(24) 同書、三〇～三一頁。
(25) 同書、三一頁。
(26) 同書、三一頁。
(27) 『粧業界三〇年の歩み――週刊粧業創刊三〇周年記念特集・縮刷版』（㈱週刊粧業、一九八三年七月）一三六頁所収「週刊粧業」第一四九三号（一九八三年五月九日号）の大総一郎・橋本雄介に関する記事による。
(28) 大公一郎「存在に足る機能発揮」（『北海道商報』復刊一〇二五号「季刊業界マガジン　粧界サロン」北海道商報社、一九七〇年九月、所収）六四頁。
(29) 北海道の業界の歴史については、前掲『北海道商報』復刊一一九七号、四三～五七頁、前掲『北海道商報』復刊一八四〇号、六五～七三頁を参照されたい。なお、戦前の壽原については、『五十年史　壽原商事株式会社』（同社、一九四一年三月）を参照されたい。
(30) 前掲『北海道商報』復刊一五三六号、四五頁。
(31) 大公一郎（ダイカ元社長）、振吉巳歳男（ダイカ元副社長）、池田稔（ダイカ元常務）各氏への聞き取り調査による。なおダイカ株式会社の『社内報だいか』第一六号（一九七二年一月一〇日）で、大総一郎は「共同体時代とダイカ株式会社」というタイトルでキブツの思想と動向を、企業運営と重ね合わせるような趣旨で紹介している。
(32) ここでの引用文は、前掲『北海道商報』復刊一一九七号の三一～三二頁の記事によった。

(33) A. D. Chandler, Jr. *The Visible Hand-The Managirial Revolution in American Business*, Harvard University Press, 1977, pp. 1-12（A・D・チャンドラー、Jr.著、鳥羽欽一郎・小林袈裟治訳『経営者の時代』上、東洋経済新報社、一九七九年一〇月、五～二一頁）。
(34) この引用文も、前掲『北海道商報』復刊一一九七号の三二頁の記事によった。
(35) 北海道の業界団体は、一九二二（大正一一）年一〇月に北海道小間物化粧品卸商連合会として設立された。第二次世界大戦後、北海道化粧品小間物卸商連合会として新たにスタートし、一九五七（昭和三二）年七月に北海道卸粧業連合会に改称した（前掲『北海道商報』復刊一一九七号、四四～五一頁）。
(36) 前掲『北海道商報』復刊一一九七号の三二頁および前掲『ダイカ創業物語』一八頁。
(37) 北海道卸粧業連合会憲章では、次のように謳われている（前掲『北海道商報』復刊一一九七号の四五頁）。

一　我々は経済流通の一翼を担う者としての社会的任務を重んずる。
二　我々はお互いに尊重と信頼を基盤とする。
三　我々は紳士として矜持と道義を尊び責任を完うする。
四　我々は業界のルールを守り互譲互恵共存を欣ぶ。
①　組織を重んじ、本舗の政策に協力して流通の大任を果そう（ママ）。
②　絶えず研鑽して販売店繁栄に貢献しよう。
③　権謀術策を排して生き生きと競争し、共存発展しよう。
④　エゴイズムを排しお互いに約束した事は尊重しよう。
⑤　市場安定のためにお互いが認めた指示協定価格は守ることにしよう。
⑥　商品には愛情をこめてその取扱いを大切にし、不当な返品は慎しもう。

なお、米山幸喜氏に提供していただいた「第八五回北海道卸粧業連合会総会並びに大会」の資料によると、その後、北海道卸粧業連合会憲章は、一九七九（昭和五四）年一〇月一九日と一九九一（平成三）年四月一九日の二度改正されている。一九九一年四月一九日の改正による憲章の全文は、次の通りである。

私たちは業界の現況を見つめ、自ら深く顧みて、卸企業の存在意識を明確にし、流通経済への貢献度を高め、業界の堅実なる繁栄を確立するために、これを制定する。

一　私たちは流通経済の一翼を担う者としての社会的責務を重んじる。
一　私たちはお互いに尊重と信頼を基盤とする。
一　私たちは紳士としての誇りと道義を尊び、責任を全うする。
一　私たちは業界のルールを守り、共存共栄をめざす。

①　組織を重んじ、メーカーの政策に協調して流通の大任を果たそう。
②　絶えず研鑽して販売店の繁栄に貢献しよう。
③　消費者の生活を守るため、安定した供給と市場づくりに努力しよう。
④　公正に、生き生きと競走(ママ)し、共存発展しよう。
⑤　エゴイズムを排し、お互いに約束した事は尊重しよう。
⑥　商品には愛情をこめてその取扱いを大切にし、不当な返品は慎もう。

(38)　前掲『北海道商報』復刊一〇二五号、一〇頁。
(39)　同書、一〇頁。
(40)　同書、一〇頁。
(41)　大公一郎「卸売業の近代化をはかるための合併について」（『経営診断』四号、札幌市経済局商工部、一九七〇年五月、所収）一一二〜一一三頁。
(42)　同書、一一二頁。
(43)　大公一郎は「実際、この問屋では輸入石鹸の日本総発売元になったり、米国の化粧品メーカーと合弁で工場をこしらえたりして、従来からの問屋業からの脱却をはかっているようであった」と紹介している（同書、一二頁）。

（44）丸山源一「私の経営戦略――マーケティングが経営の基本」（三銀経営センター『経営レポート』昭和五八年七月号所収、一九八三年七月）四頁。なお、丸山源一については、尾高煌之助・松島茂編『丸山源一オーラル・ヒストリー』（法政大学イノベーション・マネジメント研究センター、二〇〇七年八月）を参照されたい。

（45）同書、五～六頁。

（46）ここでの大公一郎の見解に関する引用文は、前掲『経営診断』四号、一二頁による。

（47）丸文ゴルフ会前日の事実は、筆者による大公一郎氏自身への確認に対する回答による。このほか、ここでの記述は、前掲『ダイカ創業物語』三二頁を参考にしている。

（48）前掲『北海道商報』復刊一五三六号、二〇頁、前掲『北海道商報』復刊一八四〇号、三六頁による。

（49）『昭和二七年度版　札幌商工名鑑』（札幌商工会議所、一九五二年六月）一〇六頁による。前掲『ダイカ創業物語』三三頁では、石田商店の創業年は一九〇四（明治三七）とされている。

（50）以下の石田商店に関する記述は、とくに断りのない限り、前掲『北海道商報』復刊一一九七号、一二～一九頁、前掲『北海道商報』復刊一五三六号、二〇～二七頁、前掲『北海道商報』復刊一八四〇号、四〇～四三頁による。

（51）株式会社改組の年は、前掲『北海道商報』復刊一一九七号、一九頁、前掲『北海道商報』復刊一五三六号、二六頁、前掲『北海道商報』復刊一八四〇号、四二頁のほか、『札幌商工名鑑　一九五八年度版』（札幌商工会議所、一九五八年一〇月）一七六頁による。

（52）前掲『ダイカ創業物語』三三頁、前掲『北海道商報』復刊一一九七号、一九頁、前掲『北海道商報』復刊一五三六号、二七頁、前掲『北海道商報』復刊一八四〇号、四二頁による。

（53）ここでの石田商店と山崎商事の合併話と奈十全堂・丸文への合併申し入れの記述は、とくに断りのない限り、前掲『ダイカ創業物語』三二～三三頁による。

（54）ここでの石田商店をめぐる山崎商事と大幸の合併やそれぞれの事情については、前掲『北海道商報』復刊一一九七号、二三頁による。

(55) 前掲『昭和二七年度版　札幌商工名鑑』一〇五頁による。
(56) 前掲『札幌商工名鑑　一九五八年度版』一七六頁。
(57) 『札幌商工名鑑　一九六一年版』（札幌商工会議所、一九六一年一月）一二頁。
(58) 斡旋説は『石鹸日用品新報』一九六九年五月一〇日・一四日号による。大公一郎の引用は、筆者による大公一郎氏自身への確認に対する回答による。
(59) 前掲『ダイカ創業物語』三五頁、前掲『北海道商報』復刊一一九七号、一七頁、前掲『北海道商報』復刊一五三六号、二三頁、前掲『北海道商報』復刊一八四〇号、四〇頁による。
(60) 前掲『ダイカ創業物語』三五頁、前掲『北海道商報』復刊一一九七号、一八頁、前掲『北海道商報』復刊一五三六号、二四頁、前掲『北海道商報』復刊一八四〇号、四〇頁による。
(61) 北川光雄「業界今昔　重かった運搬自転車」（『ダイカマンスリー』第一巻第五号、ダイカ株式会社、一九七一年三月、三頁所収）。
(62) 前掲『ダイカ創業物語』三四～三五頁による。
(63) 同書、二九頁。
(64) ここでの𡘙十全堂株式会社創業六〇周年記念懇談会と四社合併発表会に関する記述は、同書、六～九頁および二二～二五頁による。
(65) 大島直治「業界今昔（1）恵まれた二〇年」（『ダイカマンスリー』第一巻第二号、ダイカ株式会社、一九七〇年一二月、二頁所収）。
(66) 前掲『ダイカ創業物語』三五頁。
(67) 前掲「業界今昔（1）恵まれた二〇年」。
(68) ダイカ株式会社『第三四期営業報告書』（自昭和四四年一月二一日至昭和四五年一月二〇日）二～四頁。
(69) 前掲『第三四期営業報告書』三～四頁および前掲『ダイカ創業物語』三七頁。
(70) ダイカ株式会社『第六六期（自平成一二年八月一日至平成一三年七月三一日）有価証券報告書』四頁所収「沿革」による。

(71) 前掲『第三四期営業報告書』五頁。
(72) 株式会社パルタック『パルタック八〇年史』(一九七八年一二月)二一七頁。
(73) 前掲『第三四期営業報告書』五頁。
(74) 同『報告書』八頁。
(75) 前掲『経営診断』四号、一三～一四頁。
(76) 前掲『経営診断』四号、一三頁および前掲『ダイカ創業物語』一〇頁。
(77) 筆者による大公一郎氏自身への確認に対する回答による。
(78) 前掲『経営診断』四号、一四頁および前掲『北海道商報』復刊一一九七号、三二～三三頁。
(79) 筆者による大公一郎氏自身への確認に対する回答による。なお、この他に東京の上荻に連絡事務所が置かれた。これは、大公一郎の叔父の大平八郎が住んでいた場所であった。実質的な活動はあまりなかったようである。
(80) 前掲『経営診断』四号、一三～一五頁および前掲『ダイカ創業物語』四六～四八頁。
(81) 前掲『経営診断』四号、一三～一五頁および前掲『ダイカ創業物語』四七～四九頁。
(82) 前掲『経営診断』四号、一五頁。
(83) 前掲『ダイカ創業物語』一一一頁。
(84) 同書、一一〇頁。
(85) 同書、一一二頁。
(86) 同書、四三頁。
(87) 『ダイカマンスリー』第一巻第一号、ダイカ株式会社、一九七〇年一一月、一頁。
(88) ここでの粧連の成立についての叙述は、前掲『北海道商報』復刊一〇二五号、一一～一二頁による。
(89) 前掲『北海道商報』復刊一一九七号、三三頁。
(90) 前掲『北海道商報』復刊一〇二五号、一二頁。
(91) ここので大丸藤井と丸日販売の合併に関する叙述は、大丸藤井株式会社百年史制作委員会『DAIMARU FUJII 101』(一

九九二年一〇月）七七頁、九四〜九五頁、前掲『北海道商報』復刊一〇二五号、一二頁、前掲『北海道商報』復刊一一九七号、三三頁などによる。

(92) 前掲『北海道商報』復刊一〇二五号、一二頁。

(93)『西日本商報』一九六九年三月一日号。

(94)『石鹼日用品新報』一九六九年五月一〇・一四日号。

(95)『西日本商報』一九六九年五月一一日号。

(96)『石鹼日用品新報』一九六九年五月一〇・一四日号、『大分合同新聞』一九六九年五月二九日号、『西日本商報』一九六九年六月一日号。

(97)『週刊粧業』一九六九年五月一二日号。

(98) 同紙、同号。

(99) 前掲『粧業界三〇年の歩み』四四頁。

(100) A. D. Chandler, Jr., *Scale and Scope -The Dynamics of Industrial Capitalism*, Harvard University Press, 1990, pp. 28-31（A・D・チャンドラー、Jr.著、安部悦生・川辺信雄・工藤章・西牟田祐二・日高千景・山口一臣訳『スケール・アンド・スコープ　経営力発展の国際比較』有斐閣、一九九三年九月、二二〜二四頁）。

(101) 花王販社については、前掲「花王初期販社の設立過程と経営状況」、前掲「北海道・東北地域での花王販社の設立と統合の過程」のほか、佐々木聡「京阪神・近畿地域での花王販社の設立と統合の過程」（明治大学経営学研究所『経営論集』、第五六巻第一・二号、二〇〇九年一月）、同「中国・四国・九州地域での花王販社の設立と統合の過程」（同誌、同号）、同「中部地域での花王販社の設立と統合の過程」（同誌、第五六巻三・四号、二〇〇九年三月）、同「関東・甲信越地域での花王販社の設立と統合の過程」（同誌、第五七巻第四号、二〇一〇年三月）などを参照されたい。

(102) ここでのアメリカの経営風土については、山田正喜子「アメリカ――ビッグ・ビジネス＝ビジネス・エリートの国」（米川伸一編『ヨーロッパ・アメリカ・日本の経営風土』有斐閣新書、一九七八年三月所収）、中川敬一郎『比較経営史序説』（東京大学出版会、一九八一年三月）などによる。

(103) これについては、佐々木聡「流通構造の変革」(佐々木聡・中林真幸編『講座・日本経営史3　戦略と組織の時代1914〜1937』ミネルヴァ書房、二〇一〇年九月所収)を参照されたい。

(104) 「均質的社会」という概念は、J・ヒルシュマイヤー、由井常彦『日本の経営発展』(東洋経済新報社、一九七七年一二月)を参考にしている。

(105) 佐々木聡『日本的流通の経営史』(有斐閣、二〇〇七年一一月)三九〜六七頁を参照されたい。

(106) 論旨を異にするが、日本の伝統的流通機構に関して、かつて中川敬一郎先生が次のように同様の表現をされていることに示唆を得ている(前掲『比較経営史序説』二一五頁)。

「伝統的衣食住に必要な消費財は、手織業者、農夫、漁夫、大工、左官など伝統的産業の生産者によって供給されるものであり、工場で大量生産される商品にとっての市場ではなかった。加うるに、そのような伝統的生産者と伝統的消費者との間には、これまた伝統的な問屋・仲買商によって構成される複雑な仲介商業機能が永年定着しており、しかもこの伝統的流通組織に働く膨大な商業人口は不況のたびにさらに増大する傾向を示していたのであって、近代産業の企業がこの伝統的流通組織の厚い壁を破ってダイレクト・マーケティングを展開する余地は少なかった。その点は、もっぱら丈夫で安価な実用的標準品すなわち大量生産商品が求められた米国のフロンティア市場において、既存の商業組織がほとんど存在しなかった場合とは事情が対照的に異なっていたのである」。

(107) 北海道の鉄道路線の伸長については、『北海道鉄道百年史　上』(日本国有鉄道北海道総局、一九七六年三月)、『北海道鉄道百年史　中』(日本国有鉄道北海道総局、一九八〇年一〇月)、『北海道鉄道百年史　下』(日本国有鉄道北海道総局、一九八一年三月)を参照されたい。これらのうち『北海道鉄道百年史　下』には、鉄道別・線別・区間別開通一覧が年表様式で整理されており、北海道内の時期別の鉄道伸長の様子を理解するうえで有用である(同書七九四〜八〇五頁)。

(108) 東京でデパートの催事にともなう要請へのメーカー販売担当の対応組織として千草会というものがあった。この会のなかで北海道に出張する人々が、その北海道会をつくろうということになり、レート化粧品本舗の吉川氏が「草鞋」にちなんで、「和楽路(わらじ)」会と名付け、一九三七(昭和一二)年に発会した。戦後の一九五八(昭和三三)年からは、道内卸業組合が野球の試合による交流を行っていたのに参加し、これによってメーカー・本舗の販売員のみの会から卸業者も交えた交流の場へと展開した。一九七二年には事務局を東京から札幌に移している（『北海和楽路会七〇年・例会の軌跡』北海和楽路会、王子ネピア㈱札幌支店内、二〇〇八年一月、三～五頁）。

第三章　ダイカの経営発展——一九七〇〜八〇年代

はじめに

一九六九（昭和四四）年八月に、北海道の日用雑貨・化粧品系の有力卸企業七社の合併によって成立したダイカ株式会社は、一九九〇年代に津軽海峡を越えて青森県の企業を合併し、さらに秋田県、埼玉県、新潟県の卸企業を合併して、二〇〇四（平成一六）年四月には、名古屋の伊藤伊、九州のサンビックおよび四国の徳倉と統合して、全国的卸企業の株式会社あらたとなる。

本章で検討の対象とする期間は、こうした全国展開にいたる前の一九八〇年代までである。この時期のダイカの所有と経営という企業の基本的特徴を確認したうえで、当該期の経営環境と経営者の方針、戦略を担う人的資源とそのエネルギーを有効化するための組織、組織を効率化する管理システムや戦略の優位性を確保するための情報・物流システムなど、多面的に検討することによって、この時期の成長を可能とした主体的諸条件について明らかにすることにしたい。

と株主数の推移

6	7	8	9	10－Ⅰ	10－Ⅱ
39	40	41	42	43	44
1973年10月1日～74年9月30日	1974年10月1日～75年9月30日	1975年10月1日～76年9月30日	1976年10月1日～77年9月30日	1977年10月1日～78年7月31日	1978年8月1日～79年7月31日
108,350 231	108,350 231	108,350 231	108,350 231	200,000 387	200,000 400
16	17	18	19	20	21
50	51	52	53	54	55
1984年8月1日～85年7月31日	1985年8月1日～86年7月31日	1986年8月1日～87年7月31日	1987年8月1日～88年7月31日	1988年8月1日～89年7月31日	1989年8月1日～90年7月31日
300,000 453	300,000 460	300,000 469	300,000 463	495,000 124	525,000 149

21期報告書』。

1　所有と経営

一九七〇年代から八〇年代にかけてのダイカの経営者の方針や戦略、組織設計と組織能力などの検討にさきだって、一九六九（昭和四四）年八月に新たにダイカ株式会社が発足してからの資本金と所有構造および経営陣の推移について確認し、ダイカという企業の基本的特徴を把握しておこう。

資本金の推移

まず、経営の原資というべき資本金について確認しておきたい。表3－1は、一九六九年のダイカ成立以降、一九七〇～八〇年代のダイカの資本金と株主数の推移を示している。成立時の資本金は一億八三五万円で、発行済株式総数は二一六万七〇〇〇株である。同一業界では、一九六九年四月に大粧（後のパルタック）が二億円の資本金となっており(1)、そのほぼ半額ではあるが、それに次ぐ規模であった。すなわち両社とも、中小企業基本法（昭和三八年七月二〇日、法律第一五四号）で定義される当時の卸売業の中小企業の資本規模（製造業五〇〇〇万円以下、卸売業一〇〇〇万円以下、小売業・サービス業一〇〇〇万円以下）だけではなく、今日のそれ（製造業三億円

表3-1　資本金

期（ダイカ）	1	2	3	4	5
期（岙十全堂）	34	35	36	37	38
期　間	1969年1月21日 ～70年1月20日	1970年1月21日 ～71年1月20日	1971年1月21日 ～71年9月30日	1971年10月1日 ～72年9月30日	1972年10月1日 ～73年9月30日
資本金（千円）	108,350	108,350	108,350	108,350	108,350
株主数	239	232	232	233	233
期（ダイカ）	11	12	13	14	15
期（岙十全堂）	45	46	47	48	49
期　間	1979年8月1日 ～80年7月31日	1980年8月1日 ～81年7月31日	1981年8月1日 ～82年7月31日	1982年8月1日 ～83年7月31日	1983年8月1日 ～84年7月31日
資本金（千円）	200,000	300,000	300,000	300,000	300,000
株主数	395	418	423	442	446

（出典）ダイカ株式会社『第1(34)期～第12期営業報告書』，同『第13期事業報告書』，同『第14期～第

以下、卸売業一億円以下、小売業・サービス業五〇〇〇万円以下）をも超える大きさであったことになる。(2)

さて、その後の推移をみると、ダイカ発足から第九期までは、一〇～二〇件程度の株主異動があるものの(3)、資本金額に変更はなく、株主数も大きな変化はない。

ダイカ第一〇―I期の一九七八年六月一五日、発行済株式総数を四〇〇万株とし、資本金額を二億円に増資した(4)。これを機に、従業員の持株制度の拡充もはかった(5)。これにともない、株主数も大幅に増加していることがわかる。その二年後の第一二期の一九八〇年一〇月二六日には発行済株式総数四四〇万株、二億二〇〇〇円に増資し、さらに同年一二月六日には、発行済株式総数を六〇〇万株として、三億円に増資した(6)。この増資の背景には、後述するように、本支店の施設拡充や情報・物流システム高度化などのための資金需要があった。

一九八九（平成元）年四月には、従業員持株会が発足し(7)、同年の七月には第三者割当による一一〇万株の増資を行った(8)。これは、ダイカの経営史上初めての増資方法でもあったので、その内容をやや詳しくみておこう。

まず一一〇万株のうち三〇万株は社員持株会への有償割当であり、発行価格六〇円は、額面五〇円をベースに、これまでの二割配当の実績をふま

金残高・所有株数・所有比率

15	16	17	18	19
49	50	51	52	53
1983年8月1日 〜84年7月31日	1984年8月1日 〜85年7月31日	1985年8月1日 〜86年7月31日	1986年8月1日 〜87年7月31日	1987年8月1日 〜88年7月31日
1,231	1,336	1,494	1,519	1,598
300	300	300	300	300
5.00	5.00	5.00	5.00	5.00
990	1,060	1,167	1,349	1,373
220	220	220	220	220
3.66	3.66	3.66	3.66	3.66
637	624	620	846	840
130	130	130	130	130
2.16	2.16	2.16	2.16	2.16

えた配当還元の考え方から設定された。六〇円のうち資本金組入額を五〇円とし、一〇円は資本準備金組入額とした。したがって、これによる増資分は一五〇〇万円となる。

一一〇万株から従業員割当増資三〇万株を差し引いた八〇万株は、新株引受権付担保社債いわゆるワラント債一億四一七五万円の発行を受けた、たくぎんキャピタルによる新株引受権の行使にともなう有償割当であった。その発行価格四五〇円の半額の二二五円を資本金とし、残る同額を資本準備金に組み入れた。したがって、これによる増資分は一億八〇〇〇万円となる。

資本調達の総額は、六〇円に三〇万株を乗じた額と四五〇円に八〇万株を乗じた額の和の三億七八〇〇万円であるが、このうち増資額は一五〇〇万円と一億八〇〇〇万円の和である一億九五〇〇万円となる。表3-1の第二〇期の資本金額四億九五〇〇万円は、前期までの資本金にこの増資分を加えた値である。なお、たくぎんキャピタルは、北海道拓殖銀行の関係会社のベンチャー・キャピタルであり、このワラント債発行の企画提案にも関わった。

なお、この時点で、株主数が前期の四六三名から一二四名へと減ったのは、従業員三四七名の株主名義が従業員持株会に変更されたためであ

表3－2　主要借入先の借入

主要借入先	ダイカとの融資・所有関係	期(ダイカ)	14
		期(忝十全堂)	48
		期　間	1982年8月1日～83年7月31日
北海道拓殖銀行	ダイカへの貸付金残高（百万円）		1,115
	ダイカ株式の所有数（千株）		300
	ダイカ株式の所有比率（%）		5.00
北海道銀行	ダイカへの貸付金残高（百万円）		970
	ダイカ株式の所有数（千株）		220
	ダイカ株式の所有比率（%）		3.66
その他3行	ダイカへの貸付金残高（百万円）		607
	ダイカ株式の所有数（千株）		130
	ダイカ株式の所有比率（%）		2.16

（出典）ダイカ株式会社『第14期～第19期報告書』。

る。前期株主数の四六三名から従業員株主数三四七を減じて従業員持会としての株主数一を加えると一一七名となって、第二〇期末株主数一二四名と七名の誤差が生じるが、これは前期末から名義変更までの間の採用者と退職者があり、彼らの株主としての数の増減があったためである(9)。

所有構造の特徴

表3－2は、一九八〇年代のダイカの主要取引銀行との所有関係の推移を示している。ここに示した時期の資本金額は表3－1からわかるように三億円で、発行済株式総数は前述のように六〇〇万株である。ダイカへの最大の融資銀行である北海道拓殖銀行でも、所有比率は五パーセントである。融資額第二位の北海道銀行は三・六六パーセント、その他三行すなわち北陸銀行、北海道相互銀行、日本長期信用銀行の三行(10)を合わせても、その所有比率は二・一六パーセントであった。したがって、これら主要取引先銀行の合計比率は一一パーセント弱であった。

表3－3は、四億九五〇〇万円へと増資された直後の大株主を示している。これをみると、最大の株主は前述の従業員持株会であり、二五パーセント強の持株比率となっている。それに続くのが、たくぎんキャピタル、そして北海道拓殖銀行となっている。個人では、代表取締役の

表３−３　1989（平成元）年７月31日現在（第20期末）の大株主との融資・出資関係

大株主名	ダイカへの出資状況		ダイカから大株主への出資状況		ダイカの大株主からの借入金残高(百万円)
	持株数(千株)	持株比率(％)	持株数(千株)	持株比率(％)	
ダイカ社員持株会	1,792	25.24	−	−	−
たくぎんキャピタル株式会社	400	5.63	−	−	−
株式会社北海道拓殖銀行	355	5.00	169	0.00	1,215
大公一郎	300	4.22	−	−	−
株式会社北海道銀行	300	4.22	14	0.00	982
山崎雅夫	186	2.62	−	−	−
株式会社日本長期信用銀行	180	2.53	1	0.00	273
石倉克祐	178	2.50	−	−	−
株式会社北陸銀行	150	2.11	53	0.00	255
橋本雄司	123	1.73	−	−	−
合計	3,964	55.80	237	0.00	2,725

（出典）ダイカ株式会社『第20期報告書』。

大公一郎が最大で四・二二パーセントの所有比率である。それに続くのは、前述の取引銀行や、大公一郎と同様に一九六九年の合併に参加し新発足のダイカの経営者となっていた者であった。

日本経営史の研究史上よく知られた、戦前の「財閥」の定義の所有構造面の要素として「家族・同族の封鎖的所有」があげられる。ダイカの場合、取引銀行と合併に関係した企業の所有型経営者が主要株主にはなっているが、所有同族による「封鎖的所有」とはいえないので、そうした定義には該当しない。また現代の法人税法上の同族会社（親族ら三人以下による過半数所有）にも該当する企業ではなかった。

ただし、ダイカ成立後、そしてその後の増資後も、ダイカの株主の「大半は社員並びに社員に準ずる方々およびＯＢ社員の方々で占められて」いることに変わりはなかった(11)。

旧卸企業時代と異なるのは、従業員の持株を奨励することによって、企業所有と経営参加の意識をもたせ、労使一体感を高めるようにしたことである。この点にも、後述するダイカ経営者による従業員尊重の方針がうかがわれよう。

発足時のダイカ経営陣

ダイカ株式会社の発足時の経営陣は、第二章（表2－2）でもみたが、表3－4にあらためて示す通りである。奣十全堂の大総一郎（一九〇七年一月～二〇〇五年一二月、函館商業高校卒）が代表取締役会長に、丸文の橋本雄介（一九一六年一一月～一九九八年四月、根室商業高校卒）が代表取締役社長に、それぞれ就いている。奣十全堂と丸文は、七社合併へと推移する前の最初の段階での合併協議当事者であるから、その両社代表が合併直後の経営面でも中心となったことは首肯できよう。副社長には、この二社の大修七郎と橋本圭介のほか、石田商店の石田一郎、山崎商事の山崎義夫、丸協の北川光雄の各三社の代表、そして、後述するように、やや遅れて合併に加わった大幸商店の大島直治の計六名が就いている。

表3－4　ダイカ成立時の経営陣

役職名	氏名	出身母体
代表取締役会長	大総一郎	奣十全堂
代表取締役社長	橋本雄介	丸文
取締役副社長	石田一郎	石田商店
	山崎義夫	山崎商事
	大島直治	大幸商店
	北川光雄	丸協
	大修七郎	奣十全堂
	橋本圭介	丸文
専務取締役	大公一郎	奣十全堂
常務取締役	石倉克祐	石倉産業
	加藤永太郎	奣十全堂
	星直流	奣十全堂
	大宮豊穎	丸文
	大島淳治	大幸商店
取締役	太田敏雄	丸文
	黒沢隆	丸文
	佐藤脩	石田商店
	植田一雄	山崎商事
	石崎静夫	奣十全堂
監査役	石倉みを	石倉産業
	石田博	石田商店
	坂野洋二	丸文

（出典）ダイカ株式会社『第1(34)期営業報告書』（自昭和44年1月21日至昭和45年1月20日）10～11頁，米山幸喜編『ダイカ創業物語』（北海道商報社，1989年8月）9～10頁および『北海道商報』復刊1197号（北海道商報社，1975年5月）33頁のほか，筆者自身による大公一郎・米山幸喜両氏への確認に対する回答による。なお，米山幸喜氏によれば，加藤永太郎常務取締役は銀行出身で経理担当であり，坂野洋二監査役は会計士であったという。

専務取締役には、奣十全堂の大公一郎（一九三八年四月生まれ、一橋大学卒）が就いた。橋本雄介と大総一郎・大公一郎親子との関係や合併実現への貢献からみて、橋本雄介の次代を担うリーダーとして期待されての位置づけであったとみられる。常務取締役には、七社合併時の一社である石倉産業の石倉克祐はじめ、灸十全堂の関係者二名と丸文、大幸商店の関係者各一名が就き、一般の取締役と監査役にも、丸協と大幸を除く五社の関係者が就いている。彼らの多くは、旧会社で経験を積み、所有同族外で経営者となったいわば番頭タイプの専門経営者（salaried manager）である。[12]

いずれにせよ、最初に合併の核となった丸文と灸十全堂を中心に、大幸商店も含めた合併七社の関係者が発足時の経営陣となった。しかも、丸文と灸十全堂はじめ合併企業各社は株式会社であったが[13]、いずれも出資者同族が実質的に経営の中心を占めていたことに注意しておきたい。こうした所有と経営の特徴は、発足時の新生ダイカにも基本的に継承されたといえる。

ダイカ経営陣の推移と特徴

表３－５は、ダイカ発足後から一九七〇年代および八〇年代の決算期時点での取締役・監査役の氏名を示している。一九六九年の合併時の卸企業の所有型経営者とその時点での雇用型の専門経営が、その後も主要な経営陣となっていることに大きな変化はない。ただ、そうしたなかでも、経営のリーダーシップの転換と、新たな雇用型の専門経営者の採用という、二つの変化に注目しておきたい。

まずリーダーシップの転換を画したといってよい重要な経営者人事として、二つの事実に注目したい。

ひとつは、ダイカ第三期で、大公一郎のほかに、振吉巳歳男（ふりよしみさお）（一九二九年四月生まれ、早稲田大学卒）が専務取締役に就任していることである。振吉は、旭電化工業と同社出資によって設立された日本サンホームでの通算一八年間の経験を経て、橋本雄介社長の懇請を受けて一九七一年一月にダイカに取締役として入社し、同年三月に専務取締役に就任した。振吉は、大公一郎の異母姉の結婚相手であり、大公一郎の義理の兄にあたる[14]。したがって、大家同族に加わった者ということになり、ダイカ経営陣の所有同族色を希釈化する要素たりえない。しかし、後述するように、その企業家職能（アントルプルヌールシップ）は、その後のダイカにとって大きな力となる。

第二に注目したいのは、一九八〇年代に入ったダイカ第一一期の経営陣である。一九七九年一〇月二一日の取締役会で、「代表取締役に橋本雄介、大公一郎、振吉巳歳男の三氏を選任すること」と「退任取締役大総一郎氏に退職慰労金贈呈の件」が承認され、同年一一月一四日をもって、「大総一郎氏の取締役および代表取締役退任」と「大公一郎氏、振吉巳歳男氏の代表取締役就任」の登記を完了した。(15)大公一郎と振吉巳歳男の両専務は、すでに一九七〇年代前半から、実質的にダイカのリーダーとして采配をふるっていたが、この時点から大公一郎が代表取締役社長、振吉巳歳男が代表取締役副社長として、一九八〇年代以降のダイカを牽引してゆくこととなる。なお、この時点で、合併参加企業の代表者による複数の副社長体制はなくなり、彼らの多くは相談役に退いた。

次に、雇用型の専門経営者の変化についてみてみよう。アメリカや日本の経営史研究の知見では、近代的大企業への発展要因として、雇用型の専門経営者の成長があげられる。

旧卸会社時代から経験を積み新生ダイカの戦力ともなった者で、合併以降にダイカの取締役に就任したのは、ダイカ第一〇―I期に登場する池田稔（一九三五年五月生まれ、磯部町立茂辺地中学卒、一九五一年四月㈴十全堂㈱入社）、第一〇―II期の出口龍一（生年月・卒業学校不明、北海道拓殖銀行から加藤永太郎常務の後任の経理担当として一九七八年にダイカに入社）、第一七期の新井順二（一九三三年六月生まれ、函館商業高校卒、一九五三年三月㈴十全堂㈱入社）、同じく小林功（一九三二年六月生まれ、札幌第二高校卒、一九五〇年六月㈲大幸商店入社）、第一九期の佐藤敏明（一九三六年三月生まれ、釧路湖陵高校卒、一九五四年三月㈱丸文入社）、同じく渡部信幸（一九三八年八月生まれ、士別高校卒、一九五七年三月㈴十全堂㈱入社）、同じく町屋精衛（一九三八年一〇月生まれ、釧路商業高校卒、一九五七年三月㈱丸文入社）、同じく菅原稔（一九三六

取締役・監査役

期(ダイカ)	11	12	13	14	15	16	17	18	19	20	21
期(奈十全堂)	45	46	47	48	49	50	51	52	53	54	55
期　間	1979年8月1日~80年7月31日	1980年8月1日~81年7月31日	1981年8月1日~82年7月31日	1982年8月1日~83年7月31日	1983年8月1日~84年7月31日	1984年8月1日~85年7月31日	1985年8月1日~86年7月31日	1986年8月1日~87年7月31日	1987年8月1日~88年7月31日	1988年8月1日~89年7月31日	1989年8月1日~90年7月31日
現在年月	1980年9月	1981年9月	1982年7月	1983年7月	1984年7月	1985年7月	1986年7月	1987年7月	1988年7月	1989年7月	1990年7月
代表取締役会長	橋本雄介	橋本雄介	橋本雄介	橋本雄介	石田一郎	石田一郎	石田一郎	石田一郎	石田一郎	石田一郎	
代表取締役会長											*工藤欣一*
代表取締役社長	大公一郎	大公一郎	大公一郎	大公一郎	大公一郎	大公一郎	大公一郎	大公一郎	大公一郎	大公一郎	大公一郎
代表取締役副社長	振吉巳歳男	振吉巳歳男	振吉巳歳男	振吉巳歳男	振吉巳歳男	振吉巳歳男	振吉巳歳男	振吉巳歳男	振吉巳歳男	振吉巳歳男	振吉巳歳男
取締役相談役	石田一郎	石田一郎	石田一郎	石田一郎							
取締役相談役	北川光雄	北川光雄	北川光雄	北川光雄	北川光雄	北川光雄	北川光雄	北川光雄	北川光雄		
取締役相談役	橋本圭介	橋本圭介	橋本圭介	橋本圭介	橋本圭介	橋本圭介	橋本圭介				
専務取締役	石倉克祐	石倉克祐	石倉克祐	石倉克祐	石倉克祐	石倉克祐	石倉克祐	石倉克祐	石倉克祐	石倉克祐	石倉克祐
専務取締役	大宮豊穎	大宮豊穎	大宮豊穎	大宮豊穎	大宮豊穎	大宮豊穎					
専務取締役	大島淳治	大島淳治	大島淳治								
専務取締役											*工藤要祐*
常務取締役	黒沢　隆	黒沢　隆	黒沢　隆	黒沢　隆	黒沢　隆	黒沢　隆					
常務取締役											*橋本雄司*
常務取締役	出口龍一	出口龍一	出口龍一	出口龍一	出口龍一	出口龍一	出口龍一	出口龍一	出口龍一	出口龍一	出口龍一
常務取締役									太田敏雄	太田敏雄	太田敏雄
常務取締役									坂下五郎	坂下五郎	坂下五郎
常務取締役									池田　稔	池田　稔	池田　稔
常務取締役											*野里竹男*
取締役	太田敏雄	太田敏雄	太田敏雄	太田敏雄	太田敏雄	太田敏雄	太田敏雄	太田敏雄			
取締役	池田　稔	池田　稔	池田　稔	池田　稔	池田　稔	池田　稔	池田　稔	池田　稔			
取締役	植田一雄	植田一雄	植田一雄	植田一雄	植田一雄	植田一雄	植田一雄	植田一雄	植田一雄	植田一雄	
取締役							*橋本雄司*	橋本雄司			
取締役							*新井順二*	新井順二	新井順二	新井順二	新井順二
取締役							*小林　功*	小林　功	小林　功	小林　功	
取締役							*山崎雅夫*	山崎雅夫			
取締役								*坂下五郎*			
取締役	石崎静夫	石崎静夫	石崎静夫	石崎静夫	石崎静夫	石崎静夫	石崎静夫	石崎静夫			
取締役									*佐藤敏明*	佐藤敏明	佐藤敏明
取締役									*渡部信幸*	渡部信幸	渡部信幸
取締役									*町屋精衛*	町屋精衛	町屋精衛
取締役									*菅原　稔*	菅原　稔	菅原　稔
取締役											早坂隆之
常勤監査役											小林　功
監査役					橋本雄介	橋本雄介	橋本雄介				
監査役	坂野洋二	坂野洋二	坂野洋二	坂野洋二	坂野洋二	坂野洋二	坂野洋二	坂野洋二	坂野洋二	坂野洋二	
監査役	石田博	石田博	石田博	石田博	石田博	石田博	石田博	石田博	石田博	石田博	石田博

表３－５　各期末の

期(ダイカ)	1	2	3	4	5	6	7	8	9	10－Ⅰ	10－Ⅱ
期(岙十全堂)	34	35	36	37	38	39	40	41	42	43	44
期　間	1969年１月21日～70年１月20日	1970年１月21日～71年１月20日	1971年１月21日～71年９月30日	1971年10月１日～72年９月30日	1972年10月１日～73年９月30日	1973年10月１日～74年９月30日	1974年10月１日～75年９月30日	1975年10月１日～76年９月30日	1976年10月１日～77年９月30日	1977年10月１日～78年７月31日	1978年８月１日～79年７月31日
現在年月	1970年３月	1971年３月	1971年11月	1972年11月	1973年11月	1974年11月	1975年11月	1976年11月	1977年11月	1978年９月	1979年９月
代表取締役会長	大総一郎	大総一郎	大総一郎	大総一郎	大総一郎	大総一郎	大総一郎	大総一郎	大総一郎	大総一郎	大総一郎
代表取締役社長	橋本雄介	橋本雄介	橋本雄介	橋本雄介	橋本雄介	橋本雄介	橋本雄介	橋本雄介	橋本雄介	橋本雄介	橋本雄介
取締役副社長	石田一郎	石田一郎	石田一郎	石田一郎	石田一郎	石田一郎	石田一郎	石田一郎	石田一郎	石田一郎	石田一郎
取締役副社長	山崎義夫	山崎義夫	山崎義夫	山崎義夫	山崎義夫	山崎義夫	山崎義夫	山崎義夫	山崎義夫	山崎義夫	山崎義夫
取締役副社長	大島直治	大島直治	大島直治	大島直治	大島直治	大島直治	大島直治				
取締役副社長	北川光雄	北川光雄	北川光雄	北川光雄	北川光雄	北川光雄	北川光雄	北川光雄	北川光雄	北川光雄	北川光雄
取締役副社長	大修七郎	大修七郎	大修七郎	大修七郎	大修七郎	大修七郎	大修七郎	大修七郎	大修七郎	大修七郎	
取締役副社長	橋本圭介	橋本圭介	橋本圭介	橋本圭介	橋本圭介	橋本圭介	橋本圭介	橋本圭介	橋本圭介	橋本圭介	橋本圭介
専務取締役	大公一郎	大公一郎	大公一郎	大公一郎	大公一郎	大公一郎	大公一郎	大公一郎	大公一郎	大公一郎	大公一郎
専務取締役			*振吉巳歳男*	振吉巳歳男	振吉巳歳男	振吉巳歳男	振吉巳歳男	振吉巳歳男	振吉巳歳男	振吉巳歳男	振吉巳歳男
常務取締役	石倉克祐	石倉克祐	石倉克祐	石倉克祐	石倉克祐	石倉克祐	石倉克祐	石倉克祐	石倉克祐	石倉克祐	石倉克祐
常務取締役	加藤永太郎	加藤永太郎	加藤永太郎	加藤永太郎	加藤永太郎	加藤永太郎	加藤永太郎	加藤永太郎			
常務取締役	星　直流	星　直流	星　直流	星　直流	星　直流	星　直流	星　直流	星　直流	星　直流	星　直流	
常務取締役	大宮豊穎	大宮豊穎	大宮豊穎	大宮豊穎	大宮豊穎	大宮豊穎	大宮豊穎	大宮豊穎	大宮豊穎	大宮豊穎	大宮豊穎
常務取締役	大島淳治	大島淳治	大島淳治	大島淳治	大島淳治	大島淳治	大島淳治	大島淳治	大島淳治	大島淳治	大島淳治
取締役	太田敏雄	太田敏雄	太田敏雄	太田敏雄	太田敏雄	太田敏雄	太田敏雄	太田敏雄	太田敏雄	太田敏雄	太田敏雄
取締役	黒沢　隆	黒沢　隆	黒沢　隆	黒沢　隆	黒沢　隆	黒沢　隆	黒沢　隆	黒沢　隆	黒沢　隆	黒沢　隆	黒沢　隆
取締役											*出口龍一*
取締役	佐藤　脩										
取締役	植田一雄	植田一雄	植田一雄	植田一雄	植田一雄	植田一雄	植田一雄	植田一雄	植田一雄	植田一雄	植田一雄
取締役										*池田　稔*	池田　稔
取締役	石崎静夫	石崎静夫	石崎静夫	石崎静夫	石崎静夫	石崎静夫	石崎静夫	石崎静夫	石崎静夫	石崎静夫	石崎静夫
取締役		*石倉みを*	石倉みを	石倉みを	石倉みを	石倉みを	石倉みを	石倉みを			
監査役	石倉みを										
監査役	石田　博	石田　博	坂野洋二	坂野洋二	坂野洋二	坂野洋二	坂野洋二	坂野洋二	坂野洋二	坂野洋二	坂野洋二
監査役	坂野洋二	坂野洋二	石田博	石田博	石田博	石田博	石田博	石田博	石田博	石田博	石田博

（出典）ダイカ株式会社『第１(34)期～第12期営業報告書』，同『第13期事業報告書』，同『第14期～第21期報告書』。
（注）１．代表取締役と取締役の２区分の表示が，表示のように細分表示されるのは第13期の『事業報告書』からであるが，大公一郎氏の協力などにより12期以前も細分表示した。
２．網掛・イタリック体の氏名は新任を，アンダーラインの氏名は退任を示す。ただし，取締役を退任し監査役となった場合などは，そうした特別記載はしていない。

年六月生まれ、宮城県立岩崎高校卒、一九六一年四月㑹十全堂㈱入社）などである。[16] 池田稔のように早い時期にしかも四〇代にして取締役に就任した者もあるが、合併一八年後の一九八〇年代後半になって、年齢的には五〇代前半となった人材が、新しいダイカの専門経営者となる傾向がみられるようになったことが確認できる。

一方、この時期には、一九六九年の合併に参加した旧卸企業の関係者で、合併後の新生ダイカに入社して取締役に就任する大卒者もみられるようになる。前述の振吉巳歳男はそのさきがけともいえるが、振吉以外では、ダイカ第一七期にみられる橋本雄介の長男の橋本雄司（一九四八年八月生まれ、日本大学卒、一九七一年ダイカ㈱入社）や、同じく旧合併企業の山崎義夫の長男の山崎雅夫（後述する一九七一年三月の大卒採用、札幌大学卒業）が初めてであろう。さらに、旧卸企業ともその所有同族とも無関係な大卒者で、新生ダイカに入社して取締役に就く者もみられるようになる。第一八期の坂下五郎（一九三三年四月生まれ、北海道大学卒、根室高校・石狩当別高校・小樽工業高校などの教諭を経て一九八六年四月にダイカ㈱に入社し研修室業務）がこのタイプであろう。[17] このように、一九八〇年代後半になって、旧卸会社には所属しておらず、新会社で採用された大卒者が経営陣に加わるようになり、そのなかには非同族の大卒者もみられるようになったことに注意しておきたい。

以上のように、一九七〇〜八〇年代のダイカの経営陣の推移についてみると、所有型経営者およびその同族がトップ・マネジメントとなり、長年の経験と実績を評価された非同族の人材がトップを支える専門経営者となるのが基調であった。この点は旧卸企業時代からこの時期を通じても、大きくは変わらなかった。しかし、一九八〇年代半ば以降になると、トップ・マネジメントをはじめ、彼らを支える専門経営者の数人に旧会社には在籍していなかった大卒者が増えていく傾向がみられ、その多くは、ダイカへの合併に加わった旧卸企業の親族であった。経営陣の一部には、そうした同族経営者とは無関係な大卒者もみられるようになった。したがって、この一九八〇年代後半をもって新生ダイカの専門経営者層が形成され始めるようになったとみることができる。これは、後述するダイカの人材開発への取り組みのひとつの成果でもあった。いずれにせよ、こうした専門経営者層は、「門前の小僧習わぬ経を読む」タイプの同族経営陣や番頭型の経営陣を補強する新しいタイプの経営陣の形成を意味した。これによって、ダイカでは、経営陣全体の幅を拡げ、その組織的経営能力を高めることになったといえよう。

2　経営環境と経営者の方針

さて、以下では、一九七〇～八〇年代の経営環境を概観したうえで、ダイカのトップ・マネジメントたちがどのような経営理念と経営方針を示し、いかなる経営戦略をたててその実効を期したかについて検討することにしたい。

一九七〇～八〇年代の経営環境

本章で検討の対象とする一九七〇年代の日本経済は、ニクソン・ショックそして二度の石油危機を経験し、その間の日本列島改造論にもかかわらず、従来の高度経済成長から安定成長へ徐々に移行していった。北海道経済についてみると、一九七〇年代初頭は、札幌地下鉄の開通と地下商店街のオープン（一九七一年一二月）、札幌冬季オリンピックの開催（一九七二年二月）、札幌の政令指定都市移行（同年四月）、札幌―東京間の新幹線（五時間五〇分）計画の発表（同年五月）、さらには日本列島改造論の発表（同年六月）などがあり、景気浮揚感にともなう競争が激しくなった時期でもあった。とくに日本列島改造論は、北海道市場への本州資本の攻勢を予感させるものであった(18)。

日用雑貨業界全体をみると、新しい小売勢力の台頭と成長、再販制度の縮小、さらには紙おむつ・生理用品など新しい紙製品市場の成長、消費者嗜好の重視という変化がみられた時期であった。

一方、奈十全堂はじめダイカ成立に加わった卸企業も関与した北海道内の花王販社では、順次、統合を進めた。一九七四年には札幌、小樽、室蘭、釧路、北見、帯広の各販社がまとめられて北海道花王販売となり、その後、旭川と室蘭の販社も同社に加わり、一九八二年一一月には全道を網羅する広域販社となった(19)。花王販社について重要なことは、ダイカの経営陣を含め多くの地域有力卸企業の経営者がその設立と経営に関与し、かつ株主であったことである。さらに、花王販社の直販経路を補完したのは代行店であり、多くの卸企業が代行店として花王販社の一部の業務を担っていた。したがって、卸企業の経営者たちは、おおよそ花王の動向を知り得る立場にあった。また業界組織内での情報交換の機会も多く、多くのメーカーや小売勢力の新たな動きに関する情報は比較的入手し易かった。このことは、協調にもとづく競争という日本の企業システム全体の特徴ともいえるが、この時期の卸企業経営者の戦略的意思決定に影響を与える大きな情報面の背景として注意しておかなければならない。

さて、その後の一九八〇年代の日本経済は、消費者物価の上昇にともなう消費低迷に始まり、半ばには一九八五年のプラザ合意による円高不況に見舞われた。輸出型企業の経営には大きな打撃となったが、その後、円高による原価低下、原油安、金利低下によって企業収益は改善し、内需主導への転換もあって消費が回復していった。しかし、その新しい消費者需要は、個性と差別化をより強く求めるものへと変質し、ＥＣＲ（Efficient Consumer Response）が重視されるようになった。また、新しい小売勢力の急成長にともなう攻勢や、コンピュータの汎用化とダウンサイジングも進んだ。

消費者嗜好の変化と小売勢力の攻勢は多頻度少量配送の要求を招き、また前述の花王販社と小売勢力の双方の圧力が増すなかで、とくに情報・物流機能を中心に、川上・川中・川下の間での垂直的な競争が激化することとなった。

そして、一九八〇年代の終盤は、いわゆるバブル景気となる。

新社長となった大公一郎が、「八〇年代の幕開けに当って(ママ)」という社内外へのメッセージで「一九八〇年代は『激動の時代』と呼ばれた七〇年代よりも更に、その振幅が大きくなるだろうと、いわれております[20]」と述べた通り、一九八〇年代はまさに激変する経営環境となった。

橋本社長による経営理念の浸透

ここで、ダイカ成立後の代表取締役社長であった橋本雄介、その橋本社長の下で専務として経営手腕を発揮した後に社長となる大公一郎、専務から副社長となり営業本部長を兼務した振吉巳歳男の三人について、彼らの経営理念や経営方針について検討し、それぞれの主たる役割についてあえて識別を試みたい。それは、ダイカのこの時期の経営発展をみるうえで、この三人の経営理念やメッセージそれ自体が大きな意味をもったと同時に、三人の経営者としての分担体制が重要であったと思われるからである。

合併直後の一九六九年八月三日に札幌共済ビルで開かれた創業記念式典で、橋本社長は合併の目的や経営の理念を明確に述べた[21]。その目的とは、「卸商社としての一翼を担い、産業社会・地域社会に貢献する事」であり、そのために「各社が永年の歴史と伝統を茲に結集して創業した」という。その創業の理念を基礎に「旺盛なるフロンティア精神で事に当たり、常に和親協調、相互信頼、謙虚なるを以って身上とし奉仕の精神に徹することを」経営理念とした。この「奉仕の精神」は、奈十全堂の創業者である齋藤脩平が「働くとは傍を楽にすること」と唱えた思想であり[22]、「働くは人の道—勤労に悪なし怠惰に善なし」という社訓に表現されている。社是でも、「誠心誠意」・「奉仕精神」・「速・実行」とされ、三つの柱のひとつに「奉仕の精神」が据えられている。一方、大総一郎会長は、こうした勤労の意味をイスラエルの共同体思想と結びつけて、従業員へのメッセージを発し続けた(23)。

齋藤脩平や大総一郎会長の勤労観は、「傍を楽にする」という勤労の相対的価値を内包しつつ、かつ善・悪など勤労それ自体の絶対的価値の面に重点をおいていたとみることができる。橋本雄介は、そうした絶対的価値をふまえながら、「傍」を「社会」、「楽にする」を「奉仕・貢献」と読み替えて対象を拡大し、かつ明確にして継承することによって、勤労の社会貢献の側面すなわち勤労の相対的価値をより強調したともいえる。

一般に、営業・販売の業務に従事する人々は、仕入先・販売先・顧客などのクレームで、必ずしもみずからの責めに帰すべからざる不合理と不条理に悩み苦しむことが多い。しかも、合併会社であるため、不整合が起こりやすい。後述するようにダイカの退職者が少なくないのは、こうしたことも関係していると思われる。しかし、それゆえに、勤労の価値と意義を明確にした倫理観・使命観を、経営理念をもって明確にすることは、他の業種や職種に比べてもより重要なことであったろう。さらに、異なる組織上の経験や慣習をもつ人々の心をひとつにするためには「和親協調」と「相互信頼」を大切にすべきことを説かなければならなかった。

橋本社長が機会あるごとに説いたこのような経営理念は、上述の経営環境の変化とは基本的に無縁のものである。むしろ、この意味で、時代や環境変化を越えて、ダイカ従業員の普遍的にあるべき心がけと行動の規範を示したものであったといえよう。

さて、橋本社長は、後に菓子卸業界からの依頼講演の場で、企業の「内部充実」のために「心のよりどころ、心の目標」としての「経営理念が不可欠であ」り、「理性の働きを統一する概念」としての理念である「経営理念に沿って経営方針や営業方針などが決められ、長期、中期、短期の目標設定がなされる」と述べている(24)。

その目標設定については、橋本社長は、大公一郎専務らとともに「長期五カ年計画」をたて、売上目標を一〇〇億円とした。七社合併時の七社合計売上が約五二億円であったから、そのほぼ倍の目標を設定したことになる。[25]なお、この計画は明文化されたものではなく、まさに全社一丸となって向かうべき目標値の一〇〇億円が設定されたのみであった。[26]すでに経営理念や綱領として、あるべき社員像も明確にされていたので、それ以上の細かい条文化は不要であったのだろう。

ただし、橋本社長は、他の経営陣とも練ったうえで、第三期の一九七一（昭和四六）年以降、経営環境や自社の課題をふまえて、各期の経営目標を明文化した。これによって、従業員の一体感の強化と意識の集中をはかったのである。ちなみに、最初に明示された経営目標は「頼もしいダイカ・愛されるダイカ・信用第一とするダイカ」であり、その内部体制充実のため「完全システム化」・「管理の徹底」・「目標設定主義」の三つの要綱も示した。[27]その次の第四期の経営目標は「革新と安定」であり、要綱は「経営理念の徹底」・「健全経営に徹する」・「総力発揮」とされた。[28]

安定成長期へと日本経済が移りゆくなかで、橋本社長は、そうした目標達成のために、後述するように、営業基盤のいっそうの拡充戦略を進めていく。

大公一郎専務によるシステム化の方針

橋本社長が全社的な方向性を示すなかで、当時まだ若手の大公一郎専務の当初の役割は、不合理を排除した「管理の徹底」と「完全システム化」という内部体制の充実の面にウェイトが置かれた。橋本社長が明示した経営理念はダイカの普遍的理念として尊重されるべきであったが、心の和を基礎に合併企業を一つの有機的組織として結びつけ、時代の進化に順応していくためは、システム化も重要な課題であった。

第二章でみたように、大公一郎専務も、橋本社長および実父の大総一郎会長とともに、合併の必要性を認め実現に向けて努力したひとりであった。大公一郎は、大学卒業後、レナウン商事に勤務した。そこで、多様な商品の分類や利益管理のために、コンピュータの導入の必要性について検討する仕事を任された。そこでの結論は、時期尚早ということで、その時点では見送られた(29)。しかし、この経験は、大公一郎にとって、ダイカ成立後の組織や管理の近代化を進めるうえで、貴重な素地となったと思われる。

一九六三（昭和三八）年に氽十全堂に入社した大公一郎は、その頃より、販売業務に携わる者たちが売上高偏重で不毛な価格競争に陥っていることに不合理を感じていた(30)。これはけっして例外的なことではなく、むしろ当時の卸企業の営業担当者に共通してみられたことであった。卸企業が近代的企業へと展開するうえで、こうした前近代的販売員の意識と行動の改革が必要であった。「前垂れの精神」は必要ではあるが、従前のような「御用聞き」的な販売員ではなく、計数やシステムにも精通した近代的セールスマンへの蝉脱が必要であったのである。

一九六九（昭和四四）年八月にダイカが成立し、三一歳にして専務となった大公一郎は、旧七社の営業拠点を、仕入先や販売先との関係で整理・合理化することに携わる。そうした経験を通じて、規模が大きくなった組織を合理的にまとめるには、「仕事がスムーズに効率よく流れ、しかもその結果が管理者の期待する範囲内に自律的にコントロールされる仕組み(31)」としてのシステムが必要であることを痛感する。

不合理な営業を廃し、「粗利を十分確保しながら競争に打ち勝ってゆく」ために、「一　仕入原価を知ること」、「二　標準卸価格を決め、納入価格とその場合の荒利益がすぐつかめるようにすること」、「三　売上よりも荒利の確保重点に意識をあらためること」の重要性を従業員に訴えた。これらのうち、販売先との関係や営業の最前線で仕事をする者たちの意識改革については振吉巳歳男専務の助力も得るが、大公一郎自身は、主に後述するようなコンピュータの導入による利益管理のシステム化を推進していく(32)。

なお、卸企業での経営継承にあたり、同業種のメーカーで勤務経験をもたせる場合がある。しかし、大公一郎は、前述のように異業種での経験を有するものの、同一業種でのそれをもたない。先に経営陣の検討でもふれたように、業界を経験していないということは弱点でもあるが、逆に固定観念や慣習から解放される可能性が広がるであろう。さらに異業種での経験が加わることによって、異なった視点から経営課題を捉えるという利点にもなろう。弱点の部分については、後述する振吉巳歳男が補完的な役割を担い得る経験を有していたし、前述の旧会社で育った人材も頼みとすることができたであろう。そうした助力を頼みとしながら、大公一郎は、経営者としての経験を重ね、他業種や海外も含めたより広い情報と理論的思考をもった、斯業界の新しいタイプの経営者として注目される存在となっていく。

振吉巳歳男専務による革新の方針

振吉巳歳男は、前述のように橋本社長の懇請で、一九七一年一月に営業部のリーダーを兼務するかたちで入社した。当時の営業報告書に「特に重要事項としては営業部長のスカウトにより社内人事は一段と強力になりました[33]」と記載されるほど、期待は大きかった。振吉専務が重点的に進めたのは、内部組織能力のレベルアップと営業の制度の改革であった。

振吉は、社内会議の場で、卸企業の置かれた状況について私見を披瀝している。一九六二年の林周二の『流通革命[34]』論に端を発して、問屋は「危機が叫ばれながらも問題意識を内蔵したまま革命的事象はなく今日を迎えている」と振吉はみる。そして、「現実には廃業した問屋も多数ありますが、その主因は企業の内部的要因であ」るので、「問屋の危機が再来していると意識する必要がある」と警鐘を鳴らす。その理由として「『問屋無用論』に対して『問屋機能有用論』『中間流通機能分担論』の台頭があるものの、その機能分担者は問屋であることの保証はないこと」、また「生産資本、大型小売資本のそれぞれが流通機能分担業務に対する準備体制が整いつつあること」などをあげている。[35] メーカーという流通の川上での経験をもっていたからこそ、業界の機能強化をめぐる垂直的競争が厳しさを増すことを見通すことができたのであろう。

確かに、林周二も「現実の問屋資本そのものが新しい時代に即応して脱皮し変化することを否定するものではない」[36]と述べており、卸企業の組織能力の向上による新たな役割の可能性を否定していない。しかしながら、振吉には、メーカーや小売業の動向と比較した場合、問屋の営業体質の不合理や取引関係の不条理と劣位が、依然として強く感じられたのであろう。このため、振吉は、内部体質を合理化・近代化し、顧客や社会から流通の機能分担者として高く評価される存在にまで高めることを最重要課題としたのであった。

こうした課題を見据えて、振吉は、前述の第四期の経営目標「革新と安定」を具体的な業務改善に反映させるために、後述するような業務改善のコンクールを実施して社内体質の強化に努める一方、取引改善の方策を提案した。具体的には、商品配送について、二四時間配送（午前受注は当日午後配送、午後受注は翌日午前配送）、市内外の配送単位（市内は五〇〇〇円以上、地方配送の単位は一万円以上、来社持ち帰りの場合は五〇〇〇円で一パーセントの取引料をダイカ負担）などを明示した。また、商品代金については、請求書の支払日一〇日前締切とし全額現金決済を原則とすること、手形払の際のサイトを六〇日とすること、二万円以下は銀行振込とすること、感謝金制度適用の得意先への規定にもとづく歩引き、などを明示した。[37]

この方針によって、振吉は「受注・配送・回収の面に於て、かなりの合理化が推進出来つつ」あったが、むしろこれによって「小売商サイドの優位性を見せつけられた様で、恥じ入った次第である」と、よりいっそうの自省を促している。振吉は「完全に出来ない理由のほとんどはむしろ当社側の欠陥、特にセールスへの不徹底に起因する」とみて、その後、倉庫機能の強化とセールスマン教育の強化を推進するとともに、大公一郎専務が中心となっているコンピュータの大型化の方針も公表した。[38] 一九七三（昭和四八）年二月のことである。これは、第八期以降、毎年度示される「営業本部長方針」に近い最初のメッセージであったと推定される。

その第八期の「営業本部長方針」では、「一　セールス行動三原則（①お店の販売目標を常に確認し必ずその進度を把もう、②今日推販しようとする商品の資料とサンプルを必ず持参しよう、③一店訪問したら速やかに車の中で報告書を作成してから次の店に始動しよう・一日の訪問店数一二店、滞在時間六時間目標）」、「二　在庫管理方式の改善（①常時在庫の定番商品、取次ぎ商品、直送商品、特売商品、本社倉庫商品の明確化と管理方式の区分、②定番商品の選定と標準在庫量の決定、発注点、発注量の基準化、③定期発注方式の定着化、④本社倉庫の効率的活用）」、「三　梱包配送の定着化（①受註書の正確な記入、②商品内容・数量のミス零作戦）」、「四　回収五〇パーセント以下店零運動（ホップ・ステップ・ジャンプの仕上げ）」、「五　原価設定の見直し（①仕入取引条件の再チェックと内容区分の明確化、②契約事項の再確認、③電算原価算入方式の検討）」という五つの方針を示している。このように行動基準を示し、改善すべき課題を具体的に示すことによって、営業活動に携わる従業員の目標の明確化と自己管理の徹底をはかったのである。[39]

この「営業本部長方針」にも関わることであるが、振吉は、マーチャンダイザー機能強化の必要も唱えている。それまでも、本社に三名のマーチャンダイザーを置いていたが、「単なる仕入窓口的存在となっていた」ので、「商品別に分化担当し、その商品群についての仕入、販売援助、販売企画、在庫管理、商品開発、商品知識教育の実務管理責任者として活動する」八名のマーチャンダイザーを配置して、その機能を強化させることを明言している。[40] この点はさらに推進され、後述するように一九八〇年代のダイカの重要戦略のひとつにまでなっていく。

大社長と振吉副社長による組織能力充実と積極経営

前述のように一九七九年一〇月、橋本社長は会長、大専務が社長、振吉専務が副社長となることが決まり、翌月、正式に登記された。大新社長と振吉新副社長は、一九八〇年代の激変する経営環境のなかで、積極的な成長戦略を展開していく。具体的には、本社・支店の設備近代化と情報・物流システムの機能強化への果敢な投資である。戦略の実現のためには、組織の合理化と戦略の実行を担う人材の質も重要であり、大・振吉の両トップ・マネジメントは、そうした面を尊重しながら、大局をみすえた方向性を打ち出してゆく。

新体制のもとでの第一一期経営目標は、「意欲に燃えて取り組もう」とし、「期待に応える条件作り」・「ヤレバ出来る前向き挑戦」・「相手の立場で自己反省」を行動規範とした[41]。これ以後、しばらくの間、同様に創意と工夫・配慮と丁寧な対応・モラール向上などを趣旨とする経営目標が掲げられることになる。

そうした経営目標とともに、振吉副社長兼営業本部長は、さらに踏み込んで、具体的な「営業本部長方針」を発信し続ける。一九八一年八月からの第一三期の「営業本部長方針」では、第一一期の一九八〇年二月に掲げて[42]「三年目を迎えた四つ（誤配送零、品切れ零、返品零、回収制度完全実施）への挑戦」、「物流システム合理化、省力化の推進」、「新たな商品分野の市場づくりに貢献する」、「流動資産の鮮度管理を強化する」、「公開してはならない得意先情報についての管制強化に努める」という内容であった[43]。

このなかにも用いられているが、振吉副社長は、「商品の鮮度管理」を重視するとともに、その活動を担う「人の鮮度管理」も重視して、後述するように従業員の資質向上と彼らの情熱を組織化することに取り組んだ。振吉のいう「人の鮮度」とはけっして「年齢ではなく」、人間の研鑽と創造的な営みの継続を意味する。これについて振吉は「成長している者は鮮度があり、成長が止まった者には鮮度がない」と明言している[44]。

一九八四年八月から始まる第一六期の経営目標は、「改善への情熱」とされ、翌年の第一七期では「問題意識で改革前進」とされ、かつ「現場を掘り下げC＆L体制に基礎を固めよう」とされた。そして一九八六年八月からの第一八期では「C＆L体制の確立」が目標とされた(45)。大社長は、このC＆L体制を、後述する店頭技術研究所と並んで、「多品種少量納品時代の卸業の役割を十分に果た」すための二つの重要戦略として、業界紙にも紹介した(46)。このC＆L体制の実現と後述する店頭技術研究所によって、一九八〇年代のダイカの成長戦略は、ひとつの到達点を迎えることになる。

さて、以上のように、一九七〇年代から八〇年代の三人の経営者の経営思想と主な役割を全体的にみてみると、一九七〇年代は、橋本社長の経営理念の浸透による規範づくり、同時期の大専務によるシステム設計と振吉専務による営業制度と意識・行動の改革といった、いわば規範・システム（制度）・行動（実態）の三位一体的な経営方針が示された時期であったとみることもできよう。一九八〇年代は、そうした方針を基本的に継承しながらも、大社長、振吉副社長を中心に、卸企業としての機能強化と組織能力向上のためのより具体的な戦略の経営方針が示された時期であったと捉えることができる。

3　営業網拡充戦略と積極的投資

橋本社長の経営理念に沿って設定された「長期五カ年計画」の実をあげるうえでも、何よりもまず営業網の拡充という外的拡充が基本戦略となった。橋本社長のリーダーシップのもと、大公一郎専務、振吉巳歳男専務らが参加する常務会での検討をふまえて(47)、道内営業基盤の拡充のため、さらに合併と営業権の継承を進めることとなった。

それとともに、新しい設備を備えた各営業所や本店の新社屋・新設備の建設を進めた。こうした積極的投資は、一九八〇年代になって、大公一郎社長の時代になると、上述の垂直的競争圧力の下で、情報・物流システムの高度化をともなって、さらに大きく推進されることになる。以下では、そうした拡充戦略と積極的投資の過程をみておくことにしよう。

ダイカ成立翌年までの営業拠点の拡充・整備

一九六九（昭和四四）年八月のダイカ株式会社発足の時点では、表3－6（第二章でも表2－3で非競合地域のみ示した）に示されるように、合併会社の営業基盤を継承し、札幌の三つの営業所のほか、九つの営業所という体制であった。その翌月の同年九月一日には、小樽市の旭友商事株式会社の営業権を継承し、小樽営業所が発足した。同年一一月一八日には、新築成った社屋へ北見営業所が移転した。(48)

翌一九七〇年四月三〇日には、旭川営業所の新築を前提に、四条一三丁目の営業所を二条一三丁目の配送センターに統合し、(49)さらに同年一一月四日には、旭川市亀吉町に完成した新社屋に旭川営業所を移転させた。(50)旭川市中心部より離れてはいるが、札幌から国道で市内に入る入り口に位置し、営業と配達の両機能を統合した高速配送を目指す拠点となった。(51)一九六〇年代に人口規模で小樽や函館を抜いて、札幌に次ぐ北海道第二の都市に成長していた旭川の営業所は、新生ダイカにとって重要な拠点となった。

旭川営業所の移転二日前の一九七〇年一一月二日には、岩見沢営業所も岩見沢市大和町に竣工した新社屋へ移転した。(52)それまで、繁華街に位置していたため駐車場の問題があり、また古い建物で商品庫が三つに分散しており、商品管理・品揃え・配達などで不都合があった。しかし、この卸団地の入口に位置する国道沿いの広い敷地への移転に

表3－6　ダイカ株式会社発足時の営業所

	各営業所に関係する旧会社	営業所（旧所属との関係）
非競合地域	奋十全堂	函館，苫小牧，滝川，室蘭，帯広
	山崎商事	岩見沢
	丸協	北見
	丸文	釧路
競合地域	奋十全堂，石倉産業	旭川（奋十全堂の拠点を石倉産業社屋に吸収させた）
	奋十全堂，石田商店，大幸商店	札幌（奋十全堂），札幌中央（石田商店），札幌西（大幸商店）

（出典）筆者の質問に対して提示された大公一郎氏のメモおよび米山幸喜編『ダイカ創業物語』（北海道商報社，1989年８月）46～47頁。

より、従来の問題が解決され、倉庫機能の充実がはかられることとなった。(53)

これより少し前の同年九月一二日には、ダイカ株式会社の本社を協同組合札幌総合卸センター共同会館二階に移転した。この卸センターは、一九六八年一〇月に完成し、「札幌市内の家庭金物業者一一、靴・はきもの業者一〇、薬・化粧品業者一一が参加し、配達業務やこん包材料の仕入れ、計算部門などを共同化」するとともに「駐車場問題までも一気に解決する」ことをねらったものであったとされている。(54)

一方、一九七〇年同月二一日には、スーパーと量販店が中心となっていた札幌営業所（旧奋十全堂）と薬局・化粧品店・雑貨店中心の札幌西営業所（旧大幸商店）を統合して、卸センター共同会館向かい（現在のあらた北海道支社のビル）に札幌本店を発足させた。(55)

同年一二月には、手続きの遅れていた大幸株式会社の合併手続きを終了した。すでにダイカ株式会社の設立時点で予定されていたことであり、また同年九月二五日の同社臨時株主総会で決議されていたことであった。(56)

一九七一年の営業権継承と新社屋

ダイカ成立二年後の一九七一年には、三つの会社の資産の譲り受けにより、市場拡大をはかった。

まず同年二月一日に北見市の株式会社カイダ卸部の営業権を継承し、北見地区の地盤強化をはかった。同年五月一日には、小樽市の株式会社本間商店との合併が実現した。同社は一九一六（大正五）年創業の石鹼・雑貨問屋で、小樽のほか札幌にも営業拠点をもつ有力卸会社であった。これにより、ダイカ株式会社は、大幸合併時点での七社に上述の旭友、カイダ、本間の三社を加えた一〇社の統合体となったといえる。[57]
ついで、同年一〇月一日には、函館市の株式会社村田商店も合併した。同社は、一八八七（明治二〇）年創業の老舗であった。ダイカとしては、化粧品・雑貨販売の人材と販路を得たことで、道南の地盤がさらに強化されることとなった。[58]
なお、この一九七一年の八月には、室蘭と北見の両営業所の新社屋が完成し、配送と在庫の管理の合理化を進展させている。[59]

ファッションダイカの設立

一九七一年一一月一日には、北海道の装粧品・雑貨系の大手問屋の黄地商事株式会社を発展的に解消し、新たに株式会社ファッションダイカを設立した。[60]実質的には、ダイカ側による吸収・合併とみてよい。装粧品を中心とするファッション雑貨の大きな成長を見込んでその将来性に備えたもので、振吉巳歳男専務らによる経営判断であった。[61]
資本金は一〇〇〇万円、代表取締役社長にはダイカの橋本雄介社長、取締役副社長には旧黄地商事の黄地壮輔が就いた。このほか、取締役には、ダイカの大公一郎、振吉巳歳男両専務と、旧黄地商事の黄地捨雄、奥野清が就き、同社の福田弘が監査役に就いた。
取扱品目は、装粧品、小間物、洋品雑貨、手芸・裁縫用品、室内装飾品、各種贈答品、その他ファッション用品などであったが、旧黄地商事の営業をそのまま継承することとされたため、当分の間、石鹼や歯磨などの日用雑貨全般も扱うこととなった。従業員五〇名（男子三〇名、女子二〇名）によって構成された、ダイカの装粧品専売の別会社という位置づけであった。

本店の新築と釧路・苫小牧両営業所の移転

経営権継承によって、ダイカ全体の経営の範囲と規模の拡充を進めるとともに、営業拠点の整備と機能の充実も進めた。

旧岙十全堂時代の一九六六年四月に開設されていた滝川営業所は、一九七二年五月一日をもって、旭川・岩見沢の両営業所に分割して統合させた。北空知地区の営業は、これら両営業所に継承させた[62]。また翌一九七三年九月二二日には、釧路・苫小牧の両営業所の新社屋が完成し、移転した[63]。

一九七三年一二月一日には、大谷地流通センター内に建設を進めていた札幌本店が竣工した[64]。札幌市当局によって「円滑な流通の確保とその近代化を促進し、かつ都市機能の維持、増進を図るため[65]」の拠点として整備が進められていた場所で、ダイカでも同「地区に移転して未来に即した在庫配送機能の拡大と充実をはか[66]」るため移転を決定し、すでに前年の一九七二年七月一日に地鎮祭を執り行っていた[67]。同年一一月には、手狭になった札幌本店を、白石区東札幌六条二丁目の仮店舗に一時的に移し、一年余りにわたって新社屋の落成を待っていた。この札幌本店の仮店舗移転にともない、向かいの共同会館内にあったダイカ本社が札幌本店のあった場所に戻り、ファッションダイカも同所に移った。一九七三年一二月に大谷地に完成した札幌本店は、二〇〇〇坪という広大な敷地に六〇〇坪の建物で、新しい各種物流機器を備えた流通倉庫であった[68]。

一九七四年一〇月一五日には函館営業所が、翌一九七五年八月一五日には帯広営業所がそれぞれ竣工した[69]。函館は、ダイカの前身会社の奔十全堂が一九〇九（明治四二）年五月一日に創業した地である。[70] 同市西川町そして地蔵町（いずれも現在の豊川町）となっても、現在では観光地となっている西地区の十字街付近を拠点として、六五年余りにわたり、数回の大火などを乗り越え、業容を拡大してきた拠点であった。長年馴染んだ場所から、道南の一大流通拠点として計画された函館市の卸商業団地への移転であった。西桔梗町に完成した新社屋は、敷地八六〇坪、建築総坪数四五〇坪の広さで、事務所、梱物倉庫・メザニン棚・バラ物倉庫積層棚のほか、コンベヤーリフト三基、ローラーコンベヤー一セットなどの物流施設も設置され、一九七四年一一月一八日より営業を再開した。[71]

一方、帯広営業所は、国道三八号線芽室寄りに八一五坪の土地を購入して一九七五年四月より着工していたもので、帯広市工業団地や魚菜市場にも近く、市内中心部から車で一〇分ほどの距離にあった。建築総坪数は二九六坪坪で、物流機器として、ベルトコンベヤー二基、ローラーコンベヤー二セット、メザニン棚、積層棚を設置し、プラットフォームは当時の最新式のオーバーヘッドドアーで遮蔽され、冬の寒気を遮断できるように設計された。一九七五年八月一九日より、十勝管内の有力拠点して営業の新スタートを切った。[72]

なお、函館営業所の新築・落成をもって、一九七〇年代前半の新社屋建設に関する計画の第一段階はほぼ終えたと報告されたが、[73] その後、一九七〇年代後半から一九八〇年代へと、社屋・施設の新増設はさらに続くことになる。

本社の増改築・小樽営業所新築と各拠点の新増設

一九七六年七月一日には、所在する札幌卸センターの意向もふまえて、前年一〇月に着工した本社の増改築を終えた。[74] 翌一九七七年三月五日には、小樽営業所の店舗買収に成功し、新築移転を終えた。これをもって、「全営業所の店舗が新しく完成をみる事に」なった。[75] 同年五月には札幌本店の倉庫二二〇坪を増床し、さらに同年一〇月には旭川支店の倉庫一〇坪を増床した。[76]

一九七七年一一月二七日の取締役会で、従来の営業所の名称を支店に改めることを決め、[77]翌七八年一月から改称された。[78]支店改称後の最初の増設は、一九七九年七月の岩見沢支店の倉庫増設の完了であった。[79]同年一〇月には室蘭支店の新築工事を完了し、[80]一一月六日より営業を開始した。[81]

一九八〇年代の営業権継承と支店の新増築

一九八〇年代に入ってからのことになるが、伊沢幸洋の伊沢五幸社長は、「変遷激しい時代」のなかで「如何にして卸機能を果たしサービスできるか」について考えており、これに関してダイカの橋本会長と大公一郎社長に相談していた。これを受けた協議を通じ、ダイカが伊沢幸洋の営業権を継承することになり、一九八一年九月一日より、伊沢の主な営業エリアであった札幌、苫小牧、岩見沢の営業をダイカの各支店が継承することとなった。[82]これによって、ダイカは、七社合併の後に六社（カイダ卸部門、本間商店、村田商店、黄地商事、旭友商事、伊沢幸洋）の経営を統合するという歩みをたどったことになる。

他方、一九八〇年代になると、物的流通施設整備の「第二次態勢に入」り、[83]各支店の新増設を相次いで実施に移した。一九八一年一〇月三日には、新築された旭川支店が、「道北の一大拠点」として期待されて、[84]営業を再スタートさせた。[85]翌一九八二年六月には函館支店の倉庫を、同年七月には札幌支店の倉庫をそれぞれ増築し、[86]フォークリフトやパレット・ラックをフルに活用できる体制とした。[87]

一九八三年九月には小樽支店事務所の改築工事、翌八四年七月には苫小牧支店倉庫の増築工事がそれぞれ完了し、[88]その後も、一九八五年一二月の帯広支店、一九八六年一〇月の北見支店、一九八七年一二月の室蘭支店など、各支店の増設が続いた。[89]

一九八七年二月七日には、一一番目の支店として石狩支店を開設し、営業を開始した。札幌商圏の第二支店という位置づけで、システム化の進んだ大手量販店やコンビニの集約化をはかった。[90] 同年一一月一四日には函館支店倉庫増築工事を、同年一二月一六日には旭川支店倉庫事務所増築の工事をそれぞれ完了した。[91]

このように、大社長・振吉副社長体制下では、橋本社長時代に優る勢いで、変わりゆく経営環境へ即応すべく、物流・営業施設の新増設を推進し、そのために積極果敢に投資していったのである。

4　新興流通勢力への対応戦略

一方、一九七〇年代後半から、ダイカでは、川下からの垂直的競争の担い手である小売業勢力からの圧力へも戦略的に対応していった。

ディック株式会社の発足

一九七六年五月、ダイカでは、一〇〇パーセント出資の完全子会社、ディック株式会社を発足させた。[92]

そもそも、この会社の前身は一九六二年一〇月にハリウッド化粧品のハリウッド道東販売会社として設立され、その後しばらく休眠会社となっていた。そこへ、ダイカの得意先のひとつであった王子サービスセンターから、ダイカに対して、苫小牧に新装開店する山手リビングセンターのテナントとして、ＤＩＹやホビー商品を扱う小売店の出店要請があった。ダイカとしても、小売動態の把握と小売経験の蓄積による技術習得のためにアンテナショップをもつことの意義を認め、これを受けて出資し、苫小牧店として新たにスタートさせた。一方、ダイカ札幌支店の一部門であった現金センター売店にトイレタリー商品のアンテナショップとしての特長をもたせる意味もあって、これをディック株式会社の南二条店として再出発させた。その後、苫小牧店は、一九七九年三月に後述する新さっぽろサンピアザ内に移転させた後の翌一九八〇年七月に閉店し、南二条店も、その二年後の一九八二年八月をもって閉店した。

一方、一九七七年六月、ダイエーの要請によって、化粧品専門店のチャームショップディック厚別（あつべつ）店として、札幌市内東部の厚別（一九八九年に白石区から分かれて厚別区となる）のサンピアザ内に出店した。ちょうど新札幌ショッピングセンターの中心施設として、サンピアザがオープンした時である。厚別店は、その後、サンピアザ店と名称を変更した。また一九八二年七月、国鉄物資部札幌店の区画整理による移転により、ショッピングセンター・アスターがオープンし、そこにサンピアザ店と同様の商品構成の化粧品店としてアスター店を開店した。これと同様に、国鉄物資部岩見沢店の移転にともない、一九八六年四月、アスター岩見沢のテナントとして岩見沢店をオープンさせた。

一九八八年九月時点で、ディック株式会社は、振吉巳歳男が代表取締役を務める資本金二〇〇万円の子会社で、札幌市東区北六条東三丁目一番地の本社のほか、厚別のサンピアザ店、札幌ファミリータウンアスター内のアスター店、岩見沢店の三店舗をもっていた。パートタイマーを除く従業員数は五名であった。

株式会社アドニスの設立

一九八〇年代末になると、スーパーに代わる新たな新興勢力のコンビニエンス・ストア間の競争への対応も求められるようになった。コンビニ各社では競争が激化するなかで、自社のノウハウと営業情報の機密性を重視するようになり、競合他社と取引している卸企業との取引は難しいと判断するようになった(93)。ローソンとも取引のあったダイカに対しても、セブンイレブンより二者択一の要請があった。また、ローソンからも取引継続の要請を受けた。

そこで、ダイカでは、振吉副社長が中心となって、㟢十全堂時代に取引先の火災保険の代理店業務をする会社として設立されていた大全株式会社の社名、業務内容、体制を変えて、新たに株式会社アドニスを一九八九（平成元）年八月に設立した。そして、同社にローソンとの取引を移行することで取引を継続することにしたのである。その後、アドニスでは、サンクスほか札幌中心のチェーン店数社との取引を引き受けることになり、いわばひとつの支店としての機能をもつにいたる。ただし、ローソンとサンクスは競合関係にあるので、それぞれの専用ゾーンを設置し、きめ細かく対応することとした。

アドニスは、前述のようにダイカの社内的には、ひとつの支店のように位置づけられたが、対外的には、あくまで別会社として対応することとした。

ダイカは、その前身会社の時代も含めれば、一九二〇年代から資生堂や中山太陽堂はじめいくつかの化粧品メーカーの販売会社の設立と運営に別会社を設立して協力しており[94]、戦後は、前述のように、花王販社の設立にも協力した[95]。この時期のディック株式会社や株式会社アドニスの設立も、そうした外的流通勢力への対応とみてよいであろう。一九六〇年代まではメーカーといういわば流通の川上からの圧力への対応であり、一九七〇年代後半以降は、全国展開する広域小売業という川下からの圧力への対応という違いがあった。しかし、いずれにしても、自社とは別の会社を設けて対応するという共通点があったことに注意したい。

これは、自社の経営理念を維持し、それにもとづく戦略を貫徹させ、さらに自社の機能と経営資源を充実させるうえでは、重要な戦略的判断であったといえる。こうした関係会社も含め、ダイカ・グループ全体として捉えれば、やはり戦前の㟢十全堂時代と同様に、本体の卸企業を中核とする「分社」的経営体であったとみることもできよう。

5　組織体制と人的資源の確保

以上みてきたような各地の営業拠点が、ダイカ全体の経営戦略を遂行するため、どのような組織体制のなかに位置づけられていたのかを確認しておこう。そのうえで、そうした組織に配置され、経営者の方針や戦略的目標の実現を担う従業員の動態と、その資質向上のための施策についてみてみよう。

ダイカの組織

図３‐１は、前述の一連の新社屋建設の第一段階を終えた頃の一九七六年のダイカ株式会社の組織図である。これをみると、本社には、重要戦略について検討する取締役会、常務会のほかに、本社役員と各営業所長が毎月集まって協議する営業会議がおかれていた。間接部門は総務部、庶務部、財務部などであり、このほかに生産部と後述するコンピュータの導入と普及を担う電算室と調査室の三つがあった。

生産部というのは、卸売企業にあっては、珍しい部署名であろう。これは、仕入業務を執り行う部署で、メーカーからの請求書をチェックし、支払い担当の経理部へ回送するのが主な役割である。卸売業にとっては、メーカーからの仕入が「生産」に相当するとの考えから、橋本社長が命名したという。また調査部は、営業の求めに応じてさまざまな統計データを作成・提供することを業務とし、一名（本間誠一）が配属され、取引先や関係者に配付する『ダイカマンスリー』にも定期的に記事を掲載した。(96)

卸企業としての直接部門たる営業部門は、営業本部長のもとに札幌本店と九つの営業所がおかれ、これとは別に営

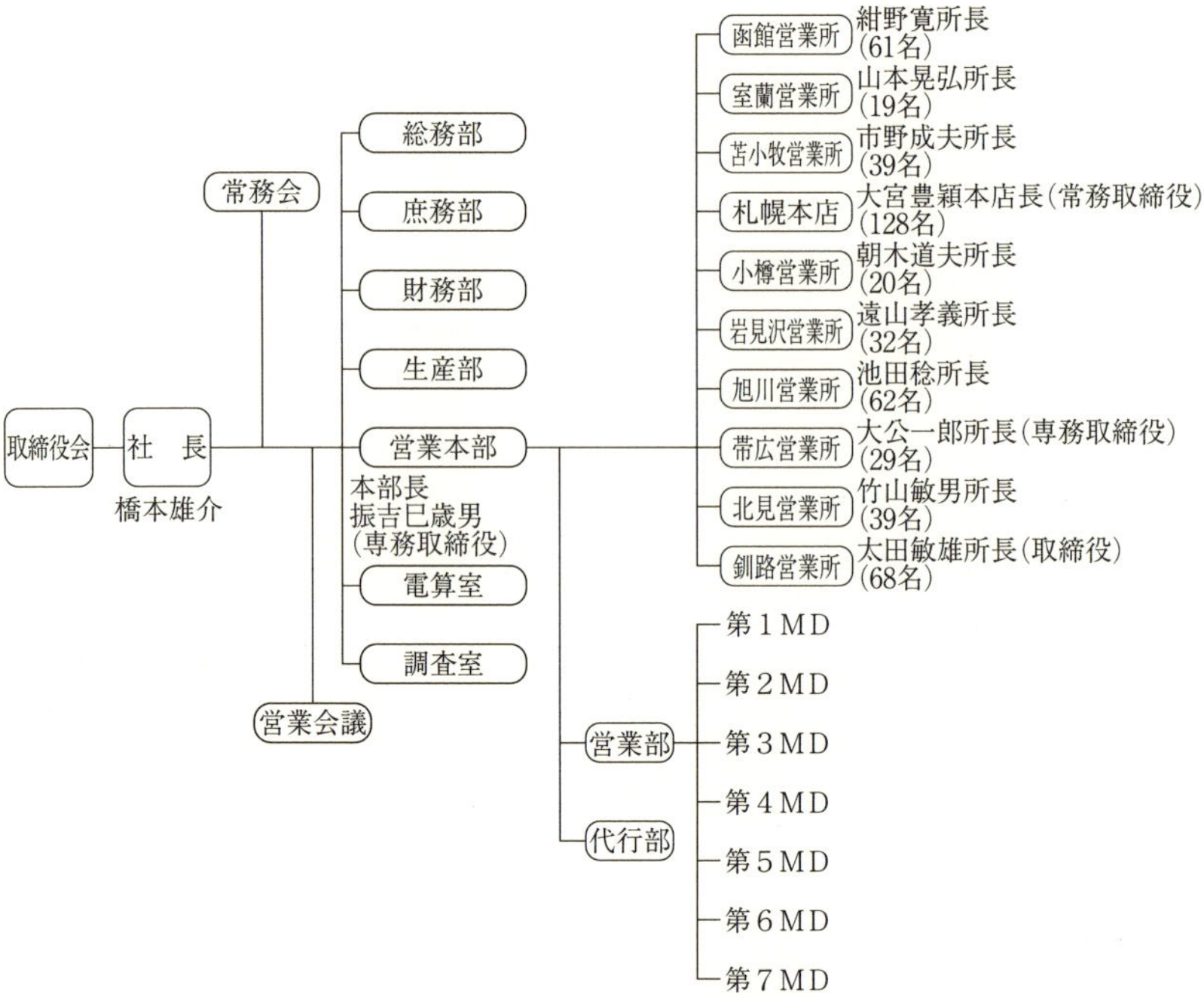

図3-1　1976年のダイカ組織図

(出典)『会社あんない』(ダイカ株式会社, 1976年)。
(注) 所長名は『ダイカマンスリー』第5巻第61号 (ダイカ株式会社, 1976年1月1日) 2頁による。

業部と代行部がおかれている。

各支店の人員数を示しておいたが、これをみると札幌本店の一二八名が最多であり、釧路、旭川および函館の各営業所が六〇名以上と比較的人員の多い営業所であったといえる。これは、市場規模と取引量の多寡を、ある程度反映したものとみてよいであろう。また、札幌本店と帯広・釧路の両営業所には、経営陣が配置されている。これらが、重要拠点として位置づけられたからであろう。本店と各営業所の人員総数は四九七名となる、後でみるように、一九七六年九月末の従業員総数は五四七名であり、その差は五〇名である。したがって、九〇パーセント以上の従業員が卸企業の主業務を担う営業部署に配置されたとみてよい。

一方、営業部の下には、後述するマー

チャンダイジング機能を担うマーチャンダイザーが配置されている。従来のような単なる仕入担当ではなく、メーカーの意図を販売員に伝え、適切な商品群を選別して店頭配荷することが役割であった。また営業部と並んで配置されている代行部という部署の名称も注目されよう。これは、前述の花王販社の代行機能を意味するものではなく、ダイカからみてその代行機能を担う帳合先の二次卸店（いわゆるB店）を担当する部署である。ベテランの営業担当者が配置され、支店のエリアとは関係なく、二次卸店の営業・集金活動を行ったという(97)。

図3－2は、大公一郎と振吉巳歳男がそれぞれ社長と副社長に就任する直前の組織図である。これをみると、まず間接部門の総務部が人事部に変わっている。これは総務と庶務の業務を明確にし、この部門の主たる所管業務が組織の重要資源である「人事」であることを明快にしたものともみられよう。また、二年前の一九七七年一一月二七日の取締役会で、「各営業所の名称を支店に呼称統一する件につき決定(98)」したため、この組織図では、従来の営業所が支店となっている。札幌本店も、これと同時に札幌支店と改称した(99)。その他は、拠点数も、それぞれの拠点人員配置の比重もさほど変わらない。ただし、拠点での役員配置という点では、前述のように、一〇―I期に池田稔旭川支店長が取締役になったことにともない、旭川支店も経営陣が配置される支店となった。前述のように、旭川は人口が増加し市場規模からいっても、もとより重要拠点であったとみてよいから、池田が経営陣となってから旭川支店長を継続するのも自然なことであったろう。また大公一郎専務が札幌支店長に転じたことにともない、帯広支店の支店長は役員ではなくなっている。

図3－3は、大社長、振吉副社長体制となってからの一九八一年の組織図である。これをみると、大公一郎が社長となったこと以外は、営業拠点の人員比重も役員配置も、一九七九年の組織図とほとんど変わりはないが、営業部のマーチャンダイジングが従来第七までであったのが第五までに減っている。これは、ヘレン・カーチスなどの外国商品

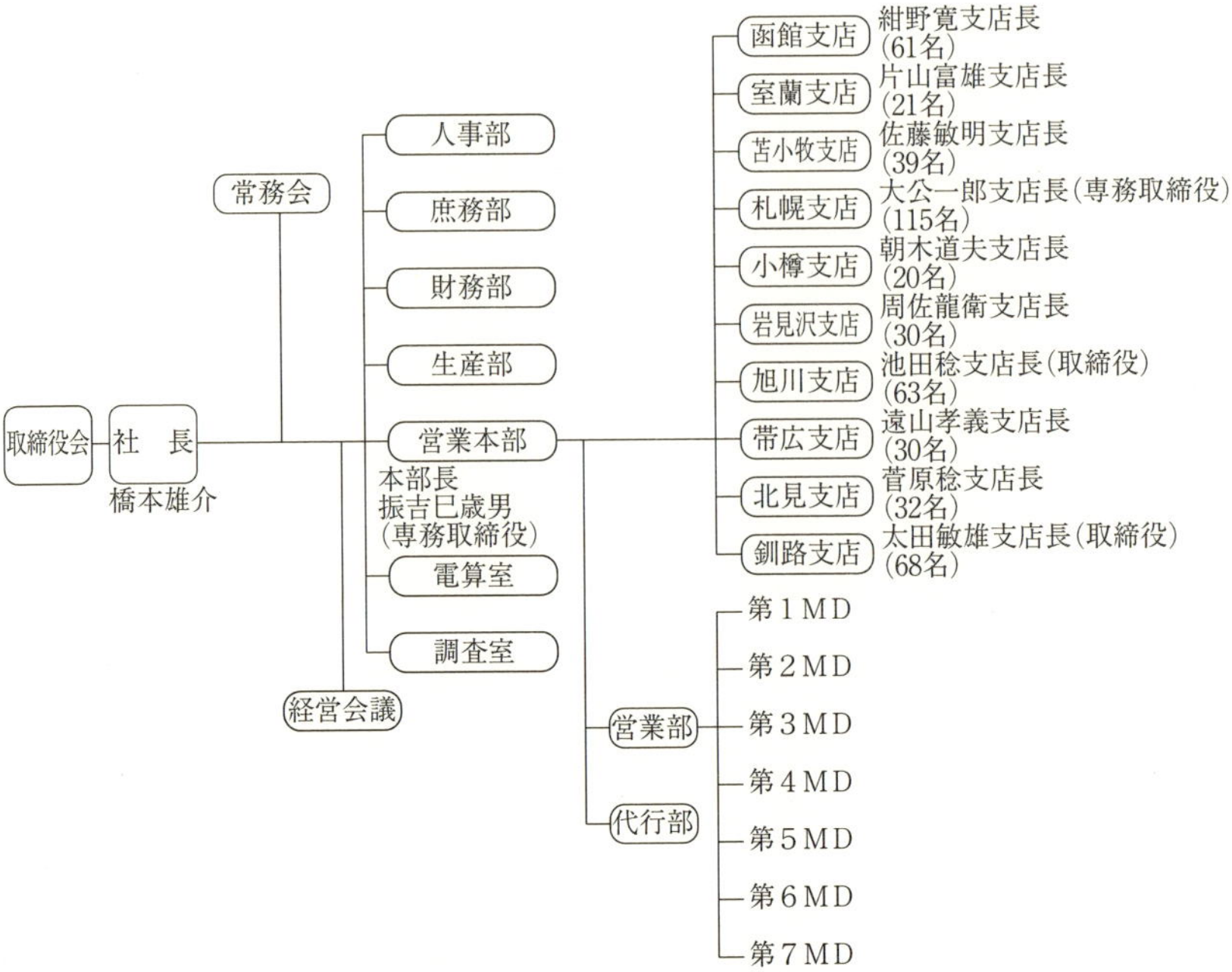

図3-2　1979年のダイカ組織図

（出典）『会社案内』（ダイカ株式会社，1979年）。
（注）所長名は『ダイカマンスリー』第8巻第97号（ダイカ株式会社，1979年1月1日）2頁による。

を扱う特販部やライオン製品を扱うライオン部をなくしたことによるという見方と、担当商品群の変更によるという見方の二つがあるが、現段階ではさだかではない(100)。

この一九八〇年前後で、ダイカが代理店契約を結んだ仕入先メーカーは二〇〇社以上に及んでおり、取扱品目は一万点を超えていた(101)。取扱品目の九五パーセントが小売店への直接販売であり、残る五パーセントが前述の二次卸店経由であったが(102)、そのいずれにしても、増え続ける商品別の厳密かつ体系的な管理は焦眉の課題であった。

従業員動態の推移

さて、こうした組織に配置される従業員についてみておこう。表3-7は、ダイカ成立後二〇年間の従業員動態の推移を示したものである。従業員総数は、ダイカ発足約半年後の一九七〇

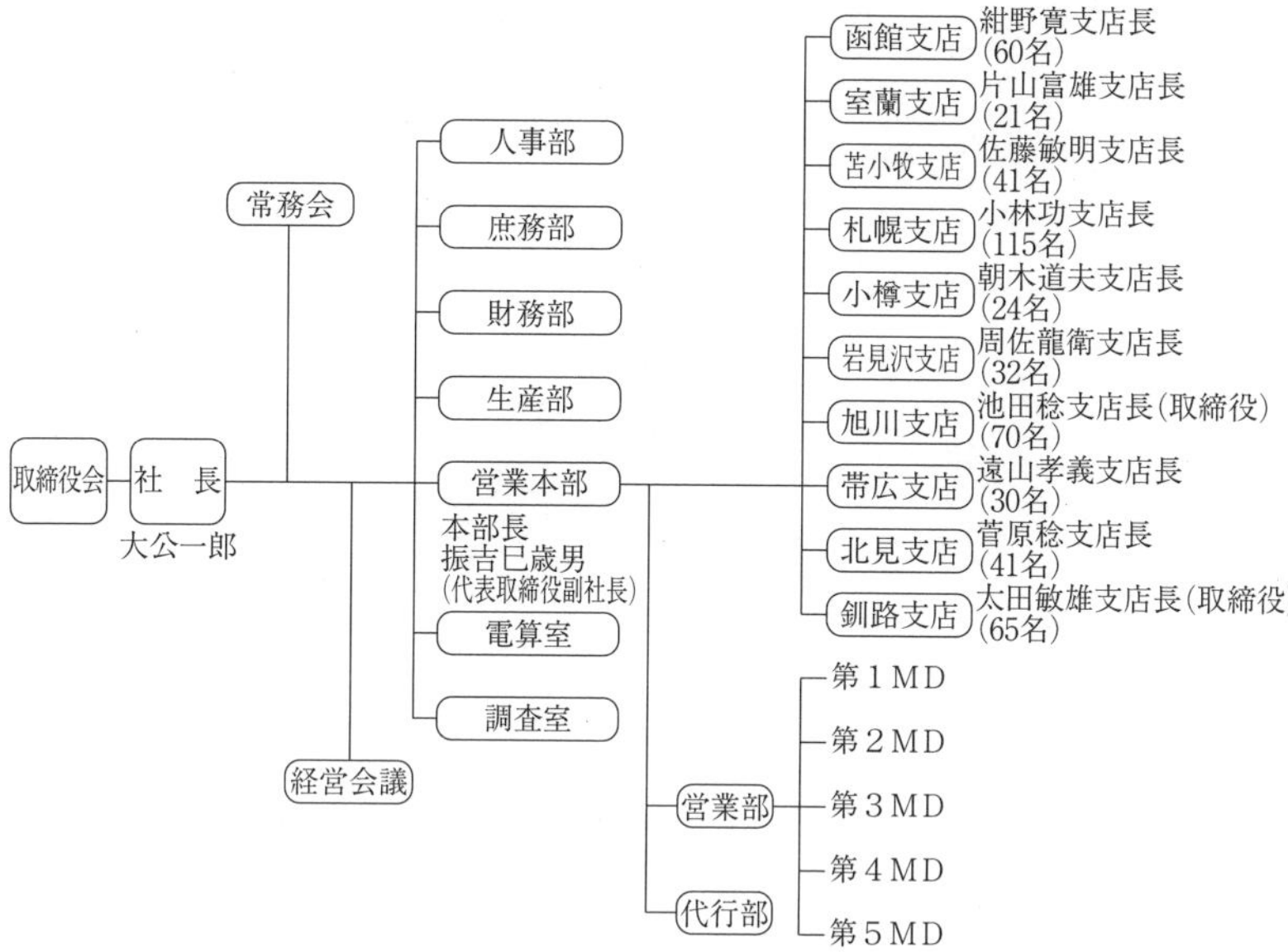

図3-3　1981年のダイカ組織図

（出典）『DAIKA INFORMATION BOOKLET』（ダイカ株式会社，1981年）。
（注）所長名は『ダイカマンスリー』第11巻第121号（ダイカ株式会社，1981年1月1日）1頁による。

年一月で四八九名となっている。ダイカ発足直前の一九六九年七月末の㐂十全堂の従業員数は二二六名（男子一五九名、女子六三名、出店社員四名）であったから、[103]合併によって倍以上の人員になったことになる。いずれにしても、当時の中小企業の定義（製造業三〇〇人以下、卸売業五〇人以下、小売業・サービス業五〇人以下）でもみても、今日のそれ（製造業三〇〇人以下、卸売業一〇〇人以下、小売業五〇人以下、サービス業一〇〇人以下）でみても、[104]中小企業の範疇を越える従業員規模の企業であったことがわかる。

約二〇年後の一九八九年七月の従業員数は五四九名である。この間の推移をみると、ダイカ第三期の一九七一年九月末に五〇〇名を超えたが、その後、最多数の第七期の五八〇名と、最少数の第一〇—I期の五二四名の間を増減している。

なお、この表に示されている出店従業員とは、

従業員動態の推移

5	6	7	8	9	10－Ⅰ	10－Ⅱ
38	39	40	41	42	43	44
1972年10月1日～73年9月30日	1973年10月1日～74年9月30日	1974年10月1日～75年9月30日	1975年10月1日～76年9月30日	1976年10月1日～77年9月30日	1977年10月1日～78年7月31日	1978年8月1日～79年7月31日
58	27	26	17	23	22	39
65	42	36	36	46	39	56
26	39	27	16	12	7	10
149	108	89	69	81	68	105
1	－	－	7	12	12	14
38	36	20	38	25	25	26
55	48	40	39	57	31	43
31	22	27	25	21	13	11
124	106	87	102	103	69	80
10.1	4.7	4.5	3.1	4.4	4.2	7.1
11.3	7.3	6.2	6.6	8.8	7.4	10.2
4.5	6.7	4.7	2.9	2.3	1.3	1.8
25.9	18.7	15.3	12.6	15.4	13.0	19.1
0.7	－	－	10.1	14.8	17.6	13.3
6.9	6.3	3.5	6.6	4.6	4.8	5.0
10.0	8.3	6.9	6.7	10.4	5.9	8.2
5.6	3.8	4.7	4.3	3.8	2.5	2.1
22.5	18.4	15.1	17.6	18.8	13.1	15.3
6.6	6.2	3.4	6.9	4.8	4.8	4.7
9.5	8.3	6.9	7.1	10.9	5.9	7.8
5.4	3.8	4.7	4.6	4.0	2.5	2.0
21.5	18.3	15.0	18.6	19.6	13.2	14.6
339	330	336	315	313	310	323
177	171	167	164	153	161	174
60	77	77	68	59	53	52
576	578	580	547	525	524	549

15	16	17	18	19	20
49	50	51	52	53	54
1983年8月1日～84年7月31日	1984年8月1日～85年7月31日	1985年8月1日～86年7月31日	1986年8月1日～87年7月31日	1987年8月1日～88年7月31日	1988年8月1日～89年7月31日
20	27	25	21	29	不明
43	38	33	42	55	不明
4	0	1	－	－	不明
67	65	59	63	84	不明
9	10	12	10	13	7
26	21	19	25	18	不明
40	27	35	41	47	不明
7	4	5	3	4	不明
73	52	59	69	69	不明
3.8	5.0	4.6	3.9	5.2	不明
8.1	7.0	6.1	7.8	9.9	不明
0.8	0.0	0.2	－	－	不明
12.6	11.9	10.8	11.7	15.2	不明
13.4	15.4	20.3	15.9	0.2	不明
4.8	3.9	3.5	4.6	3.3	不明
7.4	5.1	6.4	7.5	8.7	不明
1.3	0.8	0.9	0.6	0.7	不明
13.6	9.8	10.8	12.7	12.8	不明
4.9	3.9	3.5	4.6	3.2	不明
7.5	5.0	6.4	7.6	8.5	不明
1.3	0.7	0.9	0.6	0.7	不明
13.7	9.5	10.8	12.8	12.5	不明
315	321	327	323	334	332
188	199	197	198	206	217
29	25	21	18	14	－
532	545	545	539	554	549

21期報告書』および『社内報だいか』各年4月号の新入社員の記事。
業員数は，それぞれ正社員と嘱託の合計数。第1期～第2期までは出店と美容部員が別に記載されて
の記載となっている。第20期以降は，入社・退社人数の記載はない。

表3－7　ダイカ

期（ダイカ）	1	2	3	4
期（奈十全堂）	34	35	36	37
期　間	1969年１月21日 ～70年１月20日	1970年１月21日 ～71年１月20日	1971年１月21日 ～71年９月30日	1971年10月１日 ～72年９月30日
期間中男子入社人数（人）(A)	18	32	55	60
期間中女子入社人数（人）(B)	20	47	57	81
期間中出店従業員数＋美容部員入社人数（人）(C)	5	24	19	35
期間中入社人数合計数（人）(D)	43	103	131	176
大学卒春季入社人数（人）(E)	0	0	4	2
期間中男子退社人数（人）(F)	17	33	38	56
期間中女子退社人数（人）(G)	13	55	38	63
期間中出店従業員数＋美容部員退社人数（人）(H)	6	28	16	21
期間中退社人数合計数（人）(I)	36	116	92	140
男子雇入比率（%）(A÷J×100)	3.7	6.7	10.7	10.9
女子雇入比率（%）(B÷J×100)	4.1	9.9	11.1	14.7
出店従業員数＋美容部員入社人数雇入比率（%）(C÷J×100)	1.0	5.0	3.7	6.4
合計雇入比率（%）(D÷J×100)	8.8	21.6	25.4	31.9
大学卒春季入社人数の全入社人数に占める比率（%）(E÷D×100)	－	－	3.1	1.1
前期末在職者数に対する男子退者比率（%）(F÷前期J×100)	－	6.7	8.0	10.9
前期末在職者数に対する女子退社比率（%）(G÷前期J×100)	－	11.2	8.0	12.2
前期末在職者数に対する出店従業員数＋美容部員退社比率（%）(H÷前期J×100)	－	5.7	3.4	4.1
前期末在職者数に対する合計退社比率（%）(I÷前期J×100)	－	23.7	19.3	27.2
当期末在職者数に対する男子退者比率（%）(F÷J×100)	3.5	6.9	7.4	10.2
当期末在職者数に対する女子退社比率（%）(G÷J×100)	2.7	11.6	7.4	11.4
当期末在職者数に対する出店従業員数＋美容部員退社比率（%）(H÷J×100)	1.2	5.9	3.1	3.8
当期末在職者数に対する合計退社比率（%）(I÷J×100)	7.4	24.4	17.9	25.4
期末男子従業員数（人）	299	298	315	319
期末女子従業員数（人）	138	130	149	167
期末出店従業員数＋美容部員（人）	52	48	51	65
期末従業員合計数（人）(J)	489	476	515	551

期（ダイカ）	11	12	13	14
期（奈十全堂）	45	46	47	48
期　間	1979年８月１日 ～80年７月31日	1980年８月１日 ～81年７月31日	1981年８月１日 ～82年７月31日	1982年８月１日 ～83年７月31日
期間中男子入社人数（人）(A)	33	29	30	21
期間中女子入社人数（人）(B)	70	72	44	37
期間中出店従業員数＋美容部員入社人数（人）(C)	3	6	6	3
期間中入社人数合計数（人）(D)	106	107	80	61
大学卒春季入社人数（人）(E)	13	10	12	9
期間中男子退社人数（人）(F)	30	24	24	20
期間中女子退社人数（人）(G)	57	57	53	45
期間中出店従業員数＋美容部員退社人数（人）(H)	11	7	15	5
期間中退社人数合計数（人）(I)	98	88	92	70
男子雇入比率（%）(A÷J×100)	5.9	5.0	5.3	3.9
女子雇入比率（%）(B÷J×100)	12.6	12.5	7.8	6.9
出店従業員数＋美容部員入社人数雇入比率（%）(C÷J×100)	0.5	1.0	1.1	0.6
合計雇入比率（%）(D÷J×100)	19.0	18.6	14.2	11.3
大学卒春季入社人数の全入社人数に占める比率（%）(E÷D×100)	12.3	9.3	15.0	15.8
前期末在職者数に対する男子退者比率（%）(F÷前期J×100)	1.1	4.3	4.2	3.5
前期末在職者数に対する女子退社比率（%）(G÷前期J×100)	2.3	10.2	9.2	8.0
前期末在職者数に対する出店従業員数＋美容部員退社比率（%）(H÷前期J×100)	0.1	1.3	2.6	0.9
前期末在職者数に対する合計退社比率（%）(I÷前期J×100)	3.5	15.8	16.0	12.4
当期末在職者数に対する男子退者比率（%）(F÷J×100)	5.4	4.2	4.3	3.7
当期末在職者数に対する女子退社比率（%）(G÷J×100)	10.2	9.9	9.4	8.4
当期末在職者数に対する出店従業員数＋美容部員退社比率（%）(H÷J×100)	2.0	1.2	2.7	0.9
当期末在職者数に対する合計退社比率（%）(I÷J×100)	17.6	15.3	17.3	13.0
期末男子従業員数（人）	326	331	337	321
期末女子従業員数（人）	187	202	193	185
期末出店従業員数＋美容部員（人）	44	43	34	32
期末従業員合計数（人）(J)	557	576	564	538

（出典）ダイカ株式会社『第１(34)期～第12期営業報告書』，同『第13期事業報告書』，同『第14期～第

（注）第１期の入社人数と退者人数は1969年８月１日の㈱ダイカ成立以降の約半年間の数値である。従
いるが，第４期～第10期は出店・美容部員という合計記載となり，第11期～第19期は出店社員のみ

当時の国鉄物資部の売店やデパートの一〇〇円化粧品および防衛庁共済会の売店で、ダイカ取扱商品の販売・管理を任されたダイカの従業員である。それぞれの在庫は、ダイカの在庫（委託販売商品）とされ、月一回の売上を集計して、委託元と精算する方式であった。また美容部員は、化粧品専門店やデパートに派遣され、有銘化粧品の商品委託・実演販売などに従事した販売員であり、給与はダイカが立替え、メーカーから支払う方式であったという[105]。

さて、全従業員数の最大値と最小値の幅は五六名であるが、新規の入社人数と退社人数をみると、それ以上の振幅があった。第一期を除くと、入社数が最多であったのは第四期の一七六名であり、最少であったのは一七期の五九名である。一一七名の差があることになる。一〇〇名を超える採用数となった時期に注目すると、ダイカ成立後の営業権の継承や営業所などの拡充が進められた第二期から第六期すなわち一九七〇年から一九七四年頃と、大公一郎社長・振吉巳歳男副社長体制となる前後の第一〇―Ⅱ期から第一二期すなわち一九七八年から一九八一年頃である。最多数となった第四期は、まさにその期の経営目標であった「革新と安定」を実現する多くの人材が求められたからであるとみられる。一〇〇名を超えた時期の雇入率をみると、一八・六パーセントから三一・九パーセントとなっており、期末従業員数の五分の一近くから三分の一近くまでが新規入社の従業員であったことになる。

他方で、退社人数も少なくなかった。入社数をみた際と同様に、第一期を除くと、退社数が最多であったのもやはり第四期であり、一四〇名であった。最少であったのは一六期の五二名である。入社数の差ほどではないが、八八名の差があったことになる。退社人数が一〇〇名を超えたのは、第二期、第四期から第六期および第八期から第九期であった。その時期の前期末在職数に対する退者数比率をみると、一七・六パーセントから二七・二パーセントとなっており、前期末従業員数の六分の一以上から四分の一以上が退職していたことになる。この時期の入社数が多かったのは、上述の経営目標達成という積極的理由とあわせて、減少する従業員数の補充という事情もあったとみられる。

なお、入社人数と退者人数を性別でみると、第三期の退社人数だけは同一であるが、他の時期は、いずれも女子の人数が多い。女子の方が、男子と比べていわゆる寿退社や他への転職が多かったからであると思われるが、それだけではなく、前述の営業・販売の業務にともなう不条理や待遇面の不満もあったであろう。いずれにしても、戦力となる人材の安定的確保は経営課題のひとつであった。

春季定期採用と大卒者採用

表3-7に示されている春季（三月）大卒者数をみると、一九七一年の四名が最初となっている。第六期の一九七四年と第七期の一九七五年は、記載されている可能性のある史料がみつからないので不明であるが、その後、毎年、一九七〇年代後半から八〇年代にかけて毎年一〇名前後の大卒者を定期採用していることがわかる。

表3-8によって、期間入社数に占める春季定期採用者数の比率と、春季定期採用者に占める大卒者数の比率のそれぞれの推移をみてみよう。

まず、期間入社数に占める春季定期採用者数の比率の推移をみると、これも第六期の一九七四年と第七期の一九七五年は不明であるが、一九七〇年代前半までは一五〜三〇パーセント台であったが、一九七〇年代後半になると四〇パーセント台から五〇パーセント台に増えている。一九八〇年代後半にその比率は増え続け、一九八七〜八八年には一〇〇パーセントに達している。すなわち、この時期、採用方式としての春季定期採用が定着するにいたったとみてよい。

春季定期採用者に占める大卒者数の比率の推移をみると、一九七〇年代前半は比率の推移は不安定であるが、一九七六〜七七年には三〇パーセント以上になる。しかし、その後、その水準は維持されず、約一五〜二〇パーセント前

季採用数・大卒採用数の推移

5	6	7	8	9	10－Ⅰ	10－Ⅱ
38	39	40	41	42	43	44
1972年10月1日〜73年9月30日	1973年10月1日〜74年9月30日	1974年10月1日〜75年9月30日	1975年10月1日〜76年9月30日	1976年10月1日〜77年9月30日	1977年10月1日〜78年7月31日	1978年8月1日〜79年7月31日
149	108	89	69	81	68	105
51	－	－	29	37	33	60
34.2	－	－	42.0	45.6	48.5	57.1
1	－	－	7	12	12	14
2.0	－	－	24.1	32.4	36.4	23.3
576	578	580	547	525	524	549

15	16	17	18	19	20
49	50	51	52	53	54
1983年8月1日〜84年7月31日	1984年8月1日〜85年7月31日	1985年8月1日〜86年7月31日	1986年8月1日〜87年7月31日	1987年8月1日〜88年7月31日	1988年8月1日〜89年7月31日
67	65	59	63	84	不明
56	55	58	64	84	48
83.6	84.6	98.3	100.0	100.0	－
9	10	12	10	13	7
16.1	18.2	20.7	15.6	15.5	14.6
532	545	545	539	554	549

20期報告書』および『社内報だいか』各年4月号の新入社員の記事。

行）による。筆者が未確認の同誌6月号で半数をすでに紹介し，残る半数の紹介記事ということなので合

載されているが，第4期〜第10期は出店・美容部員という合計記載となり，第11期〜第19期は出店社員の

後の採用を確保していることがわかる。一九八〇年代後半になっても、大学新卒者の採用は、ダイカのみならず、卸売企業全般にとって課題のひとつであった(106)。

最終学歴別採用数と大卒採用の変化

また表3－8でみた春季定期採用者に占める大卒者数の比率以外の比率は、表3－9に詳細を示した短大、高校、および専門学校卒業者の合計となる。全体的にみると、高校卒業者数が多いことがわかる。多くは商業高校出身者で、後述するコンピュータ化の進展のなかで、会計や商業実務の基礎を学んだ人材として必要であったと思われる。またコンピュータや会計関係の専門学校出身者も同様であったろう。

　表3－9によって、大卒採用者数を、道内所在の大学と道外所在の大学、性別で分けて

表3-8　ダイカ入社数・春

期（ダイカ）	1	2	3	4
期（大十全堂）	34	35	36	37
期　間	1969年1月21日～70年1月20日	1970年1月21日～71年1月20日	1971年1月21日～71年9月30日	1971年10月1日～72年9月30日
期間中入社人数合計数（人）（A）	43	103	131	176
春季定期採用者数（人）（B）	－	16	31	34
入社数に占める春季採用者数の比率（%）（B÷A×100）	－	15.5	23.7	19.3
大学卒春季入社人数（人）（C）	0	0	4	2
春季定期採用者数に占める大卒者数のの比率(%)(C÷B×100)	－	－	12.9	5.9
期末従業員合計数（人）（J）	489	476	515	551
期（ダイカ）	11	12	13	14
期（大十全堂）	45	46	47	48
期　間	1979年8月1日～80年7月31日	1980年8月1日～81年7月31日	1981年8月1日～82年7月31日	1982年8月1日～83年7月31日
期間中入社人数合計数（人）（A）	106	107	80	61
春季定期採用者数（人）（B）	57	55	55	45
入社数に占める春季採用者数の比率（%）（B÷A×100）	53.8	51.4	68.8	73.8
大学卒春季入社人数（人）（C）	13	10	12	9
春季定期採用者数に占める大卒者数のの比率(%)(C÷B×100)	22.8	18.2	21.8	20.0
期末従業員合計数（人）（J）	557	576	564	538

（出典）ダイカ株式会社『第1(34)期～第12期営業報告書』，同『第13期事業報告書』，同『第14期～第

（注）1．第1期の入社人数と退者人数は1969年8月1日の㈱ダイカ成立以降の約半年間の数値である。
2．第2期（1970年3月入社）の春季定期採用者数（16名）は，同誌第4号（1970年12月1日発
計数はほぼ2倍と推計される。
3．従業員数は，それぞれ正社員と嘱託の合計数。第1期～第2期までは出店と美容部員が別に記
みの記載となっている。第20期以降は，入社・退社人数の記載はない。
4．第18期で期間採用者数を，春季定期採用者数が上回っている理由は不明である。

みてみると、一九七一年三月と翌七二年三月まではすべて男子で、道内・道外同数であるが、一九七六年以降、道外所在大学の出身者数が増えている。道外所在大学出身者が上回る傾向は、一九七六年三月採用から一九八三年三月採用まで続き、一九八四年三月採用から逆転し、今度は、道内所在大学出身数の方が多い傾向が続いていく。

一九七〇年代の道外大学出身者採用の増加の要因は不明であるが、一九八四年以降の逆転は、景気回復から八〇年代末のバブル経済に向かうなかで、都市部の大卒需要が増えてＵターンが減ったという要因も否定できない。いずれにせよ、大学新卒者の卸企業への関心が低いなかで、一九八〇年九月の道内大学生による就職希望先人気ランキングでダイカが四位になったことは[107]、道内大学出身者増加の要因となったであろうし、それと連動して道

用者数の推移（1970年３月～1989年３月）

			8	9	10－Ⅰ	10－Ⅱ	11
			41	42	43	44	45
			1975年10月１日～76年９月30日	1976年10月１日～77年９月30日	1977年10月１日～78年７月31日	1978年８月１日～79年７月31日	1979年８月１日～80年７月31日
			1976年３月	1977年３月	1978年３月	1979年３月	1980年３月
大学	道内	男	2	2	2	0	0
		女	0	0	0	0	0
	道外	男	5	10	10	14	13
		女	0	0	0	0	0
短大		男	0	0	0	1	0
		女	1	0	1	2	2
専門学校		男	2	0	0	0	0
		女	0	0	0	0	0
高校		男	0	3	1	7	6
		女	18	21	19	36	35
不明		男	1	1	0	0	0
		女	0	0	0	0	1
男小計			10	16	13	22	19
女小計			19	21	20	38	38
合計			29	37	33	60	57

			16	17	18	19	20
			50	51	52	53	54
			1984年８月１日～85年７月31日	1985年８月１日～86年７月31日	1986年８月１日～87年７月31日	1987年８月１日～88年７月31日	1988年８月１日～89年７月31日
			1985年３月	1986年３月	1987年３月	1988年３月	1989年３月
大学	道内	男	5	6	8	10	6
		女	2	1	0	1	0
	道外	男	3	5	2	2	1
		女	0	0	0	0	0
短大		男	0	0	0	1	0
		女	2	1	1	0	1
専門学校		男	0	3	0	1	1
		女	0	1	0	2	0
高校		男	10	9	12	15	8
		女	33	32	41	52	31
男小計			18	23	22	29	16
女小計			37	35	42	55	32
合計			55	58	64	84	48

の同誌６月号で半数をすでに紹介し，残る半数の紹介記事ということなので合計数は16のほぼ２倍と推計

もある。

表3－9　各期の最終学校別・男女別新卒採

期(ダイカ)			2	3	4	5
期(忝十全堂)			35	36	37	38
期　間			1970年1月21日～71年1月20日	1971年1月21日～71年9月30日	1971年10月1日～72年9月30日	1972年10月1日～73年9月30日
採用時期			1970年3月	1971年3月	1972年3月	1973年3月
採用者数	大学　道内	男	0	2	1	0
		女	0	0	0	0
	大学　道外	男	0	2	1	1
		女	0	0	0	0
	短大	男	0	0	0	0
		女	0	0	0	0
	専門学校	男	2	0	0	4
		女	0	0	2	0
	高校	男	8	7	10	16
		女	6	20	20	30
	不明	男	0	0	0	0
		女	0	0	0	0
	男小計		10	11	12	21
	女小計		6	20	22	30
	合計		16	31	34	51
期(ダイカ)			12	13	14	15
期(忝十全堂)			46	47	48	49
期　間			1980年8月1日～81年7月31日	1981年8月1日～82年7月31日	1982年8月1日～83年7月31日	1983年8月1日～84年7月31日
採用時期			1981年3月	1982年3月	1983年3月	1984年3月
採用者数	大学　道内	男	3	1	3	4
		女	1	2	1	2
	大学　道外	男	6	9	5	3
		女	0	0	0	0
	短大	男	0	0	0	1
		女	1	0	0	2
	専門学校	男	0	0	1	0
		女	1	0	0	1
	高校	男	6	6	6	9
		女	38	37	29	34
	男小計		15	16	15	17
	女小計		41	39	30	39
	合計		55	55	45	56

(出典) ダイカ株式会社『社内報だいか』各年4月号の新入社員の記事。

(注) 1．第2期（1970年3月入社）人数は，同誌第4号（1970年12月1日発行）による。筆者が未確認
される。

2．人数には，ファッション・ダイカの新卒採用者数も含む。

3．上記出典の新入社員の紹介記事を基礎としており，人事発令記事と人数などが一致しない箇所

4．1974年（6期）と1975年（7期）の4月号には，新入社員の紹介記事はみあたらない。

外大学出身者の応募者数も増やすことにもなったであろう。

道外大学出身者は、経営者の大公一郎や振吉巳歳男らと同様に、いわば新しい風を社内に吹き込む要素となったとみることができる。その一方で、一九八〇年代に増えた道内大学出身者は、広い北海道内を自由な時間と発想のなかで過ごしてきた人々である。卸企業にとって、地域情報は不可欠であり、競争力のひとつの源泉でもある。したがって、時系列的に採用比重の変化があるにせよ、道外と道内の双方の大学出身者を採用したことは、ダイカにとって、組織力強化の可能性をもつ人的資源を確保する意義をもったといえる。

社員教育の充実

組織的能力を高めるには、確保した人材の潜在能力を顕在化させ、その能力を十分に発揮できるような教育・訓練も必要である。

ダイカでは、新入社員に対しては、新入社員理解訓練講座を実施した。橋本社長、大専務、振吉専務、大宮豊穎常務ら経営陣が先頭に立って、ダイカの経営理念や当該期の経営目標を説くとともに、諸規定など基本的な情報の周知をはかった。(108) ちなみに、大宮は、高校の教頭としての経験をもっており、橋本雄介に請われて丸文に入社し合併後のダイカ取締役に就任していた。(109)

初期の受講者のなかには、この受入教育を通じて、ダイカの歴史・経営理念、「働くは人の道」という社是、などについて、強い感銘を受けた者もあったようである。(110) この入社時の講座は、ダイカにとって、その後も長く継続される重要なフレッシュマン教育となった。入社研修終了後、配属先での業務マニュアルに沿った職場研修が行われ、その後、正式配属となった。また管理（経理・会計、売掛、仕入事務、納品伝票発送、人事・総務・庶務）、商品（入荷、在庫管理、出荷・配送）、販売（各営業所、販売部）の各部門研修、希望者への通信教育などの費用補助、各種セミナーのほか、海外研修も実施した(111)。

一九七六年には、ＤＯＤ（Daika Organization Development：ダイカ組織開発）システムという人材教育プログラムを開発し、担当常務として大宮常務を配置した。大宮は、このシステムを積極的に活用し推進した。初期の実績をみると、一九七九年七月までに一九九名が受講し、国内研修に一三〇名、海外研修には一六名が参加したという(112)。このプログラムは、それまでの教育内容を基礎に、その効果を高めるために新しさを加えて体系化したもので、一九七九年時点の内容をみると、新入社員理解訓練プログラム、セールスマン基礎訓練プログラム、シニア・メンバー開発（幹部候補育成）プログラム、リーダーシップ開発プログラム、女子社員能力開発プログラムなどから構成されている(113)。

このプログラムの実施によって、大社長・振吉副社長体制が始動した一九八〇年七月末の株主向けの自己評価では、「少数精鋭の実現の兆を見るに至り、何を措いても当社の人材（男女を問わず）着々と育成されつつある事は洵に力強い限りであります」と報告されている(114)。

こうした社員教育について、次のような印象をもった者もいた。すなわち、挨拶はとくに重視され、社長はじめ上司に対しても、同僚に対しても、敬意を表しながらも、仕事については同じ目線で考える雰囲気が生まれたという。また新入社員理解訓練プログラム直後の一三週間のＯＪＴを通じて、社内のあらゆる部署を経験し、これを通じて社内全体の仕事の内容が身に馴染んで理解できたという(115)。

ダイカの教育システムに対する社外の評価も高くなり、一九八〇年代になると、教育担当の大宮常務は、北海道拓殖銀行主催の中小企業セミナーに講師として招かれるほどであった(116)。

小集団活動とP革委員会

DODシステムは社員の自己啓発を中心とした能力開発のプログラムであるが、現場改善のための相互啓発のシステムも取り入れられた。

一九八二年八月には、小集団サークル活動を導入し、一一二のサークルが結成された[117]。一九八三年六月にはブロック別の発表会を開き[118]、その後、年二回の発表会が定例となった[119]。

振吉副社長は、これは利益向上のためのたんなる改善や提案の活動ではないことを強調した。一般的なQC活動では、そうした改善・提案活動の付随的効果として「生き甲斐」や「やり甲斐」が生まれる。しかし、それとは異なり、自主的なPDCA（Plan, Do, Check, Action）の活動によって、「生き甲斐」と「やり甲斐」を見出すことを目的とし、そのための手法として小集団活動の方法を採用し、その結果、業務改善や組織の活性化に結びつけるという趣旨であることを強調した。すなわち、人としての営みの充実感が主たる目的であって、協働による改善はその副産物であるという。従業員を組織の歯車として捉えるのではなく、ひとりの人間としての従業員の人生や人格を尊重した見方といってよいであろう。

さて、この小集団活動の導入時にはとまどいもあったが、回収制度の徹底、誤配送・遅配送の対策、品切れ防止、無返品への取り組みなど身近な業務に関する活動での報告がみられた。また「全員が笑顔で楽しく参加すること」を心掛けるようになった結果として、「問題の現状分析・原因の究明・効果測定・定着化への歯止め」など、予想以上の進行状況が確認されるようになったという[120]。

一方、一九七九年三月の社内報[121]からは、各営業所・本店（支店）およびファション・ダイカの一一～一三項目の目標業績自己評価表（各年の当該期累計）を掲載し、自己分析と相互啓発をはかっている[122]。

一九八〇年代末の一九八九年九月一二日には、業務合理化の徹底や市場変化への対応などを骨子とする第二〇期営業本部長方針のもとで、P革（Performance改革）委員会を発足させた。同委員会には、物流、商流、管理の三つの委員会が置かれ、それぞれ生産性向上のための具体策の検討を進めることとなった[123]。

また、以上の定型的な相互啓発や改善計画とは別に、各拠点別の社員会やその合同の会、ボート部などのスポーツ関係クラブ、野球大会やバレーボール大会などで従業員の健康増進と懇親・融和をはかるとともに、社員大会による発表および役付社員を集めた幹部会議などで相互啓発をはかった[124]。

6　事務機械化とオンライン・システムの導入

一九七〇年代から八〇年代にかけて、日本の産業界全体として、産業の情報化と情報の産業化が進展した。産業の情報化の面では、流通に関わる各社が、業務近代化のための情報機器の装備と取引先との間の情報システムの構築を進めた。一九八〇年代になると、情報システムと物流との統合的なシステムづくりが急速に進展する。これは、新時代の流通機能の中心を成し、競争上の優劣を決する部分であっただけに、前述の花王販社もそうであったが[125]、メーカー、卸売企業、小売企業のいずれにとっても最優先すべき戦略的課題となった。以下では、ダイカでのそうした取り組みについて、一連の流れをみておくことにしたい。

管理事務機械化の推進

ダイカでは、一九七一年七月二三日の常務会で、当時の小型コンピュータUSAC―1500（ウノケ電子工業から一九六九年に改称したユーザックすなわち後のPFUの製品、内田洋行が販売）をレンタル（月額約三三万円）で導入することを決定した。これにともない、大公一郎専務を委員長とする電算機推進委員会を発足させて、同月二九日より具体的なプロジェクト進展の検討を始めた(126)。

大公一郎専務は、前述のように、前の職場でコンピュータの可能性について経験していた。ダイカの経営を担う立場となってからは、経営近代化のツールとしてコンピュータの必要性を強く意識するようになっていた(127)。とくに卸企業の販売担当者が、納入商品の仕入原価も知らないままで、不毛な売上高競争に巻きこまれ、利益を確保できないでいる状況は、まずもって解決しなければならない課題であった。そこで、前述のように、「仕入原価を知ること」、「標準卸価格を決め、納入価格とその場合の荒利益がすぐつかめるようにすること」、「売上よりも荒利の確保重点に意識をあらためること」の三点に重点を置いて、システム化による利益確保をはかるべきことを説いたのである(128)。

しかし、「仕入原価を知る」とはいっても、当時の状況では原価があってないようなもので、ほとんど把握できていなかった。また、スーパーが特売する場合、卸店担当者に同行するメーカー販売担当者は現品保証をもってそれを補填することを口約束することもしばしばあった。しかし、ダイカの各支店レベルでの口約束は守られず、先にスーパーに商品を卸したダイカが損失を被ることも多かった。そこで、まず振吉営業本部長が中心となって、各メーカーの商品カテゴリー別の原価を分析し、「赤帳」と称する原価帳を作成し、小売店との商談（価格決定）を担当するマーチャンダイザーに携行させた。また、現品保証の確約をはかるために「商談記録票」（後に「商談記録書」となる）というものを用意し、確約分を差し引いてメーカーに支払うこととした(129)。現品保証を反故にするメーカー担当者の行動パターンは、旭電化にいた振吉であったからこそ見通すことができたともいえよう。

こうした原価把握の課題を克服する準備段階を経て、コンピュータの導入が進められることとなった。コンピュータには、毎日の売上伝票を紙テープにパンチして得意先別に売掛金累計を算出して請求書を作成させるほか、次のような諸表の作成業務に活用させた。それは、従来の日計表と別にセールス別の売上・返品・回収荒利益を打ち出すセールス別販売実績日報の作成、得意先別の売上・返品・回収荒利益を打ち出す得意先別管理表、商品別（メーカー別）売上・荒利益一覧表、仕入先管理表、売上伝票と仕入伝票から在庫を商品別に打ち出す在庫一覧表、などである。(130) 一九七一年一一月一日から、札幌本店での請求書作成業務のテスト稼働を始め、徐々に全営業所網へと利用を拡げていった。

こうして、ダイカでは、拡大する管理事務業務システム化の第一歩を踏み出した。しかし、導入時の不慣れにともなう混乱だけではなく、データ量の増大によって昼夜二交替制で処理せざるを得ないことも次第に多くなった。また従来の作成資料のほかに、仕入買掛業務、在庫計算業務、給与計算など、電算化した方が良い業務も増えてきた。このため、一九七三年五月九日には、富士通のＦＡＣＯＭ２３０―１５を導入した。これにより、従来の紙テープから磁気テープへと転換がなされ、(131) 作業効率のレベルアップもはかられた。その後、さらに本社移転を契機にＦＡＣＯＭ２３０―２５へ機種が変更され、いっそうのレベルアップがはかられた。(132)

なお、一九八〇年四月二七日、札幌支店に日本電気のＡＣＯＳ―Ｓ２５０を導入した。(133) これは、後述する一九八四年のＳＯＥＳ導入の基礎となる。

一九八一年一一月一七日には札幌支店で初めてパソコン（ソード２０３）を稼働させ、請求明細書の作成のアウトプットなどに適用された。(134)

定期配送システムと受注のオンライン化

これより先の一九七四年に、ダイカでは販売先の了解を得て、ダイヤ配送システムを導入し、当日の午前中の受注分は翌日のうちに、午後受注分は翌々日に配送するという定期配送システムを導入した。しかし、大量生産・大量販売の傾向が強い当時にあっては、一回の発注単位も大きかった。ボリュウム陳列が店頭でみられており、化粧品などは箱単位での受注が多かったのである。[135]このため、多頻度少量配送を志向したシステムのねらいが、充分にいかされたとはいえなかった。

一九八〇年代になると、多頻度少量小口配送の圧力が強まるなかで、より根本的なシステム上の革新が求められることとなった。まず、一九八一年一二月六日には、新商品コード実施会議の場で、八年間使用してきた八桁の商品コードを五桁にあらためることを発表し、完全な単品管理をはかることとなった。これにより、発注方式の簡略化、リードタイムの短縮、発注情報の信頼度の向上などが期待されることとなった。[136]同日、ダイエーとのオンライン受注も開始された。[137]その後の約一年で、オンライン受注は、札幌市民生協、石黒ホーマ、イトーヨーカ堂、ニチイ、札幌東急ストアなどとも結ばれることとなった。[138]

在庫管理システム「DIMS」とEOSシステム「SOES」の導入

一九八三（昭和五八）年一一月一日には、旭川・苫小牧・岩見沢・小樽の四つの支店で、新たにパーソナル・コンピュータのN5200モデル05を導入し、DIMS（Daika Inventory Management System）を稼働させた。これにより、三〇品目とそれを含む企画品を対象に、在庫出納、在庫調査と差異確認、修正インプットや差異原因の調査などを行うこととなった。翌年の二月一日には、札幌支店とファッションダイカを除く全支店で、このシステムが始動した。[139]

一九八四年六月一日には、札幌支店で、ＡＣＯＳ—Ｓ２５０をベースとして使用したＳＯＥＳ（Sapporo支店Order Entry System）が始動した。二年三カ月の準備・検討期間をかけてのスタートであった。

札幌支店では、チェーン展開していた薬局などで、すでに一九八三年五月からＰＯＴ（Portable Order Terminal）による店頭での受注データ入力と電話回線による伝送を始めていたが[140]、このＳＯＥＳによって受注から配送にいたる一連の流れの効率化と精度向上をはかることになった。[141]

たとえば、品出し作業の係は、商品ラックには手前から順に商品ごとに番地が付けられていて、その順に品出し用のピッキングリストが打ち出されている。また、品出し頻度の高い商品が取りやすいところに並んでいる。このため、初心者でも容易に作業が可能となった。また積込みも、コンピュータで打ち出された車積みリストを基礎とする。その得意先マスターに配送方面と配送順位が登録されているので、自動的にコンピュータで並べ替え、配送車両別にどの得意先に何をいくつ届けるかが表示される。また届け順に配送日報も打ち出される。さらに、検品終了後に、品切れ・品不足となった商品は、品出し確定の入力を行う際、品切れなどの数量訂正と理由（メーカーの品切れ・製造中止・ダイカの品切れなど）も入力し、これを後に集計することで、正確な情報がセールスマンや仕入担当者にフィードバックされることとなったのである。[142]

実際、ＳＯＥＳ導入後、品出しが容易になったこと、配送先が明快になったこと、一日平均一五〇〇個口の商品のうち三〇ないし四〇件もあったクレーム電話が三～四件に減ったことなどで[143]、業務効率向上の成果がみられたのである。

7　ロジスティックス戦略の展開と地域ＶＡＮ

コンピュータの導入は、その後、前述のように業界全体としても、物流システムと結合したより高度な情報・流通システムへと進展する。とくに北海道の卸企業にとっては、長距離の配送経路の問題もあり、かつ多品種少量多頻度納品という一般的ニーズの高まりに即応するためにも、そうしたシステムの構築は重要戦略であった。ここでは、ダイカでのそうしたロジスティック戦略の概要と、地域業界間連携の動きについてみておこう。

C&L（Computer & Logistics）センターの設置

ダイカでは、一九八五（昭和六〇）年八月一日からの第一七期の経営の重点目標を「問題意識で改革前進――現場を掘り下げＣ＆Ｌ体制の基礎を固めよう」とした[144]。ここにいうＣ＆Ｌ体制とは、コンピュータと物流設備の融合システムであり、社内では小集団活動などを通じて、現状分析や現場の改善などの検討が進められた[145]。翌一九八六年八月一日からの第一八期には「Ｃ＆Ｌ体制の確立」を目指して[146]、本格的な準備が進められた。

一九八六年一〇月六日には、石狩新港卸センター内にダイカＣ＆Ｌセンターが竣工した[147]。三〇〇〇坪の広い土地に一〇七七坪の建屋で、その建物のうち電算室が一五〇坪という規模であった。電算室には日本電気のＡＣＯＳ６３０―１０が設置され、本社からほとんどの電算要員が移動して、一年後のオンライン化を目指してテスト稼働を始めた。それまで各支店のオフコンで分散処理していたコンピュータを一本化したのである。これにより、各支店の商品在庫の即時把握をはじめ、それまで各支店ごとに管理していた小売店への商品納入リストの集中管理、さらにそれまで札幌支店だけに導入していたＳＯＥＳによる商品在庫・配送業務の手順をコンピュータで出力する出荷システムとして全支店へ導入すること、などが可能となった。

他方、物流センターとしては、当面、当時の全取扱商品月約一万三〇〇〇点のうち、六五〇〇品目に限定することとした。各支店での取扱量が少なく管理が難しかった高級化粧品なども扱い、品切れ防止を期することとした。その後、取扱品目は徐々に拡げられていった。

新在庫管理システム「ＡＤＯＮ・ｉＳ」の導入

これと同時に、多品種少量多頻度納品に対処するための新しい受発注・在庫管理システムのＡＤＯＮｉＳ（All Daika On-line Networking System）の開発も始められ、一九八七年六月に石狩支店を皮切りにスタートし、一一月までに全社で稼働した。これは、上述のＣ＆Ｌ体制の中核を成すシステムで、札幌本社を中心に全一一支店が専用回線で結ばれることになった(148)。

すでに前述の札幌支店でのＳＯＥＳ導入以降、毎日「機会損失リスト」がコンピュータから自動的に出てくるようになって、「品切れ理由」の分析も詳細に行われるようになっていた。この新しいシステムの導入によって、そうした「品切れ防止」のシステムも全支店に適用されることとなった(149)。

全支店へのこのシステムの定着と活用により、翌一九八九年七月までの間に生産性が大きく向上した。社員やパート数も減り、一人当たり付加価値が一〇パーセント向上するとともに、残業なども減った結果、売上経費率も〇・四四パーセントの節約になったという(150)。

このＡＤＯＮ・ｉＳと連動したＣ＆Ｌのシステムは、前述のように、大公一郎社長が一九八八年八月の業界紙で、後述する店頭技術戦略とならんで、ダイカの新時代に対応する二大戦略[151]と表現したほど、一九八〇年代のダイカ経営史上の重要戦略であった。一九九〇年三月五日には、在庫のリアルタイム管理システムが稼働し、二万品目を超える取扱品が入出庫から在庫まで単一品目ごとに把握できるようになった。[152]

地域ＶＡＮ「ヘリオス」

ダイカの受発注・在庫管理システムの進展が一定の成果を収める一方で、新たな問題が生じつつあった。ひとつには、ダイカのシステムと同様のシステムを別の卸企業が導入して小売店での活用を目指すと、小売店にとっては卸店の数だけ専用の発注端末を増やしていかなければならなくなるという問題である。さらに、受発注システムの将来性に注目して事業化した業者が小売店に働きかけ、それに要する費用をすべて納入業者たる卸企業に負担させる仕組みにしようとしていたことである。これは受益者負担という卸企業の考え方と異なるものであった。[153]

こうしたなかで、一九八五年、大阪の医薬品ボランタリーチェーンの阪彰敏社長が大阪流通政策研究所を設けて、全国ネットをつくるべく札幌にもはたらきかけた。これに、札幌の有力卸企業の経営者が呼応して、同年四月に発足したのが札幌流通政策研究会であった。最初のメンバーは一九社で、ダイカの大公一郎社長は中心メンバーのひとりであった。同研究会では、同年五月に「オーダーエントリーシステムの標準化に関する研究報告書」を発表したのをはじめ、受発注の合理化を中心に研究を重ねた。

一九八六年一一月、資本金一五〇〇万円の株式会社ヘリオス（ＨＥＬＩＯＳ：Hokkaido Electric Information On-line Service・ギリシャ神話の同名の太陽の神にも因む）が設立された。全国的には前年の一九八五年八月一日に、メーカー八社と一四六卸店を結ぶ日用雑貨業界ＶＡＮ運営会社プラネットが設立された。[154]小売店と卸店を結ぶ地域流通ＶＡＮとしては、静岡のオリオンに続く全国二番目であった。

ヘリオス発足時の加盟は四一社で、食品・薬品・菓子・雑貨・玩具・文具など小売店へ商品を卸すほとんどの業種の卸企業が網羅された。地元の卸企業だけではなく、花王、国分、菱食などの本州大手の地元会社・支社・支店なども参加した。このほか、地元の銀行や日本電信電話株式会社北海道総支社も参加した。翌一九八七年三月には、データ処理を請負う北海道ビジネスオートメーション株式会社（ＨＢＡ）と株式会社ヘリオスとの間で業務委託契約を締結し、同年四月から簡易受発注システムのヘリネット・サービス事業を始動させた。

このヘリオスでは、基本的に卸売業と小売業との取引関係は変わらない。いわば商流を変えずに、情報流の拡充を企図したシステムである。小売店の発注担当者は、補充発注すべき商品がある場合、参加卸企業が用意した問屋コードと商品コードの表示された棚札のバーコードを、一台の発注端末機すなわちＰＯＴでなぞって数量を入力し、電話回線でヘリオスに電送する。受信したヘリオス側では、各帳合の卸企業別に仕訳して送信する。このため、小売店側では、ヘリオスが用意したＰＯＴの使用料負担はともなうが、その一台だけで簡便に発注ができる。パート従業員でも十分に発注作業が可能となったのである。一方、ヘリオス参加卸企業は、卸商品更新にともなう棚札の維持更新を継続することに注意しなければならないが、コスト面では参加小売店側の応分の負担もあり、システム開発費のほか月間の基本料金とデータ処理の負担だけで済むという利点もあった。さらに、ヘリオス自体も、ＨＢＡへの業務委託により、自社でハードをもったりソフトを開発するリスクを避けることができた。こうしたさまざまな利点の効果により、次第にヘリオスの事業内容も拡充し、かつ参加卸企業もサービス利用の端末台数も増えていくこととなった。

こうした道内異業種卸業者との連携によるシステムと、ダイカ独自のシステムを併用することによって、ダイカは受発注の効率をいっそう向上させた。と同時に、ネットワーキングの重要性を経験しながら、卸企業のサービス機能高度化の社会的使命への確信を深めることとなったであろう。

ちなみに、このヘリオスに対抗するため旭川では、三一社の出資による地域VANアーバンが設立され、全国各地でも卸主導のVANがみられるようになった[155]。

なお、こうした各地でのVAN設立は、非競争的領域での業種間の垂直的・水平的連携の動きとみることができる。これは、業界団体とは異なるスポット的な自主連携であり、戦後の流通業界全体にみられた新しい協調のパターンであろう。その後、内容を異にしながら、日本の流通業界では、こうした非競争的領域での連携・協調の試みが繰り返されることとなる。その意味で、VAN設立は、そのさきがけを成す動きであったとみることができよう。

8　店頭技術研究所の設置とマーチャンダイジング機能の充実

すでに一九七〇年代の組織図にもみられたように、ダイカではマーチャンダイザーを配置して、店頭でのサービスの充実に努めてきたが、一九八〇年代には、消費者の購買行動の分析が進み、小売店頭活性化のためのより細かいサービス機能が模索され始めていた。そうしたなかで、いかに消費者の求める商品がタイミングよく適切な場所に適切な量だけ配置されるべきかという課題に即応できる、いわゆるインストア・マーチャンダイジング機能が重視されるようになった。

ダイカでも、一九八七年八月二五日、本社の四階に店頭技術研究所を設けて活動を開始した[156]。同所の課題は、「限られた売場スペースの中で最大の効率を追求する店頭づくり」という、まさにインストア・マーチャンダイジング機能の充実ということにあった[157]。

それまでもダイカでは、季節ごとの定番棚割表の作成や企画・催事のモデル・パターンの作成などを通じて、店頭づくりに協力してきた。そうした表やパターンの作成はそれまで手書きであったが、この店頭技術研究所では、種々の機器を導入してシステム化し、より効率的かつ効果的に店頭づくりに貢献することを目指した[158]。

同所は、七八坪の商品管理室、二四坪のスタジオ、一八坪のプレゼンテンーション・ルームの三つのスペースで構成されていた。商品管理室には当時で七〇〇〇アイテムほどの売筋商品と、品揃えに必要な季節商品を配置し、新製品や廃番商品の入れ替えを適宜行うこととした。また棚割の陳列をするスタジオには、実験ゴンドラを撮影するビデオ・カメラを装備し、その模様を隣のプレゼンテーション・ルームのモニターテレビやスクリーンに映し出し、議論を通じてより良いパターンへの組み換えが随時できるようにした[159]。

開所後わずか一〇カ月で、利用企業数延べ一一七社、得意先の棚割のための来所者数延べ一九六名、メーカーの来所者数延べ七二七名、同業他社の来所者数延べ二〇四名、棚割の作成数は一四〇〇本にも及んだ。利用者は内外の広範にわたっていたが、見学者にはメーカー幹部のほか異業種の人々もおり、北海道のほか青森、館林、東京、和歌山、大阪、姫路など全国各地からの訪問者があった。各種報道機関やメーカーの季刊誌などの取材もあり、広く紹介された[160]。

こうして広く業界内外に認知されるとともに、ダイカ自身の業務としても、棚割作成時間の省力化・短縮化をはじめとして、小売店頭活性化のサービス機能を高度化させることとなったといえる。前述のように、この店頭技術研究所は、大社長が業界紙で述べた二大戦略の一翼を成すものであった。

9　経営の実績

以上のような経営方針、経営戦略および組織能力充実の諸施策、情報・物流面のシステム高度化、マーチャンダイジング機能の充実などが進展するなかで、経営実績がいかに推移したのかについて、売上高や利益を中心に確認しておこう。

売上高

ダイカ発足年度の第一期（奈十全堂三四期）の売上高は、表3-10に示されるように、約三五億円であったが、これは合併前の各社売上高の総合実質比で一一二パーセントの実績であったという[161]。第二期の売上高は約五七億円であり、これは長期五カ年計画の当該年度目標値の九四パーセントにとどまったとされている。とはいえ、合併後の半期実績の二倍として推計した前期比でみると二三パーセントの増加に値する実績であったという[162]。さらに次期は、地下街の建設、デパートの増築、本州デパートの進出、スーパーの大型化という商業環境の大きな変化がみられた時期であった[163]。決算期変更のため八カ月一〇日間の売上高計算で約四六億円となったが、これも前年同期対比でみると二〇・一パーセントの増加であった[164]。

第四期（奈十全堂三七期）は、前述のように、札幌を中心とする景気浮揚感にともなう競争激化と北海道市場への本州資本の攻勢への予感もあるなかで、約七六億円の売上高となった。次期は約九二億円、さらに第六期（第三九回）は一二五億円と、大幅な売上高の上昇となった。合併時に大公一郎専務が策定した長期五カ年計画の目標額の一〇〇億円を優に超えてしまったのである。
一般に環境認識にともなう危機感だけでは成果は生まれない。前述のように第四期の経営目標として示された「革新と安定」の方針のもと、「売上基準の制度化」による「販売価格の適正」化、「現金仕入」の「拡大」および「在庫の回転率」など営業制度改革やシステム化による成果でもあった。[165]
しかし、経営者たちはそうした主体的努力の過大評価はあえて避けて、この時期の卸売物価の上昇と石油危機など「いわゆるパニックなどの外的条件に起因するところで」あって、「すべてが企業努力の結果とは申し難い」ので「大いに自戒すべきことと痛感」すると省みたのである。[166]
第七期（第四〇回）は、所得上昇率の低下にともなう購買力の低下や石油危機による節約ムードもあって、売上の伸びは五パーセント台の低い伸びであった。次の第八期は、「購買力は浮揚せず、景気は一般に深いスタグフレーションの渕に低迷する形に終始し」て、「高度成長から安定成長への移行への片鱗を見る」ことも続いたが、[167]一一パーセントの売上増となった。こうした市場環境にありながらも、第一一期（第四五回）までは、毎期、一〇パーセント前後の伸びを維持した。
一九八〇年代の第一二期（第四六回）以降は、まさに売上高の「安定成長」の時期が続くことになり、売上の伸びは前年比一桁台にとどまることとなった。「消費者の買控えや嗜好の変化に加え、競争激化による価格の乱れ」[168]が当初の要因として指摘されたが、嗜好変化を捉えた「マーケットサイズを拡大する程の大型新製品が乏し」く、「コンビニエンスストアの台頭による業態間の競争が一層激しくなった」[169]ことも要因としてあげられた。その後、紙おむつやペットフードなどの新分野の開拓などもあったが基幹商品の伸びに恵まれない状況が続いた。[170]
第一三期以降第一八期頃までは、紙製品の拡大やペット商品の貢献はやはりさほどではなかったものの、前述のコ

営実績（1969～90年）

5	6	7	8	9	10－Ⅰ	10－Ⅱ
38	39	40	41	42	43	44
1972年10月1日～73年9月30日	1973年10月1日～74年9月30日	1974年10月1日～75年9月30日	1975年10月1日～76年9月30日	1976年10月1日～77年9月30日	1977年10月1日～78年7月31日	1978年8月1日～79年7月31日
9,167,467	12,546,059	13,208,036	14,674,079	16,378,150	14,952,831	20,144,758
1,198,014	1,788,326	1,767,073	1,881,233	2,090,834	1,934,493	2,477,923
1,050,490	1,532,048	1,652,856	1,839,119	2,027,961	1,856,291	2,452,244
147,524	256,278	114,217	42,114	62,873	78,203	25,679
177,736	248,475	139,647	134,363	146,818	241,884	399,342
69,737	102,291	70,038	81,208	79,831	101,592	131,788
108,350	108,350	108,350	108,350	108,350	200,000	200,000
2,167	2,167	2,167	2,167	2,167	4,000	4,000
389,837	479,493	528,279	565,401	593,144	754,298	868,877
3,794,472	4,487,488	5,091,886	5,382,479	5,724,328	6,249,357	7,282,321
339	330	336	315	313	310	323
177	171	167	164	153	161	174
60	77	77	68	59	53	52
576	578	580	547	525	524	549
4.68	5.54	2.74	2.50	2.56	3.87	5.48
1.84	2.28	1.38	1.51	1.39	1.63	1.81
2.42	2.80	2.59	2.73	2.86	2.39	2.77
13.07	14.25	13.38	12.82	12.77	12.94	12.30
1.94	1.98	1.06	0.92	0.90	1.62	1.98
0.76	0.82	0.53	0.55	0.49	0.68	0.65
11.46	12.21	12.51	12.53	12.38	12.41	12.17
10.27	10.69	10.37	10.50	10.36	12.07	11.93
15,916	21,706	22,772	26,826	31,196	28,536	36,694
309	430	241	246	280	462	727
32.18	47.20	32.32	37.47	36.84	25.40	32.95
15	16	17	18	19	20	21
49	50	51	52	53	54	55
1983年8月1日～84年7月31日	1984年8月1日～85年7月31日	1985年8月1日～86年7月31日	1986年8月1日～87年7月31日	1987年8月1日～88年7月31日	1988年8月1日～89年7月31日	1989年8月1日～90年7月31日
28,734,633	29,709,966	31,334,299	33,157,007	35,126,386	38,316,434	42,016,627
3,370,480	3,473,183	3,604,133	3,843,598	4,102,388	4,604,277	5,000,544
3,300,655	3,397,745	3,569,100	3,791,409	4,086,394	4,286,602	4,811,080
69,825	75,436	35,032	52,188	15,993	317,674	189,463
592,389	565,058	600,909	677,601	604,864	792,146	638,482
196,458	189,391	228,449	224,303	220,252	293,609	298,139
300,000	300,000	300,000	300,000	300,000	495,000	525,000
6,000	6,000	6,000	6,000	6,000	7,100	7,700
1,548,375	1,687,766	1,835,216	2,018,520	2,197,772	2,828,382	3,113,649
9,559,068	9,969,282	10,208,711	11,366,389	11,820,554	12,306,828	14,610,132
315	321	327	323	334	332	404
188	199	197	198	206	217	249
29	25	21	18	14	－	－
532	545	545	539	554	549	653
6.20	5.67	5.89	5.96	5.12	6.44	4.37
2.06	1.90	2.24	1.97	1.86	2.39	2.04
3.01	2.98	3.07	2.92	2.97	3.11	2.88
11.73	11.69	11.50	11.59	11.68	12.02	11.90
2.06	1.90	1.92	2.04	1.72	2.07	1.52
0.68	0.64	0.73	0.68	0.63	0.77	0.71
11.49	11.44	11.39	11.43	11.63	11.19	11.45
16.20	16.93	17.98	17.76	18.59	22.98	21.31
54,012	54,514	57,494	61,516	63,405	69,793	64,344
1,114	1,037	1,103	1,257	1,092	1,443	978
32.74	31.57	38.07	37.38	36.71	41.35	38.72

期報告書』。

されているが，第4期～第10期は出店・美容部員という合計記載となり，第11期～第19期は出店社員

表3-10　ダイカの経

期（ダイカ）	1	2	3	4
期（紊十全堂）	34	35	36	37
期　間	1969年1月21日～70年1月20日	1970年1月21日～71年1月20日	1971年1月21日～71年9月30日	1971年10月1日～72年9月30日
売上高（千円）(A)	3,503,428	5,722,220	4,612,423	7,597,018
売上総利益（千円）(B)	462,938	705,539	586,568	1,019,701
販売費一般管理費（千円）(C)	413,487	645,386	510,292	828,506
営業利益（千円）(B－C)	49,452	60,153	76,276	191,195
経常利益（千円）(D)	35,476	22,444	40,361	139,052
当期純利益（千円）(E)	14,777	20,774	10,255	57,521
資本金（千円）(F)	108,350	108,350	108,350	108,350
発行済総株式数（千株）(G)	2,167	2,167	2,167	2,167
純資産額（千円）(H)	269,773	283,379	282,799	332,736
総資産額（千円）(I)	2,192,300	2,437,686	2,637,168	2,879,587
男子従業員数（人）	299	298	315	319
女子従業員数（人）	138	130	149	167
出店従業員数＋美容部員（人）	52	48	51	65
従業員合計数（人）(J)	489	476	515	551
総資本経常利益率（％）(D÷I×100)	1.62	0.92	1.53	4.83
総資本純利益率（％）(E÷I×100)	0.67	0.85	0.39	2.00
総資本回転数（回）(A÷I)	1.60	2.35	1.75	2.64
売上総利益率（％）(B÷A×100)	13.21	12.33	12.72	13.42
売上高経常利益率（％）(D÷A×100)	1.01	0.39	0.88	1.83
売上高純利益率（税引後）(E÷A×100)	0.42	0.36	0.22	0.76
売上対販売費一般管理費率（％）(C÷A×100)	11.80	11.28	11.06	10.91
自己資本比率（％）(H÷I×100)	12.31	11.62	10.72	11.55
従業員1人当り売上高（千円）(A÷J)	7,164	12,021	8,956	13,788
従業員1人当り経常利益額（千円）(D÷J)	73	47	78	252
1株当り当期純利益率（円）(E÷G)	6.82	9.59	4.73	26.54
期（ダイカ）	11	12	13	14
期（紊十全堂）	45	46	47	48
期　間	1979年8月1日～80年7月31日	1980年8月1日～81年7月31日	1981年8月1日～82年7月31日	1982年8月1日～83年7月31日
売上高（千円）(A)	22,673,901	24,510,806	26,067,503	27,619,634
売上総利益（千円）(B)	2,736,110	2,844,503	2,986,200	3,179,056
販売費一般管理費（千円）(C)	2,663,445	2,820,974	2,973,756	3,131,187
営業利益（千円）(B－C)	72,665	23,528	12,444	47,867
経常利益（千円）(D)	370,596	350,307	432,382	509,082
当期純利益（千円）(E)	167,626	136,560	168,307	180,186
資本金（千円）(F)	200,000	300,000	300,000	300,000
発行済総株式数（千株）(G)	4,000	6,000	6,000	6,000
純資産額（千円）(H)	981,503	1,163,063	1,293,730	1,432,916
総資産額（千円）(I)	8,031,344	8,387,841	9,064,213	9,390,540
男子従業員数（人）	326	331	337	321
女子従業員数（人）	187	202	193	185
出店従業員数＋美容部員（人）	44	43	34	32
従業員合計数（人）(J)	557	576	564	538
総資本経常利益率（％）(D÷I×100)	4.61	4.18	4.77	5.42
総資本純利益率（％）(E÷I×100)	2.09	1.63	1.86	1.92
総資本回転数（回）(A÷I)	2.82	2.92	2.88	2.94
売上総利益率（％）(B÷A×100)	12.07	11.61	11.46	11.51
売上高経常利益率（％）(D÷A×100)	1.63	1.43	1.66	1.84
売上高純利益率（税引後）(E÷A×100)	0.74	0.56	0.65	0.65
売上対販売費一般管理費率（％）(C÷A×100)	11.75	11.51	11.41	11.34
自己資本比率（％）(H÷I×100)	12.22	13.87	14.27	15.26
従業員1人当り売上高（千円）(A÷J)	40,707	42,553	46,219	51,338
従業員1人当り経常利益額（千円）(D÷J)	665	608	767	946
1株当り当期純利益率（円）(E÷G)	41.91	22.76	28.05	30.03

（出典）ダイカ株式会社『第1(34)～第12期営業報告書』，同『第13期事業報告書』，同『第14期～第21

（注）従業員数は，それぞれ正社員と嘱託の合計数。第1期～第2期までは出店と美容部員が別に記載
のみの記載となっている。第20期以降は，従業員数の男女別とその合計だけの記載である。

ンピュータ導入と業務改善の施策も功を奏して[171]、売上は着実に伸びていった。さらに、一九期以降も、前述のADONiS導入や店頭技術研究所の設置なども好条件となって、売上はさらに伸長した[172]。

なお、この売上高には、商流上ダイカと取引関係にある二次卸店への売上高も含まれている。組織図でみた代行部が担当していた取引先であり、商品はメーカーから直送される。この場合、売上高と同様に仕入原価も計上され、一次卸店であるダイカの帳合料はその仕入原価に算入されていた。すなわち、ダイカにとっての帳合先の二次卸店向け仕入原価は、帳合料分（通常二・五〜三パーセント）を差し引いた額が計上されたのである。この一九七〇年代から八〇年代にかけての二次卸店の売上比率に関する記録は今のところ発見されていないが、全体として微々たるもので、次第に縮小し、大公一郎氏の記憶では、せいぜい全売上高の五パーセント程度であったという[173]。

ただし、第二章で検討したように、ダイカではその前身会社の㐬十全堂の時代から帳合品の売上高比率が低く店入品（仕入先メーカーからみた場合・卸店からみると店出品）の売上高比率が高かったので、小売店やその店頭へ関わる機会が多かった。このことは卸店の経営者と従業員の市場変化への敏感度を規定する経営史的要因として注意しておきたい。

売上総利益率

利益に関して、まず売上総利益率すなわち粗利の推移をみると、上述の売上高の推移と連動する傾向がみられる。石油危機の時期の第六期の一四パーセント台を除けば、ダイカ成立以降第一一期までおおむね一二〜一三パーセント台の粗利となっていた。しかし、「安定成長」の第一二期以降は一一パーセント台となる。バブル経済の頂点にあたる二〇期には一二パーセント台に回復するが、これは後述する会計処理の変更も要因となっている。しかし、二一期には一一パーセント台に戻っている。これは、販売先の業態間競争による価格圧力も一因として考えられよう。この間の一一～一四パーセントという粗利は、洗剤・化粧品卸売業の一九八六年代後半のそれが一〇～一一パーセント台であった[174]のと比べると、さほど大きな開きはない。

当時、ダイカでは、商品を化粧品・石鹼歯磨・紙製品・雑貨・ペットフードの五つに分けて売上管理や粗利益管理をしていた。この五つの商品構成の変化によって、粗利管理が変わった。すなわち化粧品などの構成比率が高くなると粗利が大きくなるが、紙製品などの構成比率が大きくなると、逆に粗利が小さくなる傾向があったという[175]。この時期の販売高・粗利管理の史料は確認できていないが、こうした要因も粗利の変化として考慮しなければならない。

仕入先拡売補助金

さらに、卸企業の利益の数値をみる際に注意しなければならないのは、仕入先拡売補助金である。これは、特定地区のシェアを上げるために、仕入先メーカーと卸企業および代表的な数店の販売店が共同で企画を組み、その企画にもとづいて卸企業が当該販売店に特別条件で納入した分についての仕入先からの補助金である[176]。これに関しては、前述のメーカー販売担当者による現品保証の口約束も含めて、仕入先との取引条件が複雑なため、いわゆる拡売補助金の要素のものが仕入原価に算入されるものと未算入のものが混在していた。

仕入原価未算入の場合は、営業外収益の仕入先拡売補助金として集計されるので、いずれの場合も経常利益でみると、仕入先からの拡売補助金が加味されたかたちとなる[177]。このため、売上総利益や営業利益の段階では、仕入先から拡売補助金が算入されたものか否か正確には把握できないという限界があることに注意しておかなければならない。ただし、第二〇期からは、それまで拡売補助金に関わる「仕入割戻の一部」を「営業外収益に計上して」いたものを

表3-11　ダイカの営業外収益（1972～79年）

期（ダイカ）	5	6	7	8	9	10－Ⅰ	10－Ⅱ
期（奈十全堂）	38	39	40	41	42	43	44
期　間	1972年10月1日～73年9月30日	1973年10月1日～74年9月30日	1974年10月1日～75年9月30日	1975年10月1日～76年9月30日	1976年10月1日～77年9月30日	1977年10月1日～78年7月31日	1978年8月1日～79年7月31日
営業利益（千円）(A)	147,524	256,278	114,217	42,114	62,873	78,203	25,679
(1)営業外収益							
受取利息（千円）	14,465	18,197	21,983	21,073	18,111	16,090	15,907
仕入先拡売補助金他（千円）	12,910	30,103	111,479	166,008	184,197	207,467	381,509
電算資料代（千円）				17,350	19,730	19,562	20,733
その他雑収入（千円）	92,167	77,940	76,301	78,541	58,646	63,186	
営業外収益計（千円）(B)	119,542	126,240	209,763	282,972	280,684	306,305	515,071
(2)営業外損失							
支払利息（千円）	72,214	121,227	169,892	176,086	179,091	121,126	126,006
貸倒償却（千円）	11,439	5,037	1,807	6,236	5,935	14,176	9,171
その他雑損失（千円）	5,678	7,779	12,635	8,401	11,713	7,322	6,230
営業外損失計（千円）(C)	89,331	134,043	184,334	190,723	196,739	142,624	141,407
経常利益（千円）(A+B－C)	177,736	248,475	139,647	134,363	146,818	241,884	399,342

（出典）ダイカ株式会社『第5期～第10－Ⅱ期営業報告書』および筆者による質問に対する元ダイカ株式会社経理担当者の回答による。

「売上原価から控除する方法に変更し」た[178]。表3－10の第二〇期の売上総利益の増加と営業利益の著増はこのためと思われる。

経常利益

ここで、仕入先拡売補助金の会計処理の影響を受けない経常利益について表3－10をみると、少し減少をみる時期があるものの、全体的に伸長の傾向にある。

これに関して注目されるのは、表3－10に示されるように第四期まで営業利益が経常利益を上回っていたのに、第五期以降、第六期を除いて、これが逆転していることである。これは、表3－11にも示されるように営業外収益の増加によるものにほかならない。とくに、前述の仕入先拡売補助金の増加が著しいことがわかる。前述の仕入原価に算入すべき分がこちらへ計算上まわされた可能性を考慮したとしても、仕入先拡売補助金の増加率の著しさからみて、仕入先からの補助金の伸びが全体的に影響しているとみて差し支えないであろう。

営業外収益のひとつとして、表3‐11に示される電算資料代がある。これは、前述のコンピュータ導入によるいわば副産物といえよう。それぞれ毎月の仕入・納入実績資料を仕入先、販売先、商品の別に分けていた資料をコンピュータで作成して、仕入先メーカーの要望があった場合に、ある程度の費用をもらって引き渡した資料代である。メーカーの場合は、販売対策や企画販売の参考資料となるので有料としていたが、販売先には店頭資料として無償提供していたという[179]。

業界での相対的地位

これまでみてきたダイカの売上高や経常利益に関して、一九八二年度以降の業界での相対的地位を確認しておこう。いずれも、決算時期の違いやダイカをグループ全体として捉えていることなどから、表3‐12、13、14、15のダイカの数値は、表3‐10の数値とは必ずしも一致しないことをあらかじめお断りしておきたい。その場合でも、大きな差はないので、適宜、表3‐10の数値もみながら検討することにしたい。

まず表3‐12によって、ダイカの売上高とその業界ランキングの推移をみてみると、一九八二年度以降一九八九年度まで、パルタックの首位は変わらない。ダイカは一九八四年度に第二位となるが、その前後は中央物産に次ぐ第三位にあった。前述のように、この時期のダイカは、コンピュータやシステム化が功を奏して売上を伸ばしたが、首位パルタックの伸びはさらに大きく、一九八七年度以降には、首位とダイカの開きは倍以上となった。また表3‐10で、一九八二年度が含まれる第一三期以降のダイカの従業員一人当り売上高の推移をみると、四六〇〇万円台から次第に増加し、一九八九年度が含まれる二〇期では六九〇〇万円以上となったが、表3‐13の上位一〇社には入らなかった。

この点では、ダイカの内部組織力の充実や情報・物流システムの高度化だけでは限界があり、首位を凌駕するには

高上位10社の推移（1982～89年度）

1986年度		1987年度		1988年度		1989年度	
企業名	売上高（百万円）	企業名	売上高（百万円）	企業名	売上高（百万円）	企業名	売上高（百万円）
パルタック	65,453	パルタック	70,907	パルタック	80,634	パルタック	91,162
中央物産G	33,700	中央物産G	35,803	中央物産G	42,250	中央物産G	44,508
ダイカG	33,233	ダイカG	35,079	ダイカG	37,109	ダイカG	40,426
伊藤伊	32,383	伊藤伊	33,288	伊藤伊	35,132	伊藤伊	40,003
小川屋	28,292	小川屋	31,813	井田両国堂	32,400	小川屋	39,552
井田両国堂	25,700	井田両国堂	27,900	チヨカジ	31,709	井田両国堂	36,000
東京堂	23,419	チヨカジ	27,416	東京堂	26,097	チヨカジ	29,700
チヨカジ	20,977	東京堂	24,690	伊藤安ヒルコ	23,500	東京堂	28,531
広島共和物産	13,849	広島共和物産	14,444	青木正雄商店	23,349	青木正雄商店	26,291
宏和G	12,761	宏和G	12,840	広島共和物産	15,660	伊藤安ヒルコ	22,106

都）の合併によって成立した。同社の売上高は３社の連結ベースで表示されている。
されている。

間売上高上位10社の推移（1982～89年度）

1986年度		1987年度		1988年度		1989年度	
企業名	１人当り売上高（千円）	企業名	１人当り売上高（千円）	企業名	１人当り売上高（千円）	企業名	１人当り売上高（千円）
伊藤伊	128,504	山和	134,737	山和	137,234	山和	138,710
山和	120,000	伊藤伊	130,031	伊藤伊	122,839	ハリマ共和物産	127,950
野村商事	116,047	野村商事	92,677	ハリマ共和物産	120,280	伊藤伊	126,192
伊東秀商事	98,246	永井商事	90,760	ウエキ	105,189	ウエキ	105,874
山宝	98,143	ウエキ	90,469	アケボノ物産	93,048	大福商事	101,072
ウエキ	87,977	伊東秀商事	88,889	伊東秀商事	92,063	アケボノ物産	99,443
ハリマ共和物産	81,240	アケボノ物産	81,618	大福商事	85,505	伊東秀商事	93,750
中央物産G	80,622	ときわ商会	76,442	青木正雄商店	83,389	青木正雄商店	90,038
大福商事	77,376	山宝	75,000	伊藤安ヒルコ	79,932	ときわ商会	87,083
永井商事	76,500	伊藤安	73,913	ときわ商会	77,500	中央物産	86,930

表3-12　洗剤・化粧品卸企業売上

順位	1982年度		1983年度		1984年度		1985年度	
	企業名	売上高（百万円）	企業名	売上高（百万円）	企業名	売上高（百万円）	企業名	売上高（百万円）
1	パルタック	44,553	パルタック	50,598	パルタック	55,483	パルタック	59,530
2	中央物産G	30,172	中央物産G	30,052	ダイカG	30,732	中央物産G	32,140
3	ダイカG	28,290	ダイカG	29,906	中央物産G	29,729	ダイカG	31,615
4	井田両国堂	20,330	井田両国堂	20,900	伊藤伊	28,891	伊藤伊	30,534
5	東京堂	16,340	東京堂	18,701	小川屋	24,086	小川屋	25,579
6	チヨカジ	14,090	チヨカジ	15,646	井田両国堂	22,100	井田両国堂	23,900
7	粧連G	12,028	粧連G	12,095	東京堂	19,893	東京堂	21,368
8	広島共和物産	10,797	広島共和物産	11,506	チヨカジ	16,970	チヨカジ	16,951
9	山和	10,055	山和	10,300	広島共和物産	12,361	広島共和物産	13,175
10	麻友	9,200	麻友	9,660	粧連G	12,095	山和	12,500

（出典）『日経流通新聞』各年所収前年度卸業調査記事による。

（原典注）1．1988年度の伊藤安ヒルコは1989年4月に伊藤安（大阪），ヒルコ（兵庫），鈴木商店（京
2．1988年度では，決算期変更のため丸宮（長崎）とユーホー（大分）はランキングから除外
3．1989年度ではテクノ中京が決算期変更のため除外されている。

表3-13　洗剤・化粧品卸企業1人当り年

順位	1982年度		1983年度		1984年度		1985年度	
	企業名	1人当り売上高（千円）	企業名	1人当り売上高（千円）	企業名	1人当り売上高（千円）	企業名	1人当り売上高（千円）
1	花生堂	156,250	花生堂	173,611	伊藤伊	151,262	伊藤伊	130,487
2	山和	105,842	山和	107,292	山宝	114,069	山和	126,263
3	野村商事	85,833	山宝	93,353	山和	109,278	山宝	97,294
4	永井商事	85,821	野村商事	91,529	野村商事	86,719	ウエキ	94,205
5	大福商事	83,564	ウエキ	85,288	永井商事	85,784	伊藤秀商事	93,962
6	−		永井商事	80,822	伊藤秀商事	82,635	野村商事	92,592
7	−		アケボノ物産	78,716	ウエキ	81,653	永井商事	80,723
8	−		中央物産	76,081	アケボノ物産	80,862	中央物産	80,150
9	−		麻友	71,556	中央物産	77,825	アケボノ物産	74,308
10	−		霜田物産	70,659	霜田物産	74,892	麻友	71,753

（出典）『日経流通新聞』各年所収前年度卸業調査記事による。
（注）企業名については上記出典の各年の記事記載の通りとしている。

利益率上位10社の推移（1982〜89年度）

1986年度		1987年度		1988年度		1989年度	
企業名	売上高経常利益率（%）	企業名	売上高経常利益率（%）	企業名	売上高経常利益率（%）	企業名	売上高経常利益率（%）
亀屋	9.3	広島共和物産	2.8	ニッポンティーボール	11.6	セブンツーセブン	6.4
広共・ハリマ共和	2.7	ハリマ共和物産	2.4	セブンツーセブン	8.3	広島共和物産	2.4
	−	北陸新和物産	2.3	広島共和物産	2.5	鹿児島明和	2.2
小川屋	2.3	ダイカG	2.0	ハリマ共和物産	2.1	ダイカG・小川屋・ハリマ共和物産	2.0
ダイカG・太刀川商店	1.8	小川屋・ときわ商会	1.9	ときわ商会	1.9	−	−
−	−	−	−	ダイカG	1.7	−	−
ウエキ・大須賀	1.7	アケボノ物産	1.7	アケボノ物産	1.5	アケボノ物産	1.3
−	−	宏和G・麻友G・大須賀	1.2	宏和G	1.4	パルタック・共栄商事	1.2
アケボノ物産	1.5	−	−	大須賀	1.3	−	−
ときわ商会	1.4	−	−	パルタック・麻友G	1.1	麻友G・大福商事	1.0

常利益額上位10社の推移（1982〜89年度）

1986年度		1987年度		1988年度		1989年度	
企業名	1人当り経常利益額（千円）	企業名	1人当り経常利益額（千円）	企業名	1人当り経常利益額（千円）	企業名	1人当り経常利益額（千円）
亀屋	6,212	ハリマ共和物産	1,727	ニッポンティーボール	3,249	ハリマ共和物産	2,584
ハリマ共和物産	2,176	ときわ商会	1,482	セブンツーセブン	2,600	セブンツーセブン	2,313
広島共和物産	1,504	広島共和物産	1,412	ハリマ共和物産	2,536	小川屋	1,463
ウエキ	1,477	アケボノ物産	1,382	ときわ商会	1,458	アケボノ物産	1,336
小川屋	1,353	小川屋	1,325	アケボノ物産	1,352	広島共和物産	1,238
アケボノ物産	1,129	北陸新和物産	1,050	広島共和物産	1,327	鹿児島明和	1,102
大須賀	1,043	ウエキ	990	ダイカG	784	ダイカG	887
ときわ商会	1,031	ダイカG	882	パルタック	694	パルタック	886
ダイカG	891	麻友	744	麻友G	683	中央物産	611
宏和G	828	パルタック	660	ウエキ	600	麻友G	573

表 3-14　洗剤・化粧品卸企業売上高経常

順位	1982年度		1983年度		1984年度		1985年度	
	企業名	売上高経常利益率（%）	企業名	売上高経常利益率（%）	企業名	売上高経常利益率（%）	企業名	売上高経常利益率（%）
1	鹿児島明和	3.09	広島共和物産	2.47	伊藤秀商事	3.42	広島共和物産	2.57
2	岡山共和物産	2.85	ウエキ	2.11	小川屋	3.32	小川屋	2.34
3	広島共和物産	2.69	ハリマ共和物産	2.05	広島共和物産	2.50	ハリマ共和物産	2.33
4	わかば	2.04	岡山共和物産	1.88	大須賀	2.14	共栄商事	1.87
5	ウエキ	1.96	ダイカ	1.67	ハリマ共和物産	2.01	ダイカG	1.83
6	–	–	わかば	1.50	ウエキ	1.99	ウエキ	1.70
7	–	–	アケボノ物産	1.13	ダイカ	1.85	大須賀	1.55
8	–	–	パルタック	0.99	共栄商事	1.68	岡山共和物産	1.17
9	–	–	宏和	0.92	宏和	1.67	宏和	1.14
10	–	–	ネタツ興商	0.81	徳倉共和物産	1.2	アケボノ物産	1.11

（出典）『日経流通新聞』各年所収前年度卸業調査記事による。

表 3-15　洗剤・化粧品卸企業１人当り経

順位	1982年度		1983年度		1984年度		1985年度	
	企業名	１人当り経常利益額（千円）	企業名	１人当り経常利益額（千円）	企業名	１人当り経常利益額（千円）	企業名	１人当り経常利益額（千円）
1	鹿児島明和	1,750	ウエキ	1,903	伊藤秀商事	2,827	ウエキ	1,685
2	ウエキ	1,565	ハリマ共和物産	1,250	小川屋	2,046	ハリマ共和物産	1,532
3	広島共和物産	1,415	広島共和物産	1,246	ウエキ	1,627	小川屋	1,501
4	岡山共和物産	1,311	アケボノ物産	886	広島共和物産	1,349	広島共和物産	1,357
5	大福商事	1,202	ダイカ	862	ハリマ共和物産	1,292	共栄商事	1,129
6	–		岡山共和物産	736	大須賀	1,255	ダイカ	986
7	–		パルタック	592	ダイカ	1,014	大須賀	961
8	–		霜田物産	495	共栄商事	957	アケボノ物産	827
9	–		ネタツ興商	460	アケボノ物産	816	中央物産	793
10	–		ユーホー	343	徳倉共和物産	547	宏和	777

（出典）『日経流通新聞』各年所収前年度卸業調査記事による。

より一層の規模拡大による売上高増大が経営者にとっては焦眉の急を要する課題であったろう。

売上高経常利益率について、同様に第一三期以降第二〇期までの推移を表3－10でみると、ダイカのそれは一・六パーセント～二パーセント台となっている。表3－14でみると、そうしたダイカの値は、業界内で第四位から第七位の地位を上下していたことがわかる。同時期の一人当り経常利益額を表3－10によってみると、一三期には七六万円台であったが、一五期には一〇〇万円を超え、上下はあるものの、二〇期には一四四万円台となっている。表3－15によって、ダイカの一人当り経常利益額の地位をみると、五位から九位の間を上下していることがわかる。

生産性をあげて経常利益の増収をはかり、収益面での業界内地位を安定的なものにするうえでも、より一層の規模と効率の追求が課題であったと思われる。

おわりに

最後に、本章で確認できた論点を整理し、この時期に形成されたダイカ発展の強みとなる主体的条件を析出してみよう。

まず所有と経営面では、ダイカは施設拡充や情報・物流システムの確立という経営戦略遂行上の資金需要から増資を繰り返すが、主な所有者は、ダイカ成立に関係した旧卸会社の関係者と取引先金融機関や従業員持株会はじめダイカの関係者であった。経営面では、ダイカ成立に貢献した旧会社の所有型経営者が中心であったが、経営陣全体でみると、次第に所有型経営者ではない大卒の専門経営者（salaried manager）の層も形成されるようになった。

第二に、経営者の方針と戦略についてみると、創業者の理念を進化的に継承した経営理念を基礎に、取引制度の改訂や情報システムの導入、意識と行動の改革などが経営方針として示され実施に移されていった。それと同時に、道内での営業拠点の拡充と営業基盤の近代化も推進された。それに応じて組織体制の整備も進めた。また、川下の勢力からの圧力に対しては、別会社を設立して、いわば間接的な対応策が講じられた。こうした「分社」的経営は、戦前・戦後の㮈十全堂はじめ有力卸企業にもみられたが、この体制を保持することによって、主体的戦略が貫徹する余地を維持しながら、垂直的競争勢力へ弾力的に対応する幅も拡げたとみることができる。

第三に、戦略を担う人材の安定的確保のため、春季定期採用を定着させつつ、高校や専門学校卒業者の採用に加えて、道内外の大学新卒者の採用を増やしていった。さらに、採用した人材のレベルアップをはかるため、人材開発システムを導入して、教育・訓練を恒常的に実施し、またさまざまな機会を設けて社員の融合を促進した。

第四に、業界内での垂直的競争上の優位を確保するため、情報・物流システムの近代化と小売店頭管理の高度化を実現した。それとともに、業界を超えた範囲での垂直的・水平的連携を主導的に推進した。

第五に、売上と利益のいずれも伸張する実績を残したが、全国の業界売上高ランキングでは二位あるいは三位の地位にとどまった。

このように整理すると、専門経営者層の成長、確固たる経営方針による自主性を保持した拡充戦略、組織を担う人材の質の向上と組織的結束力、競争優位を決定づける機能面への果敢な投資戦略、などが一九七〇～八〇年代のダイカの経営全体を通じてみた主体的な成長条件であったとみることができよう。

さらに、業界首位を保持している上位企業がすでに進展させていたナショナル・ホールセラー化の戦略は、ダイカ経営陣にとって大きな刺激であり目標となったことであろう。冒頭でふれたように、一九九〇年代になると、ダイカでは本州へと営業拠点を拡大してゆく。この時期の主体的成長条件と経営者の意識は、そうした拡大戦略を可能とする基礎的な条件となったであろう。次章では、一九九〇年代以降のそうしたダイカの経営発展の過程について検討することにしたい。

注

（1）株式会社パルタック『パルタック八〇年史』一九七八年一二月、二八八頁。
（2）ここでの中小企業基本法の時期別の定義については、高田亮爾「中小企業の地位・役割と政策の意義」（『流通科学大学論集――流通・経営編』第二一巻第一号、二〇〇八年七月）九三頁所収「表1 日本における中小企業の範囲」を参考にしている。
（3）ダイカ株式会社『第三四期（合併第一期――引用者）』～『第九期営業報告書』所収の「庶務事項」による。
（4）ダイカ株式会社『第一〇期のⅠ営業報告書』（自昭和五二年一〇月一日至昭和五三年七月三一日）五頁。
（5）同報告書、三頁。
（6）ダイカ株式会社『第一二期営業報告書』（自昭和五五年八月一日至昭和五六年七月三一日）四頁。
（7）『社内報だいか』第二三一号（ダイカ株式会社、一九九〇年一月二〇日）一四頁。
（8）ダイカ株式会社『第二〇期報告書』（昭和六三年八月一日から平成元年七月三一日まで）二頁、八頁。
（9）筆者の質問に対するダイカ㈱元経理担当者からの回答による。
（10）筆者の質問に対するダイカ㈱元経理担当者からの回答による。
（11）ダイカ株式会社『第一一期営業報告書』（自昭和五四年八月一日至昭和五五年七月三一日）一頁。
（12）なお、ダイカ株式会社は、まず一九六九年八月に札幌市の㈴十全堂㈱をはじめ、同市の㈱石田商店、岩見沢市の山崎商事㈱、旭川市の石倉産業㈱、釧路市の㈱丸文、北見市の㈱丸協の六社の合併によって成立した。しかしながら、本章で述べるように、その六社統合の時点で、さらに合併が予定されていた札幌市の大幸㈱の経営陣がダイカ株式会社の経営陣に入っていることなどから、大幸㈱も含めて「七社合併」という場合もある。本章でも、こうした観点から「七社合併」という表現をしている。ちなみに、この点について大公一郎氏の立場での認識を確認したところ、やはり「七社合併」という認識であった。

(13) 米山幸喜編『ダイカ創業物語』(北海道商報社、一九八九年八月) 六六頁には、(有)大幸商店と記載されており、合併に加わる直前の大幸商店は有限会社であったとみられる。しかし、同社が合併に加わった時点では株式会社であった (ダイカ株式会社『第三四期営業報告書』自昭和四四年一月二一日至昭和四五年一月二〇日、四頁)。

(14) 振吉巳歳男の経歴については、ダイカ株式会社『第三六期営業報告書』(自昭和四六年一月二一日至昭和四五年九月三〇日) 三頁、ダイカ株式会社『第六〇期有価証券報告書』(自平成六年八月一日至平成七年七月三一日) 七頁および振吉巳歳男氏への聞き取り調査による。振吉氏自身が『社内報だいか』第五号 (ダイカ株式会社、一九七一年一月一日) に年表で記した記事によると、①一九二九 (昭和四) 年四月一〇日・大阪市で出生、②一九三五 (昭和一〇) 年～一九四六 (昭和二一) 年・朝鮮黄海道海州府・中学四年まで、③一九四六 (昭和二一) 年二月・北朝鮮より脱出引上げ、④一九四六 (昭和二一) 年～一九四七 (昭和二二) 年・横浜野毛で刃物露天商、⑤一九四八 (昭和二三) 年～一九五三 (昭和二八) 年・学生生活・ボート部、⑥一九五三 (昭和二八) 年～一九六九 (昭和四四) 年九月・旭電化勤務、⑦一九六九 (昭和四四) 年一〇月～一九七一 (昭和四六) 年一二月・日本サンホーム㈱勤務、⑧一九七一 (昭和四六) 年一月二一日よりダイカ㈱本社・取締役・待遇営業部長、となっている。

なお、筆者にとって「振吉」という姓が珍しかったので、お尋ねしたところ「明治維新後に、御先祖が縁起をかついで『吉が振る』ということでつけた」ということであった。ちなみに、「大」という姓も仏教の「無限に広がる」という意味にちなんで、大総一郎の父の齋藤脩平が一九三二年に改名したものである (大誠編集・発行『奋十全堂』創立者　齋藤脩平伝』人間舎制作、二〇〇一年二月二一日、一三～一四頁)。

(15) 前掲『第一一期営業報告書』所収「I庶務事項」六～七頁。

(16) ここでの各氏の経歴については、前掲『第六〇期有価証券報告書』所収「第一部　企業情報」七～九頁の「役員の状況」による。

(17) 同「役員の状況」。山崎雅夫については、『社内報だいか』第七号 (ダイカ株式会社、一九七一年四月一日) 二頁と関係者への聞き取り調査による。

(18) ダイカ株式会社『第四期（第三七回）営業報告書』（自昭和四六年一〇月一日至昭和四七年九月三〇日）一頁～四頁。一九六〇年代から一九七〇年代にかけての札幌の地下街開業と小売業および卸売業の動向については、札幌市教育委員会編『新札幌市史』第五巻・通史五（下）（札幌市、二〇〇五年三月）三九〇～四〇二頁を参照されたい。

(19) 北海道の花王販社については、佐々木聡「北海道・東北地域での花王販社の設立と統合の過程」（明治大学経営学研究所『経営論集』第五八巻第三号、二〇一一年三月）を参照されたい。

(20) 『ダイカマンスリー』第一〇巻第一〇九号（ダイカ株式会社、一九八〇年一月一日）一頁。

(21) ここでの橋本社長の創業記念日での経営方針や経営理念に関する叙述は、前掲『ダイカ創業物語』四〇～四三頁、五〇～五一頁、一一〇～一一二頁による。

(22) 齋藤脩平の経営理念については、第一章を参照されたい。またその経営理念の次の世代への継承については、第二章を参照されたい。

(23) 大総一郎の勤労の価値観については、『社内報だいか』第六号（ダイカ株式会社、一九七一年二月一日）一頁所収「若人よ！　哲学を持とう」や『社内報だいか』第一六号（同社、一九七二年一月一〇日）一頁所収「共同体時代とダイカ株式会社」などを参照されたい。

(24) 橋本雄介『卸売業の置かれている現況で私はこう考える』（北海道菓子食品新報社発行一〇〇号・創刊三周年記念講演）㈲北海道菓子食品新報社、一九八三年六月、二九～三〇頁。

(25) 前掲『ダイカ創業物語』一〇頁、四三頁。

(26) 筆者による大公一郎氏への質問に対する回答による。

(27) ダイカ株式会社『第三五期報告書』（自昭和四五年一月二一日至昭和四六年一月二〇日）二頁。

(28) 前掲『第三六期報告書』二頁。

(29) 大公一郎氏への聞き取り調査による。

(30) 大公一郎氏への聞き取り調査による。

(31)『社内報だいか』第一〇号（ダイカ株式会社、一九七一年七月一日）一頁。
(32)同誌同号、一頁。
(33)前掲『第三五期（合併第二期）報告書』二頁。
(34)林周二『流通革命』（中公新書、一九六二年一一月）。
(35)振吉巳歳男『私のマネジメント思考――通信報』（二〇〇三年八月一日）六〇～六一頁。
(36)林周二『流通革命　増補版』（中公新書、一九八二年一〇月）一七〇頁。
(37)『ダイカマンスリー』第一巻第一五号（ダイカ株式会社、一九七二年一月二五日）一頁所収「お取引改善の推進に対するお願い」。
(38)同誌第二巻第二七号（ダイカ株式会社、一九七三年二月一日）一頁所収「今年度営業方針について」。
(39)前掲『私のマネジメント思考――通信報』一五一頁。
(40)『ダイカマンスリー』第四巻第四八号（ダイカ株式会社、一九七四年一〇月一日）一頁所収「商品政策とその適用について」。
(41)前掲『第一一期営業報告書』四頁および前掲『ダイカマンスリー』第一〇巻第一〇九号、一頁。
(42)同誌第一〇巻第一一〇号（ダイカ株式会社、一九八〇年二月一日）一頁所収「現在ダイカ営業本部はこう考えこう進めている」。
(43)同誌第一二巻第一二九号（ダイカ株式会社、一九八一年九月一日）一頁所収「〝四つの挑戦〟仕上げの年に」。なお、この記事は前掲『私のマネジメント思考――通信報』一五二～一五三頁にも収録されている。
(44)『ダイカマンスリー』第一一巻第一二三号（ダイカ株式会社、一九八一年三月一日）一頁所収「トイレタリー商品の鮮度管理について」。なお、この記事も前掲『私のマネジメント思考――通信報』六四～六六頁に収録されている。
(45)『ダイカマンスリー』第一六巻第一六三号（ダイカ株式会社、一九八四年八月一日）一頁、同誌第一六巻第一七五号（同社、一九八五年八月一日）一頁、同誌第一七巻第一八七号（同社、一九八六年八月一日）一頁および前掲『ダイカ創業物語』九九～一〇三頁。

(46)『週刊粧業』第一七三四号(㈱週刊粧業、一九八八年九月五日)一一頁。
(47)筆者による大公一郎氏への質問に対する回答による。
(48)前掲『ダイカ創業物語』六七頁。
(49)同書、五八頁、六八頁。
(50)同書、六九頁。
(51)『社内報だいか』第四号(ダイカ株式会社、一九七〇年一二月一日)一頁、『ダイカマンスリー』第一巻第一号(同社、一九七〇年一一月二五日)三頁。
(52)前掲『ダイカ創業物語』六九頁。
(53)前掲『社内報だいか』第四号、一頁、『ダイカマンスリー』第一巻第一号(ダイカ株式会社、一九七〇年一一月二五日)三頁。
(54)『新札幌市史』第五巻・通史五(下)三九八頁。なお、原典は「北海タイムス」一九六六年二月二三日号とされている。この発行年月日に誤りがなければ、この卸センター着工前の記事ということになり、その発行時点での計画や見通しの記述ということになる。
(55)前掲『ダイカ創業物語』四六～四七頁、五八～五九頁、六八頁。
(56)前掲『第三四期営業報告書』四頁。
(57)前掲『ダイカ創業物語』七〇頁、前掲『第三六期営業報告書』二頁、『ダイカマンスリー』第一巻第七号(ダイカ株式会社、一九七一年五月二五日)一頁。
(58)前掲『ダイカ創業物語』七二頁、前掲『第三六期営業報告書』二頁、『社内報だいか』第一三号(第一二号となっているが前後の号の関係から正しくは第一三号と思われる)(ダイカ株式会社、一九七一年一〇月一〇日)(九月となっているが前後の号の関係から一〇月と思われる)一頁、『ダイカマンスリー』第一巻第一一号(同社、一九七一年一〇月二五日)一頁。
(59)前掲『第三六期営業報告書』二頁。室蘭営業所の新社屋については、『社内報だいか』第一一号(第一二号となっているが前後の号の関係から正しくは第一一号と思われる)(ダイカ株式会社、一九七一年八月一〇日)一～二頁、『ダイカマンスリー』第一巻第九号（同社、一九七一年八月二五日）二頁を参照されたい。また、北見営業所の新社屋については、『社内報だいか』第一二号（同社、一九七一年九月一〇日）一頁、『ダイカマンスリー』第一巻第一〇号（同社、一九七一年九月二五日）一頁を参照されたい。

(60)　ここでの黄地商店とファッションダイカについての叙述は、とくに断りのない限り、『社内報だいか』第一四号（ダイカ株式会社、一九七一年一一月一〇日）一頁、『ダイカマンスリー』第一巻第一三号（同社、一九七一年一一月二五日）一頁などによる。なお、これらの出典によると、ファッションダイカの当時の従業員数は本文中の通りであるが、元北海道商報編集長の米山幸喜氏の指摘では、男子二〇名、女子二四名、計四四名であったという。

(61)　振吉巳歳男氏への聞き取り調査による。

(62)　滝川営業所の分割と二営業所への統合の年月日について、前掲『ダイカ創業物語』七二頁では一九六六年六月三〇日とされているが、ここでは、『ダイカマンスリー』第一巻第一九号（ダイカ株式会社、一九七二年六月一日）一頁の記述によった。

(63)　前掲『ダイカ創業物語』七五頁による。『ダイカマンスリー』第二巻第三六号（ダイカ株式会社、一九七三年一〇月一日）一頁には、新しい両営業所の写真と所在地などが掲載されている。

(64)　前掲『ダイカ創業物語』五九頁、七六頁。

(65)　前掲『新札幌市史』第五巻・通史五（下）四〇〇～四〇一頁（原典は「市勢要覧」一九七八年）。なお、このセンター設立の目的については、「室蘭・小樽から陸揚げされた物資を国道三六号、札幌バイパスを使って運び、国鉄の貨物駅を設置して苗穂、桑園を素通りして一カ所に集中し、市内の交通緩和、また倉庫や運輸など流通関連業種の集約化による物価安定、今後予想される大量物流輸送の円滑化、中小企業の近代化を目的としていた」（同書、四〇一頁、原典は「北海道新聞」一九六六年一月三日号）とされている。

(66)　前掲『第四期（第三七回）営業報告書』三頁。

(67)　前掲『ダイカ創業物語』七五頁。

(68)　同書、五九頁、『ダイカマンスリー』第一巻第二五号（ダイカ株式会社、一九七二年一二月一日）一頁、同誌第四巻第三九号（同社、一九七四年一月一日）三頁、同誌第四巻第四五号（同社、一九七四年七月一日）一頁などによる。

(69) 前掲『ダイカ創業物語』七九頁、ダイカ株式会社『第七期(第四〇回)営業報告書』(自昭和四九年一〇月一日至昭和五〇年九月三〇日)二頁。
(70) 㑹十全堂の創業については、前掲『「㑹十全堂」創立者　齋藤脩平伝』一一頁を参照されたい。
(71) 『社内報だいか』第四九号(ダイカ株式会社、一九七四年一一月一日)一頁、『ダイカマンスリー』第四巻第四五号(同社、一九七四年七月一日)二頁、同誌第四巻第五〇号(同社、一九七四年一二月一日)一頁。
(72) 『ダイカマンスリー』第四巻第五八号(ダイカ株式会社、一九七七年九月一日)一頁。
(73) ダイカ株式会社『第六期(第三九回)営業報告書』(自昭和四八年一〇月一日至昭和四九年九月三〇日)二頁では、「来期の函館営業所社屋の完工を俟って、社屋に関するほとんどの計画を完了することになります」と記述されているが、実際には、この時期の一連の新社屋建設は、この帯広営業所の新社屋建設まで続いたとみてよいであろう。
(74) ダイカ株式会社『第八期(第四一回)営業報告書』(自昭和五〇年一〇月一日至昭和五一年九月三〇日)二～三頁。
(75) ダイカ株式会社『第九期営業報告書』(自昭和五一年一〇月一日至昭和五二年九月三〇日)二頁。
(76) 同報告書、三頁。
(77) 前掲『第一〇期のI営業報告書』五頁。
(78) 前掲『ダイカ創業物語』八四頁。
(79) ダイカ株式会社『第一〇期のII営業報告書』(自昭和五三年八月一日至昭和五四年七月三一日)三頁。
(80) 前掲『第一一期営業報告書』五頁。
(81) 前掲『ダイカ創業物語』八八頁。
(82) 『ダイカマンスリー』第一一巻第一三〇号(ダイカ株式会社、一九八一年一〇月一日)一頁。
(83) 前掲『第一一期営業報告書』一頁。
(84) 同報告書、四頁。
(85) 前掲『ダイカ創業物語』九〇頁。
(86) 同書、九三頁。

(87) ダイカ株式会社『第一三期事業報告書』(自昭和五六年八月一日至昭和五七年七月三一日)二頁。

(88) 前掲『ダイカ創業物語』九六頁およびダイカ株式会社『第一五期営業報告書』(自昭和五八年八月一日至昭和五九年七月三一日)二頁。同頁には、それぞれの増改築に要した投資額が記載されており、小樽支店事務所改築のそれは四六〇〇万円、苫小牧支店倉庫増築のそれは八三〇〇万円となっている。

(89) 前掲『ダイカ創業物語』九六頁～一〇二頁。

(90) 同書一〇二頁およびダイカ株式会社『第一八期報告書』(自昭和六一年八月一日至昭和六二年七月三一日)一頁。

(91) 前掲『ダイカ創業物語』一〇四頁およびダイカ株式会社『第一九期報告書』(自昭和六二年八月一日至昭和六三年七月三一日)二頁。同頁には、それぞれの増改築に要した投資額が記載されており、函館支店倉庫増築のそれは二六〇〇万円、苫旭川支店倉庫事務所増築のそれは七七〇〇万円となっている。

(92) ここでのディック株式会社に関する記述は、ディック株式会社『経歴書』(一九八八年九月)記載の「会社の沿革」と、筆者の質問に対する大公一郎氏の回答による。なお、ダイカ株式会社『第八期(第四一回)営業報告書』(自昭和五〇年一〇月一日至昭和五一年九月三〇日)九頁には、一九七六月一七日の取締役会で「ディック株式会社に対する出資並びに融資限度額の決定」という記載がある。なお、その後、ディック株式会社は、ダイカ株式会社のアンテナショップとしての役割を担っていたが、その役割を終えたとして、一九九五(平成七)年一月一一日をもって㈱ファッションダイカと合併し、解散した。その背景には、当時の商法改正で、株式会社の最低資本金を一〇〇〇万円としなければならなくなったこともあった(ディック株式会社『第三三期報告書』平成六年八月一一日から平成七年一月一〇日まで、一頁)。

(93) ここでの株式会社アドニスに関する叙述は、「㈱アドニス営業計画」(作成主体・作成年月日ともに不明)所収「㈱アドニス設立の背景・営業趣旨」と株式会社アドニス『第一期営業報告書』(平成元年八月一日から平成二年七月三一日まで)および筆者による大公一郎氏への質問に対する回答などによる。

(94) 奩十全堂などの戦前の化粧品会社の販売会社への関わりについては、第二章を参照されたい。

(95) 前掲「北海道・東北地域での花王販社の設立と統合の過程」を参照されたい。

(96) 筆者による大公一郎氏に対する質問への回答による。

(97) 筆者による大公一郎氏に対する質問への回答による。
(98) 前掲『第一〇期のI営業報告書』五頁。
(99) 筆者による大公一郎氏に対する質問への回答による。
(100) 関係者への聞き取り調査による。
(101) ダイカ株式会社『会社案内』(一九七九年版)、ダイカ株式会社『Daika Information Booklet』(一九八一年版)による。
(102) 同上および筆者による大公一郎氏に対する質問への回答による。
(103) 前掲『第三四期営業報告書』五頁。
(104) 前掲「中小企業の地位・役割と政策の意義」九三頁。
(105) 筆者の質問に対するダイカ㈱元経理担当者からの回答による。
(106) 『日経流通新聞』(一九八九年八月一日号)。
(107) 前掲『ダイカ創業物語』九〇頁。
(108) 新入社員理解訓練講座については、『社内報だいか』の各号に随時記事が掲載されている。一九七〇年代初期のそれについては、同誌第七号(一九七一年四月一日)一頁、同誌第八号(一九七一年五月一日)三頁、同誌一八号(一九七二年四月一日)二頁などを参照されたい。
(109) 筆者による大公一郎氏に対する質問への回答による。
(110) 前掲『社内報だいか』第八号、三頁。
(111) ダイカ株式会社『会社あんない』(一九七六年版)による。
(112) 前掲『第九期営業報告書』三頁および前掲『第一〇期のI営業報告書』三頁。
(113) ダイカ株式会社『会社案内』(一九七九年版)による。なお、その二年後の『会社案内』(一九八一年版)によると、DODシステムについて同様に内容を説明するとともに、その開発プログラムを、新入社員理解訓練講座、一三週間マスターコース(OJT)、新人セールスマンコース、ジュニアメンバーシップ開発コース(JDP)、女子社員能力開発コース(WDP)、シニアメンバーシップ開発コース(SDP)、マネジメント・ベーシックコース(MBC)、リーダーシップ開発コース（LDP）に整理して記載している。

　これに関して、ダイカ株式会社『第一三期営業報告書』（自昭和五六年八月一日至昭和五七年七月三一日）二頁および前掲『ダイカ創業物語』九三頁には、「ロール・プレイング活用によるセールス技術研修、女子社員の自己開発プログラムを中心にDODシステムを一段と充実させ少数精鋭、人材育成の経営方針にそってこれを推進してまいりました」と記されている。このほか、ダイカでは従業員の士気向上のため、一九七六年五月一二日より、三泊四日の自衛隊体験入隊を始めた（前掲『ダイカ創業物語』八〇頁）。一九七七年七月までに五〇歳以下の男子二六一名（総員二九一名）が参加しているが（前掲『第九期営業報告書』三頁）、その後、中断があり、一九八七年九月一六日に一〇年ぶりに再開している（前掲『ダイカ創業物語』一〇二頁）。

(114) 前掲『第一一期営業報告書』一頁。
(115) 当時入社した現・株式会社あらた北海道支社の社員への聞き取り調査による。
(116) 『日経流通新聞』（一九八三年六月二三日号）。
(117) 前掲『ダイカ創業物語』九四頁。
(118) 同書、九四頁。
(119) 前掲『私のマネジメント思考——通信報』一二三頁。
(120) 同書、一二三頁。
(121) 『社内報だいか』第一〇一号（ダイカ株式会社、一九七九年三月一〇日）一頁。
(122) 業績評価項目の変遷をみると、上記の『社内報だいか』第一〇一号から同誌一一七号（同社、一九八〇年七月一七日）までは、「1　うけ持ち果たそう」、「2　ぜひ皆で実をあげよう」、「3　わたくしのこうけんは」、「4　けじめをつけて費おう」、「5　あらい商売気をつけよう」、「6　かしこく気をつかって」、「7　ストックはほどほどに」、「8　かいすう多く足を運ぼう」、「9　ねついをもって当ろう」、「10　きめこまかく」、「11　うれる商品を大切に」、「12　しいれた商品は責任を」、「13　くるまは人の性格をあらわす」の一三項目であったが、同誌一二〇号（同社、一九八〇年一〇月二〇日）からは、このうち「9　ねついをもって当ろう」が削除され、それ以下の順番が繰り上がって一二項目となっている。さらに同誌第一三三号（同社、一九八一年一一月一五日）からは、それら一二項目にほぼ相当する別の表記で、「1　売上」、「2　一人当り利益(1)」、「3　一人当り利益(2)」、「4　営業費」、「5　粗利益」、「6　貸倒金」、「7　在庫」、「8　回収率」、「9　回収異常店」、「10　売上返品」、「11　仕入返品」、「12　車輛事故」となっている。

(123)『社内報だいか』第二一五号（ダイカ株式会社、一九八八年九月二〇日）一五頁。

(124)同誌各号掲載関連記事。

(125)一九七〇～八〇年代の花王の情報システムと物流システムの近代化については、『花王史一〇〇年』（花王株式会社、一九九三年三月）三七九～三八五頁および八五六～八六五頁、斎藤正治監修・山田泰三著『花王流通コラボレーション』（ダイヤモンド社、二〇〇一年八月）を参照されたい。また主に一九九〇年代の花王のそれについては、平坂敏雄『花王情報システム革命』（ダイヤモンド社、一九九六年四月）を参照されたい。

(126)前掲『社内報だいか』第一一号、一頁。

(127)同誌第一〇号（ダイカ株式会社、一九七一年七月一日）一頁および大公一郎氏への聞き取り調査による。

(128)前掲『社内報だいか』第一〇号、一頁。

(129)振吉巳歳男氏への聞き取り調査による。

(130)前掲『社内報だいか』第一一号、一頁。

(131)前掲『ダイカ創業物語』五五頁、『ダイカマンスリー』第二巻第三一号（ダイカ株式会社、一九七三年六月一日）一頁、『社内報だいか』第二七号（同社、一九七三年一月一日）二頁、同誌第三二号（同社、一九七三年六月一日）一頁、同誌第三三号（同社、一九七三年七月一日）三頁。

(132)『ダイカマンスリー』第四巻第五三号（ダイカ株式会社、一九七五年三月一日）一頁。

(133)前掲『ダイカ創業物語』八八頁。

(134)同書、九二頁、『社内報だいか』第一三五号（ダイカ株式会社、一九八二年一月一六日）三頁。

(135)前掲『ダイカ創業物語』六〇頁。

(136)同書、九二頁、前掲『第一三期事業報告書』二頁、『社内報だいか』第一三四号（ダイカ株式会社、一九八一年一二月一五日）八頁。
(137) 前掲『ダイカ創業物語』九二頁、前掲『第一三期事業報告書』二頁。
(138) 『社内報だいか』第一四七号（ダイカ株式会社、一九八三年一月二〇日）一三頁。
(139) 前掲『ダイカ創業物語』九四頁、ダイカ株式会社『第一四期営業報告書』（昭和五七年七月三一日から昭和五八年八月一日）一頁、『社内報だいか』第一四五号（ダイカ株式会社、一九八二年一一月一五日）九頁。
(140) 前掲『ダイカ創業物語』九四頁、『社内報だいか』第一六一号（ダイカ株式会社、一九八四年三月二一日）一三頁。
(141) 前掲『ダイカ創業物語』六一頁、九六～九七頁、ダイカ株式会社『第一六期報告書』（昭和五九年八月一日から昭和六〇年七月三一日まで）一頁。
(142) 『社内報だいか』第一五五号（ダイカ株式会社、一九八三年九月二〇日）一〇頁。
(143) 同誌第一九〇号（同社、一九八六年八月二〇日）四～五頁。
(144) 前掲『第一六期報告書』二頁。
(145) 前掲『ダイカ創業物語』一〇一頁。
(146) ダイカ株式会社『第一七期報告書』（昭和六〇年八月一日から昭和六一年七月三一日まで）二頁。
(147) ここでのC&Lセンターについての叙述は、前掲『ダイカ創業物語』一〇二頁、『日経流通新聞』（一九八五年六月二〇日号）、『社内報だいか』第一九二号（ダイカ株式会社、一九八六年一〇月二〇日）一一頁などによる。
(148) 『日経流通新聞』（一九八七年一一月二四日号）および『社内報だいか』第二三一号（ダイカ株式会社、一九九〇年一月二〇日）一四頁、前掲『第一九期報告書』一～二頁。
(149) 『ダイカマンスリー』第一九巻第一九九号（ダイカ株式会社、一九八七年八月一日）一頁。
(150) 前掲『第一九期報告書』一～二頁、前掲『第二〇期報告書』一頁。
(151) 前掲『週刊粧業』第一七三四号、一一頁。
(152) 『日経流通新聞』（一九九〇年二月二〇日号）。
(153) ここでのヘリオスに関する記述は、『ダイカマンスリー』第一八巻第一九四号（ダイカ株式会社、一九八七年三月一日）一頁、『あらたマンスリー』第三三号（株式会社あらた、二〇〇六年一二月一日）一頁、『会社案内HERIOS』（株式会社ヘリオス、発行年月日不詳）所収「沿革」などによる。

(154)『週刊粧業』第一五九五号（㈱週刊粧業、一九八五年八月一二日号）二頁、『日経流通新聞』一九八七年三月一九日号、同紙（一九八七年一一月一七日号）などによる。なお、ヘリオスの設立月日について、米山幸喜氏によれば一一月一一日とされる。

(155)『日経流通新聞』（一九八七年一一月二四日号）。なお、全国のVANについては、同紙（一九八八年三月一七日号）を参照されたい。

(156)『社内報だいか』第二〇三号（ダイカ株式会社、一九八七年九月二〇日）二頁、同誌第二一二号（同社、一九八八年六月二〇日）二頁。

(157)『ダイカマンスリー』第一九巻第一九九号（ダイカ株式会社、一九八七年八月一日）一頁、同誌第二〇巻第一二六号（同社、一九八八年三月一日）一頁。

(158) 同誌同号、一頁。

(159) 同誌同号、一頁。

(160) 前掲『社内報だいか』第二一二号、二頁。

(161) 前掲『ダイカ創業物語』六七頁。

(162) 前掲『第三五期営業報告書』一頁。

(163) 前掲『第三六期営業報告書』一頁。

(164) 同報告書、一頁。

(165) 前掲『第四期（第三七回）営業報告書』二頁。

(166) 前掲『第六期（第三九回）営業報告書』二頁。

(167) 前掲『第八期（第四一回）営業報告書』一～二頁。

(168) 前掲『第一二期営業報告書』一頁。

(169) ダイカ株式会社『第一四期報告書』(昭和五七年七月三一日から昭和五八年八月一日まで) 二頁。
(170) 前掲『第一六期報告書』一頁、前掲『第一七期報告書』一頁、前掲『第一八期報告書』一頁。
(171) 前掲『第一三期事業報告書』～前掲『第一八期報告書』各一～二頁。
(172) 前掲『第一九期報告書』一～二頁、前掲『第二〇期報告書』一～二頁。
(173) 筆者の質問に対するダイカ元経理担当者と大公一郎氏からの回答による。
(174) 『日経流通新聞』(一九八七年七月二五日号) 掲載の一九八六年度の石鹸・化粧品卸売業の粗利は一〇・七パーセント、同紙一九八八年七月三〇日号掲載の一九八七年度のそれは一〇・六パーセント、同紙一九八九年七月二九日号掲載の一九八八年度のそれは一一・九パーセント、同紙一九九〇年七月二八日号掲載の一九八九年度のそれは一一・二パーセントであった。
(175) 筆者の質問に対するダイカ㈱元経理担当者からの回答による。
(176) 筆者の質問に対するダイカ㈱元経理担当者からの回答による。
(177) 筆者の質問に対するダイカ㈱元経理担当者からの回答による。
(178) 前掲『第二〇期報告書』七頁。
(179) 筆者の質問に対するダイカ㈱元経理担当者からの回答による。

第四章　ダイカの広域展開――一九九〇～二〇〇〇年代初頭

はじめに

本章では、ダイカ株式会社が東北地方および関東地方へ事業を拡げていく過程を、経営史的アプローチから検討することにしたい。

一般に、経営史的視点では、企業の経営展開を促したり抑制したりする客体的条件として、社会経済状況や市場の需給両面の動向のほか、法制度や規制などの非市場的条件も考慮しなければならない。流通業に関しては、物流や情報のシステムとその基盤を成す運輸・通信システムなども重要な検討対象となろう。また、経営展開を可能とした主体的条件として、経営者による経営理念と戦略、それを実現するための組織や管理システム、組織を構成し経営目標を達成するうえで不可欠の人的資源と資金の確保の面、といった諸側面を重視する。経営実績の内容を吟味する際にも、こうした主・客両条件との関わりに注意することになろう。

一九八〇年代に北海道全域に営業の基盤を拡充させたダイカは、一九九〇年に八戸のネタツ興商を合併したのを契機に、青森、八戸、山形、福島、仙台、盛岡などの東北地域に営業拠点を拡げていった。一九九八年には、秋田の富士商会と埼玉のタナカと合併して、関東地域にも商圏を拡大した。この間、一時期は業界首位の座に上るが、その後、競争会社の攻勢に圧されることになる。そして、二〇〇二年の名古屋の伊藤伊、九州のサンビックとの共同持株会社設立を経て、二〇〇四年には持株会社設立後にその子会社に加わった四国の徳倉を含めた四社合併により、全国的卸企業の株式会社あらたへと蟬脱を遂げた。

本章では、その直前の共同持株会社あらた設立による全国統合の準備段階までの時期を対象として、可能な限り実証的に検討を進めることにしたい。

1　経営環境の変化

バブル崩壊と規制緩和

日本経済全般をみると、一九八九年からの公定歩合引上げや土地取引の総量規制によって、一九九〇年代以降、株価が急落し、翌九一年後半には地価の低落も顕著となった。この一九九一年末のいわゆるバブル崩壊以降、景気が大きく後退することとなった[1]。一九九五年から翌年にかけて景気回復の局面があったものの、九七年以降には再び景気が後退した。一九九七年の北海道拓殖銀行、山一証券、三洋証券などの破綻は、さまざまな方面へ暗い影を落とした。その後いわゆるITバブルによる短い景気浮揚感もあったが、二〇〇一年以降、累積した不良債権の問題もあって景気は減速した。その後、二〇〇三年初期には不良債権処理の進展と民需回復と企業による革新への期待感もあって景気回復の兆しをみせた。とはいえ、ダイカの扱う日用雑貨の販売業務は、こうした日本経済の景気の浮沈にさほど影響されない。それは、取り扱い商品が日用必需品であるという商品特性にもよる。ただし、後に経営実績の部分でみるように、景気の影響を実感せざるを得ない局面もあった。

一方、この時期、流通に関わる規制にも変化がみられた。一九九七年四月には消費税が五パーセントにアップされ、販売業界にはその影響による売上低迷の影響があった。また、一九八九年九月にスタートした日米構造協議の議論を受けて、大規模小売店舗法（一九七三年一〇月一日法律第一〇九号・大店法）の運用が緩和され、さらに二〇〇〇年六月には同法が廃止された。これに代わって、大規模小売店舗立地法（一九九八年六月三日法律第九一号）が施行されて、大型小売店の出店や営業が自由化された(2)。

企業システムに関わる規制緩和措置としては、一九九七年に純粋持株会社が半世紀ぶりに解禁された(3)。一九九九年の商法改正により株式交換制度が導入され、二〇〇〇年四月には会社分割法も施行された。これによって、各業界で持株会社方式による企業統合が進展することとなった。二〇〇〇～〇一年にかけて、流通関連企業では、白沢ドラッグ、ヤマモト薬品および東洋薬局によるジップ・ホールディングス（二〇〇〇年二月）、中京コカコーラと富士コカコーラボトリングによるコカ・コーラセントラルジャパン（二〇〇一年六月）、サークルケイ・ジャパンとサンクス・アンド・アソシエイツによるシー・アンド・エス（二〇〇一年七月）など、持株会社方式を選択する事例がみられた。この持株会社方式の導入主体にとっては、摩擦を緩和しながら統合を進める利点がある。とくに持株会社の経営者は、事業会社との適度な距離を保ちながら全体的な観点で展望しながら経営構想を練り上げることが可能となるので、合併への移行準備には適した形態といえよう(4)。

資本調達面では、一九九七年にストックオプションの採用が可能となり、経営者と従業員の株式取得が促されることとなった。また二〇〇二年には新株予約権の無償発行が可能となった。企業のガバナンス面では、一九九九年度に連結会計制度が導入され、二〇〇二年度には外部取締役を中心とする委員会等設置会社を選択する道も拓かれた。こうして、企業システムのいわば「国際スタンダード」への移行も進展した。

小売業の競争激化と再編

ところで、大型店舗の出店・営業の規制撤廃は、大手小売業にとっては、店舗展開が促進される要因ともなり、小売業の競争を激化させることになった。また、小売業での競争は、新・旧業態間と同一業態間の双方で激しさを増した。

業態間での競争をみると、一九九四年二月期には、セブンイレブンが経常利益で同系列のイトーヨーカ堂を凌駕し、コンビニ勢力の優勢を実績で示すこととなった。そのコンビニやスーパーの経営展開と低価格戦略に圧されて、長く日本の代表的小売業態であった百貨店の売上凋落も顕著となった。二〇〇〇年七月には、そごうが民事再生法の適用を申請した。二〇〇三年二月に私的整理を成立させた西武百貨店は、同年六月、持株会社ミレニアムリテイリングのもとで、そごうとの経営統合を果たした。百貨店の経営統合は、その後も進展した(5)。

この間、スーパーでは、一九九七年九月にヤオハンジャパンが会社更生法の適用を申請し、翌九八年二月期には、ダイエーが株式上場（一九七一年三月）以来の経常赤字となり、二〇〇〇年二月期には長崎屋も会社更生法を申請している。銀行借入による土地取得で店舗展開を遂げたダイエーは、いわばバブル崩壊の象徴的ケースとも評された。二〇〇〇年一〇月の中内会長の辞任後、会社の自力再編の道が模索されたが、二〇〇四年一二月にはその傘下各社とともに産業再生機構による再建がはかられることになる。

一方、イオンなどは、資本・業務提携などによって拡大を遂げた。二〇〇〇年三月にヤオハンジャパンから社名変更したヤオハンを、二〇〇二年三月にはマックスバリュー東海として傘下に収め、二〇〇三年一一月には、マイカルグループを完全子会社化し、その後も勢力を拡大していった。[6]

また、前述のセブンイレブンは、取引関係のあった卸会社一八社の出資を得て、一九九七年一〇月に専用卸会社SVD（フルネーム不明）を設立した。翌一九九八年三月に業務を始動させたSVDは、コンビニ勢力による川下からの垂直的統合戦略として、流通業界に大きな波紋を投じた。[7]

花王広域販社体制と外資企業の圧力

小売業の盛衰と統合が進む一方、花王製品の専門卸企業である花王販社も、一九七〇年代から八〇年代にかけて各地域の販社の統合を進展させた。一九九二年一〇月には北関東、長野、新潟の各販社が東京花王に統合され、一九九三年四月の広島県の三販社の中国花王への統合をもって、広域販社の体制をひとまず完成させる。[8] 花王販社は、これに沖縄花王（一九七四年四月設立）を加えた広域九販社体制となった。[9] この時点では、「九つまで集約すれば十分だろう」というのが花王経営陣の見方であった。[10] しかし、一九九九年四月には東京花王を存続会社として、北海道、東北、中部、近畿、中国、四国および九州の七販社が合併して花王販売株式会社と社名変更し、同年一〇月には沖縄販社の営業権も譲渡され全国販社となった。[11]

また外資系メーカーの動きとしては、P&Gファーイーストでは、一九九九年一〇月から一九八七年以降の中核代理店制度をやめて、最低発注単位を引上げると同時に卸業でも小売業でも同一の取引基準を適用すると発表した。これによって、P&G側は、自社の設定する取引基準に合致さえすれば、従来よりも広い範囲を販売先として確保することになったが、卸企業としては納入先の小売店も仕入競争の対象となったのである。[12]

また、一九九〇年代後半には、外資小売大手企業の日本進出もはかられるようになったので、既存の在日外資を含めた外資企業の動きも卸企業にとっては、危機感を増幅させる大きな要因となった。

地域卸企業の広域化

同業の卸企業の広域統合も進展した。北陸地域では、一九八〇年代にトゥディック北陸[13]と北陸新和の二社が競合していた。一九九二年九月には、北陸新和が北陸の二文字を外して新和と社名を変更した[14]。その前年一〇月に石川、富山、福井の北陸三県を越えて、名古屋に支店を開設しており、広域化を目指してのことであった。新和は、一九九五年四月には、岐阜県に本社を置く敷島物産（岐南町）、栗本物産（岐阜市）、丹羽久（恵那市）の三社を合併した。いずれも、中京地区最大の卸企業伊藤伊の二次卸会社であり、その地盤を揺るがす南下戦略と捉えられた[15]。

一九九〇年二月には、九州で一〇社の合併による株式会社サンビックが誕生した[16]。新潟では、一九九一年一〇月に、四社対等合併によるエヌ・フォーが設立された[17]。東北では、一九九一年七月に、八社による東北広域物流共同組合が設立され[18]、一九九五年六月には同組合員会社四社によって東流社が設立された[19]。

すでに一九七〇年代から広域の提携を進展させていたパルタックも、関西のほか中国・四国・九州などの卸企業との提携・統合をさらに進展させて、一九九〇年代になると、東北地域にも北上してきた。一九九三年五月一〇月には、福島県の安斎との提携による商号変更で安斎パルタックを誕生させ、同年一一月には、青森県弘前市の卸企業の株式会社三喜屋ライフ[20]との共同出資による青森パルタックを設立した[21]。これらにより東北地域は、広域化を目指す卸企業の主戦場となった感もあった。

情報システムの高度化と店頭管理技術競争

メーカーの卸会社たる販社や総合卸企業の広域連携・統合とならぶ重要な管理技術上の変化は、情報システムの進化である。受発注や在庫管理のシステムは高度化され、さらに店頭管理、メーカーや卸企業の小売店頭への提言的マネジメントも高度化された。これによって、メーカー、卸企業および大手小売店との垂直的連携や垂直的競争も進むこととなったのである。

受発注システムについてみると、花王販社では、ECRのシステムとして、一九九二年一〇月にジャスコとの共同開発で、EDI（電子データ交換）による情報共有化のシステムを導入した。これによって、発注から入荷まで、仕入れから支払いまでのそれぞれの事務を効率化した[22]。また一九九三年七月に販社のSA（Store Adviser）にペン入力式の携帯用PC「SAノート」をもたせることを試験的に始め、翌年からこれを本格的に導入した。これにより、従来帰宅後に行われていた商談やアドバイスのための資料作成などが大幅に省力化された[23]。

小売店と流通の川上との関係で、さらに重要なことは、リテイル・サポートすなわち小売店の店頭管理支援に関するノウハウの高度化であった[24]。花王販社では、すでに一九八〇年代から各地の広域販社で流通情報サービス会社を設けて、小売店の支援活動を行っていた。前述のSAは、そもそもはこの支援活動専門会社で店頭活動に携わっていたスタッフの呼称であり、それが販社での商流活動を担う人にとってかわったものである。この流通情報サービスの活動は限界があったものの[25]、花王にとってはインストア・マーチャンダイジングに関する情報とノウハウの蓄積基盤となった。

それと同時に、小売店の定番の棚割に関しては、花王では同じ一九八〇年代から、スキマティック活性化モデルという棚割管理システムを開発し、その後、このシステムを進化させた。さらに、花王では、店頭技術課（後に流通開発部、さらに流通企画開発部と名称変更）を中心に、店頭活性化のためのノウハウを開発していったのである。[26]第三章でも紹介したように、ダイカでも店頭技術研究所を設けて、こうしたインストア・マーチャンダイジング機能を充実させており、一九九〇年代には、こうした店頭活性化の機能やシステムの高度化も、流通企業の競争力を決定づける大きな要素となった。以上のような広域統合と情報システムの高度化にともない、連動する物流システムの再構築とその高度化も、流通企業の死活を左右する垂直的・水平的競争の重要な領域となったのである。

2　二〇周年の経営方針と東北進出戦略

日本企業および卸業界を取り巻く経営環境が速度を増して変化するなかで、ダイカ経営陣が一九九〇年代を迎えるにあたって示した経営方針と、この時期の東北地域での拡充戦略について、まずみておくことにしたい。

大公一郎社長と振吉巳歳男副社長の経営方針

二〇年の総括と一九九〇年代の経営目標　ダイカでは、一九八九年八月に、北海道内の七社の合併によって誕生してから二〇周年を迎えた。

大公一郎社長は、その二〇年間について、まず最初の一〇年間は各社の「社風を一つにまとめ、経営理念の確立と浸透に全力を投入した、苦闘の十年間であ」ったとする。さらにその後の一〇年間は、「橋本前社長の強力なリーダーシップの下に築いてきたダイカの企業文化を継承し、そのよさを失わないことを第一に心掛けた『守成の十年』であった」としている。ただ、その「守成の十年」の間は、「『少量多頻度多品種』といったお仕入先やお得意先の高度な要求にお応えする体制づくりに力をそそいで」きたという。「『物流設備とコンピューター情報の融合』を目指した当社でいうところの『C&L戦略』も一応の完成を見るところまできた」のも、その体制づくりを重要課題として取り組んできたからであったし、「一貫して進めて」きた「人材養成」は「最重要点として継続してゆかなければならない」としている[27]。

大社長は、一九九〇年代を間近にした第二一期（一九八九年八月一日〜一九九〇年七月三一日）の経営目標を「新たなる出発——創業の火あかあかと新流通時代に貢献しよう」とした[28]。ここにいう「創業の火」とは「お得意先、お仕入先ひいては消費者に貢献できる存在である」ことであり[29]、「あかあか」とは「いつまでも社会の役に立つ存在でありつづけるためには、絶えざる自己革新が必要である」という進化的持続性のことであろう[30]。また「新流通時代」とは、「メーカーおよび小売業からの問屋集約化の要請」が「全国的に合併や統合の大きな流れとな」って、「垂直的な機能コスト競争」が激化するような時代としている[31]。そして、「当社もこの時代を何とか乗りきって二一世紀に通用する卸売業となるべく努力を傾注してゆきたい[32]」と述べている。具体的目標としては、それまでの売上高約三八三億円から「五〇〇億企業への脱皮」を目指すことを示した[33]。

ローコスト・オペレーションの表明

振吉巳歳男副社長兼営業本部長は、「I　市場の変化に対応して（①セールス力を育成し、商品選択と売り方提案につとめる。②店技研（店頭技術研究所——引用者）の効果的活用を、更に強化する。③商品選択を徹底し、商品育成力をたかめる。）Ⅱ　業務改革を推進して（①単品在庫管理の完成に向けてスタートする。②パフォーマンス・データに基づき作業効率を向上する。③発注システムのオンライン化を更に増進する。）Ⅲ　働きがいを求めて（①小集団サークルの継続で、組織活性化をめざす。②時間の有効な管理で、週休二日制に挑戦する。③教育・訓練への積極的な参加で自己啓発にはげむ。）」という第二一期の営業本部長方針を示した。これによってコンビニに代表される利便性とディスカウントストアの低価格性の双方と、多品種少量多頻度配送が要求される商品と必ずしもそうでない商品の双方とに対応できるローコスト・オペレーションを確立するとしている。そのためには、発注方式のシステム化、返品の減少、支払の自動化などの面で得意先販売店の協力を得るとともに、良い人材を確保して改革を推進することが必要であるとしている。[34]なお、このなかで示されている「返品の減少」は、その後「無返品制度」という、より徹底した業務改革へと展開する。

大社長の経営方針、振吉副社長の営業本部長方針のいずれも、前述の卸業界の動向を先見した展望をもって、みずから競争上の革新者たらんとの表明であったといえる。

ネタツ興商との合併

ところで、大公一郎社長は、競争上の優位を確保するには、「規模を大きくして間接経費を下げ」て「投資効率を高める」ことが「重要な競争要件」と明言している。[35]

この競争優位をはかる経営構想を実現するためにとられた一九九〇年代の最初の戦略は、一九九〇（平成二）年六月一日のネタツ興商との対等合併であった。青森県八戸市に本社を置き、八戸、盛岡、秋田、山形、仙台に営業拠点をもつネタツとの合併は、合併後のダイカにとって福島県を除く東北五県への広域展開を意味した。

ネタツの取扱品目は、トイレタリー三分の二、家庭用品三分の一であり、化粧品を欠いていたので、ネタツ側にとっても、ダイカとの合併により非食品の主力商品が揃うこととなった。[36]またネタツの工藤欣一社長は「今後、物流と情報の大型投資が必然的になることを予想した時、ネタツ興商単体をもっては、広域にそれを実現することは力の限界を超える」と感じており、「早くから現在の情勢にいたることを洞察」して「卸機能を実現」してきたダイカとの合併が有望と思われたという。[37]

ネタツ興商（資本金三〇〇〇万円）[38]の工藤欣一社長とダイカの大公一郎社長は、「業界七人のメンバーによるMSS研究会」[39]を通じて「十五年にわたる家族ぐるみのおつきあい」をしていた間柄でもあり[40]、信頼の素地ができていたのである。

この合併では、ダイカが北海道の取引価格（全国の平均的価格）を青森県に持ち込んだことにより、同県でのプライス・リーダーとなっていたホームセンターなどによる乱売を鎮静化させるという思わぬ効果もみられた。と同時に、この地域での地元卸や前述のように北上するパルタックとの競争が見込まれた[41]。すなわち、小売側による仕入単価の極端な引き下げという垂直的競争には一時的に対抗し得たが、同業卸企業との水平的競争が熱気を帯びることが予想されたのである。

営業拠点の拡充と情報・物流システムの進化

大店法緩和によって店舗展開が可能となった大手小売との垂直的競争や、同業卸企業との水平的競争が見込まれるなかで、大社長らは「北海道・東北の消費者に期待される卸流通機能を一層充実させるため、積極的な投資を行」うとした。その手始めとして、青森支店の新築移転（一九九一年九月竣工）[42]、石狩支店の増改築（一九九一年一二月）および八戸支店の土地取得・新社屋建設（一九九二年四月着工）の計画を示し、このうち青森支店の新築移転のための土地取得費と建設工事費として、七億二九〇〇万円を投じた[43]。

後述するように、一九九二年はダイカ経営史のなかで、画期的なふたつのことがあった。そのひとつは、同年四月一日から仕入先へ返品しないことを宣言したことであり、いまひとつは同年七月二三日に店頭登録銘柄として株式を公開したことである[44]。八戸支店は、この年の一〇月に竣工し、一一月九日から業務を開始した。また同年一一月には仙台支店の新社屋も落成し、一一月一六日から業務を開始している[45]。一九九三年八月には帯広支店の増改築を完了し、翌一九九四年一一月には新設された山形支店の社屋を完成させた。山形支店のスタートに際しては、新潟に本社を置く三協商事が山形営業所を閉鎖するのにともない、同社同営業所から一三名がダイカに入社した（内五名は嘱託社員）[46]。また仙台支店が業務拡大で狭隘になったことと、福島県の得意先へのサービス向上をはかるため、一九九五年四月に福島支店を開設して業務を開始した[47]。福島県は、前述のように二年前の一九九三年にパルタックが初めて東北に進出した土地であり、競争上、体制強化が必要な地域であった。この福島支店の設置により、ダイカの東北エリアは、八戸、青森、仙台、山形、福島の五支店体制となった。

仙台支店は、さらに手狭になったため、仙台市北部中核団地（宮城県黒川郡大衡村桔梗平五―二）に移転することとし、一九九六年七月より着工し、一一月二五日より新社屋での業務を開始した。同支店には、ダイカとしては初めての自動倉庫が設置され、従来の二・五倍の物流量を処理することが可能となった[48]。また同年一二月には旭川支店の増改築も完了した[49]。

この営業拠点の拡充は、情報・物流システムの充実もともなった。ダイカ成立から二五周年を迎えた一九九四年八月、大公一郎社長は第二六期の経営目標として「継続しつつ進化――低価格時代に対処する」を示し、コスト計算による各種作業の見直しを行い、業務の効率化を推進することとした[50]。

情報システムの進化の面では、従来のＡＤＯＮｉＳによる集中管理型から各支店の分散型の新システムＤＡＲＷＩＮ（Daika Refined Working System）を開発し、一九九四年一一月に導入した[51]。

また物流面では、翌一九九五年一月には、システム開発のベンチャー企業のソルベックス社と共同開発した新しいピッキング・システムのＤＲＥＡＭ（Daika Refined Assemble Machine）を完成させ、山形支店をはじめ岩見沢支店、Ｃ＆Ｌセンターおよび各支店へ導入した[52]。一九九六年一〇月には、従来二人一組で読み合わせをしていた出荷検品を一人で実施できる検品機アッテル（社内募集で「合っている」に由来）を導入した[53]。

富士商会とタナカとの合併

北奥羽三県では、一九九七年五月には盛岡営業所（盛岡市市門二―一）を開設した[54]。翌一九九八年四月にダイカは、秋田県秋田市の富士商会と合併し、北奥羽での基盤を強化した。これと同時に、埼玉県八潮市のタナカと合併して関東地域への進出を果たした[55]。

富士商会は、一九四七（昭和二二）年五月に蠟燭や化粧品の製造を始め、その後、歯磨や固形石鹼の卸問屋に転じた。その頃、戦後の石鹼配給規則による配給統制下で、県下二三三軒の小売店と九万三六〇〇人の消費者の配給経路を確保し、流通の基盤を確保した。その後、石鹼のほか、化粧品や日用品までメーカーの特約店・代理店として成長した。合併直前の時点では、ライオン、資生堂ファイントイレタリーなどが主要仕入先であった。主要販売先はジャスコ、北日本ウェルマートなどで、秋田県内一円と山形県庄内地方の大型店や小売店に販売していた[56]。ダイカとの関係では、表４－１に示されるように、富士商会の鈴木茂夫社長が一九九四年八月一日に始まる第六〇期からすでにダイカの監査役に就いていた。また、富士商会では、前述のＤＡＲＷＩＮも、ダイカとの業務提携によって一九九五年九月から導入していた。いずれも来るべき協業・合併を前提としてのことであったという[57]。合併直前で、富士商会の年商は約六〇億円、純資産六億六七二九万円（簿価）、従業員約六〇名であった[58]。

一方、タナカは、一九二六（大正一五）年二月に、紙問屋で小売も行う合資会社田中米二商店として、東京市浅草

取締役・監査役

期(ダイカ)	29	30	31	32	33	34
期(忝十全堂)	63	64	65	66	67	68
期　間	1997年8月1日~98年7月31日	1998年8月1日~99年7月31日	1999年8月1日~2000年7月31日	2000年8月1日~01年7月31日	2001年8月1日~02年3月31日	2002年4月1日~03年3月31日
現在年月日	1998年7月31日	1999年7月31日	2000年7月31日	2001年7月31日	2002年3月31日	2003年3月31日
代表取締役会長	*田中作次(タ)*	田中作次(タ)	田中作次(タ)	田中作次(タ)	田中作次(タ)	田中作次(タ)
代表取締役社長	大公一郎(大)	大公一郎(大)	大公一郎(大)	大公一郎(大)	大公一郎(大)	大公一郎(大)
代表取締役副社長(東北支社長)	*鈴木茂夫(富)*	鈴木茂夫(富)	鈴木茂夫(富)	鈴木茂夫(富)	鈴木茂夫(富)	鈴木茂夫(富)
代表取締役副社長			*名児耶徳雄(N鍋)*			
代表取締役副社長(営業本部長)	振吉巳歳男(ダ)	振吉巳歳男(ダ)	振吉巳歳男(ダ)	振吉巳歳男(ダ)	振吉巳歳男(ダ)	振吉巳歳男(ダ)
代表取締役副社長(新潟支社長)				高橋寿一(N高)	高橋寿一(N高)	高橋寿一(N高)
専務取締役(関東支社長)	*阿部勇次(タ)*	阿部勇次(タ)	阿部勇次(タ)	阿部勇次(タ)	阿部勇次(タ)	阿部勇次(タ)
専務取締役(営業部長)	橋本雄司(ダ)	橋本雄司(ダ)	橋本雄司(ダ)	橋本雄司(ダ)	橋本雄司(ダ)	橋本雄司(ダ)
専務取締役(総務本部長)	工藤要祐(ネ)	工藤要祐(ネ)	工藤要祐(ネ)	工藤要祐(ネ)	工藤要祐(ネ)	工藤要祐(ネ)
専務取締役(業務本部長兼財務部長)			佐藤敏明(丸)	佐藤敏明(丸)		
専務取締役(新潟支社長)			*高橋寿一(N高)*			
常務取締役(研修室長)	坂下五郎(ダ)					
常務取締役(札幌支店長)	池田　稔(大)					
常務取締役(業務本部長兼財務部長)	佐藤敏明(丸)	佐藤敏明(丸)				
常務取締役(業務副本部長)	*中川彰之助(タ)*	中川彰之助(タ)				
常務取締役(営業副本部長)	*平田啓一郎(タ)*	平田啓一郎(タ)				
常務取締役(新潟営業部長)			*高橋通夫(N高)*	高橋通夫(N高)	高橋通夫(N高)	高橋通夫(N高)
常務取締役(石狩支店長)			渡部信幸(大)	渡部信幸(大)	渡部信幸(大)	渡部信幸(大)
常務取締役(札幌支店長)			町屋精衛(丸)	町屋精衛(丸)	町屋精衛(丸)	町屋精衛(丸)
常務取締役(関越営業部長)				嶋脇　明(ダ)	嶋脇　明(ダ)	嶋脇　明(ダ)
取締役(八潮支店長)	*兼平　昇(タ)*	兼平　昇(タ)				
取締役(ペット事業部長)	*粕川　務(タ)*	粕川　務(タ)				
取締役(石狩支店長)	渡部信幸(大)	渡部信幸(大)				
取締役(旭川支店長)	町屋精衛(丸)	町屋精衛(丸)				
取締役(人事部長)	森　讃(大)	森　讃(大)	森　讃(大)			
取締役(経営開発室長)	坪田政光(ダ)	坪田政光(ダ)	坪田政光(ダ)	坪田政光(ダ)	坪田政光(ダ)	坪田政光(ダ)
取締役(仙台支店長)	嶋脇　明(ダ)	嶋脇　明(ダ)	嶋脇　明(ダ)			
取締役(仙台支店長)				*前川昭典(ダ)*	前川昭典(ダ)	前川昭典(ダ)
常勤監査役	*蒔苗　誠(富)*	蒔苗　誠(富)	蒔苗　誠(富)	蒔苗　誠(富)	蒔苗　誠(富)	蒔苗　誠(富)
常勤監査役	*久保秀夫(タ)*	久保秀夫(タ)	久保秀夫(タ)	久保秀夫(タ)	久保秀夫(タ)	久保秀夫(タ)
常勤監査役	佐藤幸男(ダ)	佐藤幸男(ダ)	佐藤幸男(ダ)			
監査役	*高橋小百合(個)*	高橋小百合(個)	高橋小百合(個)	高橋小百合(個)	高橋小百合(個)	高橋小百合(個)

5．第58期の工藤専務は総務本部担当となり，出口常務の担当名称は業務本部長に，太田常務のそれは総務本部長にそれぞれ戻っている。また佐藤取締役が財務部長，渡部取締役が石狩支店長となり，菅原取締役が
㈱ファッションダイカ常務取締役兼務，石田博監査役が北海道花王販売㈱取締役相談役兼務となっている。
6．第60期の工藤専務は総務本部長，佐藤常務は業務本部長兼財務部長となっている。
7．第64期の町屋取締役は札幌支店長となっている。
8．第65期の嶋脇取締役は関越営業部長，橋本専務は北海道支社長兼北東営業部長となっている。
9．第66期の高橋常務は新潟営業部長兼長岡支店長となっている。

表4-1　各期末の

期(ダイカ)	21	22	23	24	25	26	27	28
期(忝十全堂)	55	56	57	58	59	60	61	62
期　間	1989年8月1日~90年7月31日	1990年8月1日~91年7月31日	1991年8月1日~92年7月31日	1992年8月1日~93年7月31日	1993年8月1日~94年7月31日	1994年8月1日~95年7月31日	1995年8月1日~96年7月31日	1996年8月1日~97年7月31日
現在年月日	1990年7月31日	1991年7月31日	1992年7月31日	1993年7月31日	1994年7月31日	1995年7月31日	1996年7月31日	1997年7月31日
代表取締役会長	*工藤欣一(ネ)*	工藤欣一(ネ)	工藤欣一(ネ)	工藤欣一(ネ)	工藤欣一(ネ)	工藤欣一(ネ)	工藤欣一(ネ)	工藤欣一(ネ)
代表取締役社長	大公一郎(大)	大公一郎(大)	大公一郎(大)	大公一郎(大)	大公一郎(大)	大公一郎(大)	大公一郎(大)	大公一郎(大)
代表取締役副社長(営業本部長)	振吉巳歳男(ダ)	振吉巳歳男(ダ)	振吉巳歳男(ダ)	振吉巳歳男(ダ)	振吉巳歳男(ダ)	振吉巳歳男(ダ)	振吉巳歳男(ダ)	振吉巳歳男(ダ)
専務取締役	石倉克祐(倉)	石倉克祐(倉)	石倉克祐(倉)	石倉克祐(倉)	石倉克祐(倉)			
専務取締役	*工藤要祐(ネ)*	工藤要祐(ネ)	工藤要祐(ネ)	工藤要祐(ネ)	工藤要祐(ネ)	工藤要祐(ネ)	工藤要祐(ネ)	工藤要祐(ネ)
専務取締役(営業本部長)						橋本雄司(ダ)	橋本雄司(ダ)	橋本雄司(ダ)
常務取締役(営業部長)	*橋本雄司(ダ)*	橋本雄司(ダ)	橋本雄司(ダ)	橋本雄司(ダ)	橋本雄司(ダ)			
常務取締役(業務統括部長)	出口龍一(ダ)	出口龍一(ダ)	出口龍一(ダ)	出口龍一(ダ)	出口龍一(ダ)			
常務取締役(総務部長)	太田敏雄(丸)	太田敏雄(丸)	太田敏雄(丸)	太田敏雄(丸)	太田敏雄(丸)			
常務取締役(研修室長)	坂下五郎(ダ)	坂下五郎(ダ)	坂下五郎(ダ)	坂下五郎(ダ)	坂下五郎(ダ)	坂下五郎(ダ)	坂下五郎(ダ)	坂下五郎(ダ)
常務取締役(札幌支店長)	池田　稔(大)	池田　稔(大)	池田　稔(大)	池田　稔(大)	池田　稔(大)	池田　稔(大)	池田　稔(大)	池田　稔(大)
常務取締役(八戸支店長)	*野里竹男(ネ)*	野里竹男(ネ)	野里竹男(ネ)	野里竹男(ネ)	野里竹男(ネ)	野里竹男(ネ)	野里竹男(ネ)	
常務取締役(業務本部長兼財務部長)					佐藤敏明(丸)	佐藤敏明(丸)	佐藤敏明(丸)	佐藤敏明(丸)
取締役(財務部長)	新井順二(大)	新井順二						
取締役(経営開発室長)	佐藤敏明(丸)	佐藤敏明(丸)	佐藤敏明(丸)	佐藤敏明(丸)				
取締役(営業管理部長兼物流管理室長)	渡部信幸(大)	渡部信幸(大)	渡部信幸(大)	渡部信幸(大)	渡部信幸(大)	渡部信幸(大)	渡部信幸(大)	渡部信幸(大)
取締役(旭川支店長)	町屋精衛(丸)	町屋精衛(丸)	町屋精衛(丸)	町屋精衛(丸)	町屋精衛(丸)	町屋精衛(丸)	町屋精衛(丸)	町屋精衛(丸)
取締役(釧路支店長)	菅原　稔(大)	菅原　稔(大)	菅原　稔(大)	菅原　稔(大)	菅原　稔(大)	菅原　稔(大)	菅原　稔(大)	
取締役(函館支店長)	早坂隆之(丸)	早坂隆之(丸)	早坂隆之(丸)	早坂隆之(丸)	早坂隆之(丸)	早坂隆之(丸)	早坂隆之(丸)	
取締役(人事部長)					*森　讃(大)*	森　讃(大)	森　讃(大)	森　讃(大)
取締役(経営開発室長)								*坪田政光(ダ)*
取締役(仙台支店長)								*嶋脇　明(ダ)*
常勤監査役			新井順二(大)	新井順二(大)	新井順二(大)	新井順二(大)	新井順二(大)	新井順二(大)
常勤監査役	小林　功(幸)	小林　功(幸)	小林　功(幸)	小林　功(幸)	小林　功(幸)	小林　功(幸)		
常勤監査役							*佐藤幸男(ダ)*	佐藤幸男(ダ)
監査役	石田　博(田)	石田　博(田)	石田　博(田)	石田　博(田)	石田　博(田)	石田　博(田)	石田　博(田)	石田　博(田)
監査役						*鈴木茂夫(富)*	鈴木茂夫(富)	鈴木茂夫(富)

(出典) ダイカ株式会社『第21期報告書』, 同『第56期～第59期営業報告書』, 同『第60期～第68期有価証券報告書』。

(注) 1. 氏名右横に示した（　）内は，次のように入社した会社名をさす。ダイカ㈱成立参加の7企業では（大）＝忝十全堂，（丸）＝丸文，（石）＝石倉産業，（田）＝石田商店，（幸）＝大幸商店などであり，ダイカ㈱成立以降では，（ダ）＝ダイカ，（ネ）＝ネタツ興商（あるいは前身の工辰四郎商店→ネタツ興商)，（富）＝富士商会，（タ）＝タナカ（あるいは前身の田中紙店あるいはさらにその前身の田中米二商店→タナカ)，（N高）＝（高橋商店→エヌフォー)，（N鍋）＝（鍋六商店→エヌフォー）などである。（個）は個人事務所所属である。

なお，高橋小百合監査役は，高橋法律事務所所属で，㈱タナカの監査役を務めていた。また65期に副社長に就く名児耶徳雄は鍋六入社前和久井商店に入っている。

2. 網掛・イタリック体の氏名は新任を示す。

3. 第56期の出口常務の担当名称は業務本部長に，太田常務のそれは総務本部長に，渡部取締役のそれは，営業管理部長に変わっている。

4. 第57期の出口常務の担当名称は業務本部長兼財務部長に，太田常務のそれは総務本部長兼人事部長に変わっている。

区東三筋町（後の台東区三筋一・二丁目あたり）で創業した。一九六六（昭和四一）年に株式会社田中紙店に改組し、同社社長となった田中作次（旧姓阿部作次、新潟県栃尾市出身、一九五四年六月入社、翌一九五五年一〇月田中米二の養子となる）のリーダーシップにより一九八三年には売上一〇〇億円を超え、家庭紙卸業界のトップへと躍進した。この間の一九七五年九月、創立五〇周年を機会に、株式会社タナカに社名を変更している。(59) 合併直前の時点で、年商約四六〇億円、純資産五五億四五三七万円（簿価）、従業員数約四〇〇名、一五の支店を有していた。(60)

ダイカとの関係については、まず一九九六年一二月に、タナカの田中作次社長から、ダイカの大公一郎社長へ合併の申し入れがあったという。田中は、変化の激しい経営環境のなかで「お客さまの繁栄のためにより必要な存在になること、この一念で大社長に合併を申し入れた」という。こうした経営理念のほかに、大社長と企業の経営体質の良さにも好感をもっていたようである。さらに「ダイカの商圏は福島まで降りてきて」いたが「タナカは福島以北はなくて神奈川から」なので、商圏を広域化するうえで「こんなチャンスはない、一緒になれたら最高と思」ったという。大社長も、「企業は社会のもの、お得意先様に役だってこそ存在理由がある、そのためにタナカという会社がなくなってもかまわないと、常に社員に言っている」ということを聞いて、社会奉仕というダイカの創業時代からの経営理念と一致していたこと、またダイカの商圏として広がった「東北も軌道に乗ってきたものの充分な体制ではな」く、「商圏の拡大という規模の経済性も有効で」あり、その充実をはかるため、自社の経営陣ともよく話し合ったうえで合併を決断したという。他方、富士商会については、ダイカの大公一郎社長から、前述のようにダイカとも業務や経営面で協力を進めていた富士商会の鈴木茂夫社長に合併話を持ち掛けたという。富士商会でも、鈴木茂夫社長が「卸としてのあるべき将来像を聞き、共感」し、鈴木節夫会長もタイミングもよいと賛同したという。(61)

一九九七年一二月二日に合併を発表し、同年一二月二九日には合併契約を締結した。そして翌一九九八年二月九日の臨時株主総会の承認を得て、同年四月一日をもって存続会社のダイカ株式会社に株式会社タナカと株式会社富士商会の資産と従業員を継承し、タナカと富士商会両社は解散した。[62] これを機に、旧タナカ（埼玉県八潮市）を関東支社として組織化するとともに、[63] 仙台に東北支社を設置し、旧富士商会社屋を秋田支店（秋田市卸町三丁目一九八）として、[64] 札幌本社と二支社の体制となった。それまで秋田には旧ネタツ興商の秋田拠点を継承したダイカの秋田営業所（秋田市山王一丁目四―一）があったが、物流は青森で行っており、従業員も三人くらいと小規模なものであった。[65] この秋田支店設置により、秋田地区の物流の充実がはかられることとなった。また、関東支店では、旧タナカの取扱商品であった家庭紙とペットフード以外の化粧品や日用雑貨などの商品を関東圏で拡充することが、同支社の当面の課題となった。[66]

秋田支店の新設とつくば物流センターの開設

二社合併後も、機能強化のため施設・設備更新の投資は積極的に進められた。まず、旧富士商会社屋を利用していた秋田支店は、ほどなく狭隘となることが予測された。そこで、秋田西部工業団地（秋田市新屋鳥町一―一三七）に移転することとし、ちょうど合併期日の一九九八年四月一日より新社屋の建築に着工し、同年八月に竣工して移転した。前述のＤＡＲＷＩＮはじめ、高層自動倉庫（二二〇〇パレット）、ＤＲＥＡＭ、アッテルなど、その時点での最新の物流機器が導入され、秋田商圏の拡充に貢献することとなった。[67]

また関東圏での日用雑貨・化粧品のフルライン供給体制の要として、茨城県土浦市のテクノパーク土浦工業団地内（土浦市紫ヶ丘五番地二）の六五四〇坪の土地を求め、一九九九年七月二五日につくば物流センターの建設に着工した。二層の建物の総床面積は四三〇〇坪、高さ二五メートルの物流倉庫の収容能力は七七〇〇パレットで、一時間に三〇

○パレットの速さで処理できる能力を備えていた。方面別梱仕分けソーターは一一分岐となっていて、一時間に四○○ケースの処理が可能であった。また、DREAM五○台とアッテル五台も導入された[68]。

ダイカの代表取締役会長に就任した田中作次は、関東圏での経営者としての経験を基礎に、このつくば物流センターの機能を「一つは、関東支社全店分のピースピッキングの集約と支店への移送。二つ目は、近郊エリアの直接物流（お得意先様への直接納品）。三つ目は、お得意先様への配送センターへの納品業務」の三つに整理している。さらに、つくば物流センターでは「機械設備と最新テクノロジーを活用するため、関東支社の情報システム部も同センターに移動し運営にあたる」とした。そして、取扱い商品が広がった「関東地域においても」今後は「新製品の情報提供、販売促進企画の積極提案、店舗への定期的訪問、カテゴリー別売場提案、店頭陳列・売場作りなどの活動に力を注ぐ」と抱負を述べている。商品範囲が拡大したことにともない、インストア・マーチャンダイジングへの注力がより必要であるとの判断であったのだろう。そして、つくば物流センターでは、旧タナカのネットワークを通して、一九九九年四月より段階的に業務を開始し、同年七月には東松山店への移送を開始するにいたった[69]。

投資額と組織

これまでの営業拠点の拡充とそれと並行した情報・物流システムの更新により、設備投資額は大きなものとなった。表4－2に示される東北地域での設投資額は、累計で四五億一四四八万円に達した。このうち、上述の秋田支店や東北支社および仙台支店は九億円を超える投資額となっている。

表4－3に示される関東地区での投資額をみると、やはりつくば物流センターの投資額が二九億二八一八万円で、関東地域での総投資額五二億九六七○万円の五五パーセント余りを占めている。また、表4－2と表4－3の土地の

部分に注目すると、東北地域での一平方メートル当り平均土地投資額（一九億六〇八六万五〇〇〇円÷八万一二八平方メートル）は約二万四五〇〇円であるのに対し、関東地域のそれ（二二億三一四〇万三〇〇〇円÷四万六四六一平方メートル）は、約四万八〇〇〇円と倍近くになる。さらに、表4－4によって、北海道地域をみると、投資時期の違いもあるので、単純比較には限界があるものの、北海道地域の一平方メートル当り平均土地投資額（七億二〇六九万八〇〇〇円÷五万八六五一平方メートル）は約一万二九〇〇円であり、東北地域のほぼ半額である。総投資額をみると、北海道地域が二一億六二九四万円、東北地域が四五億一四四七万五〇〇〇円、関東地域が五二億九六七〇万一〇〇〇円である。したがって、北海道から東北そして関東へと広域化戦略を実施するに際して、次第に土地価格の倍増する地域へ、より多くの投資を積極・果敢に行ったことが理解される。なお、これらの他に表4－5に示すように、社宅・独身寮の整備や関係会社への投資もあった[70]。

一方、営業拠点の統廃合も実施した。北海道地域では、一九九八（平成一〇）年八月一日をもって小樽支店を閉鎖し、札幌支店に吸収した。また室蘭支店も翌一九九九年六月二〇日をもって閉鎖し、苫小牧支店に吸収した。東北地区では、上述の秋田支店の新社屋への移転にともない、一九八八年八月二四日をもって従来の大館営業所を秋田支店に吸収した[71]。これらにより、一九九九年七月末時点でのダイカの組織図は、図4－1に示されるようなかたちとなった。

表４－２　東北地域における投資額（1999年７月31日現在）

（金額単位：千円）

事業所名	所在地	従業員数	土地		建物		構築物（金額）	車輌・運搬具（金額）	什器・備品（金額）	投下資本合計
			面積(㎡)	金額	面積(㎡)	金額				
青森支店	青森県青森市	29	10,036	367,314	2,889	198,447	40,888	6,007	22,146	634,803
八戸支店	青森県八戸市	48	7,272	239,563	5,594	271,120	7,593	9,073	27,220	554,571
秋田支店	秋田県秋田市	49	10,000	271,692	6,655	567,420	18,367	9,095	129,401	995,978
東北支社及び仙台支店	宮城県黒川市大衡村	51	21,040	348,500	6,977	517,429	28,267	8,593	64,005	966,796
山形支店	山形県天童市	34	8,446	387,316	4,322	268,485	5,938	7,511	21,744	690,996
福島支店	福島県田村郡船引町	36	23,333	346,477	4,265	277,242	13,861	10,832	16,801	665,216
盛岡営業所	岩手県盛岡市	11	－	－	－	－	－	4,197	1,915	6,112
東北計		258	80,128	1,960,865	30,704	2,100,146	114,916	55,310	283,235	4,514,475

（出典）ダイカ株式会社『第64期有価証券報告書』。

（注）１．盛岡営業所の土地（650㎡）と建物（278㎡）は賃借である。

２．業務内容については，盛岡営業所のみ「販売業務」であり，それ以外は「管理及び販売業務」である。

表４－３　関東地域における投資額（1999年７月31日現在）

（金額単位：千円）

事業所名	所在地	従業員数	土地		建物		構築物（金額）	車輌・運搬具（金額）	什器・備品（金額）	投下資本合計
			面積(㎡)	金額	面積(㎡)	金額				
関東支社及び八潮支店	埼玉県八潮市	77	3,954	242,488	5,414	238,139	13,396	17,652	118,080	629,758
柏支店	千葉県柏市	42	1,650	108,212	1,159	22,561	1,506	19,153	2,970	154,404
大宮店	埼玉県大宮市	26	2,640	77,021	1,685	61,385	823	11,568	5,288	156,085
千葉店	千葉県千葉市稲毛区	30	4,041	296,635	1,471	38,579	2,252	12,075	6,443	355,986
多摩店	東京都武蔵村山市	22	2,648	269,958	1,266	20,383	1,509	9,570	3,872	305,293
横浜店	神奈川県横浜市金沢区	23	1,365	78,408	1,606	95,318	1,165	6,668	9,131	190,693
和光店	埼玉県和光市	27	－	－	－	24,993	903	10,363	2,881	39,142
相模原店	神奈川県相模原市	22	－	－	－	3,684	867	8,262	7,727	20,542
水戸店	茨城県茨城郡岩間町	11	4,954	132,460	2,281	77,719	14,583	4,408	6,820	235,992
宇都宮店	茨城県河内郡上河内町	25	3,617	90,866	1,544	68,415	4,235	12,097	4,600	180,215
前橋店	群馬県新田郡藪塚本町	21	－	－	－	3,480	411	6,352	11,919	22,164
川崎店	神奈川県川崎市高津区	22	－	－	－	9,861	1,362	7,529	2,269	21,023
木更津店	千葉県木更津市	11	－	－	－	1,724	1,020	2,263	2,794	7,803
海老名店	神奈川県綾瀬市	24	－	－	－	9,928	792	10,240	13,894	34,856
東松山店	埼玉県比企郡川島町	18	－	－	－	－	711	6,772	7,069	14,553
つくば物流センター	茨城県土浦市	47	21,590	935,351	14,624	1,295,667	49,135	30,306	617,723	2,928,184
関東計		448	46,461	2,231,403	31,055	1,971,845	94,679	175,284	823,489	5,296,701

（出典）ダイカ株式会社『第64期有価証券報告書』。

（注）１．関東支社及び八潮支店には表示以外に賃借の土地（903㎡）と建物（499㎡），柏支店にも同様に賃借の土地（1,881㎡）と建物（528㎡）がある。

２．和光店は土地（2,851㎡）と建物（1,102㎡），相模原店は土地（1,940㎡）と建物（1,148㎡），前橋店は土地（3,868㎡）と建物（1,283㎡），川崎店は土地（2,167㎡）と建物（1,073㎡），木更津店は土地（3,754㎡）と建物（1,012㎡），海老名店は土地（4,790㎡）と建物（2,215㎡），東松山店は土地（3,735㎡）と建物（1,969㎡）がそれぞれあるが，これらはいずれも賃借である。

３．業務内容については，関東支社及び八潮支店のみ「関東地区統括及び販売業務」であり，それ以外は「管理及び販売業務」である。

表４－４　北海道地域における投資額（1999年７月31日現在）

（金額単位：千円）

事業所名	所在地	従業員数	土地		建物		構築物（金額）	車輛・運搬具（金額）	什器・備品（金額）	投下資本合計
			面積(㎡)	金額	面積(㎡)	金額				
本社	札幌市東区	83	1,159	39,009	3,731	65,212	2,631	7,071	54,177	168,102
函館支店	函館市	39	2,843	17,463	3,115	53,129	1,373	5,039	5,123	82,130
苫小牧支店	苫小牧市	40	6,612	55,770	3,581	105,193	9,206	5,789	13,523	189,483
札幌支店	札幌市白石区	72	6,600	49,312	4,769	92,878	4,469	9,839	15,934	172,435
石狩支店	石狩市	67	10,000	132,470	7,583	349,893	4,620	9,399	28,736	525,120
岩見沢支店	岩見沢市	29	6,611	79,841	2,663	81,915	2,064	4,349	11,931	180,102
旭川支店	旭川市	49	14,774	221,555	6,762	221,406	9,822	10,285	16,484	479,555
帯広支店	帯広市	34	2,694	21,355	3,858	112,789	1,053	5,717	15,646	156,561
北見支店	北見市	29	3,505	38,097	2,612	42,861	111	6,054	4,706	91,832
釧路支店	釧路市	36	3,851	65,824	2,261	43,502	505	3,775	4,007	117,616
北海道計		478	58,651	720,698	40,939	1,168,783	35,861	67,322	170,274	2,162,940

（出典）ダイカ株式会社『第64期有価証券報告書』。

（注）１．本社の建物（3,731㎡）には，関係会社の株式会社ファッションダイカへの賃借建物（2,289㎡）が含まれている。

２．業務内容については，本社のみ「全社業務業務」であり，それ以外は「管理及び販売業務」である。

表４－５　その他の投資額（1999年７月31日現在）

（金額単位：千円）

事業所名	所在地	自社・賃貸	土地		建物		構築物（金額）	車輛・運搬具（金額）	什器・備品（金額）	投下資本合計
			面積(㎡)	金額	面積(㎡)	金額				
社宅・独身寮	江別市他	自社	3,334	57,996	1,553	87,582	1,531	-	-	147,110
その他・賃貸等	石狩市他	賃貸	11,940	-	10,018	-	-	-	-	-
		自社	75,483	1,492,655	20,457	579,238	6,516	-	7,288	2,085,698
北海道計		自社分のみ	78,817	1,550,651	22,010	666,821	8,047	-	7,288	2,232,809

（出典）ダイカ株式会社『第64期有価証券報告書』。

（注）その他・賃貸等の土地（11,940㎡）と建物（10,018㎡）は，関係会社の株式会社アドニス等への賃貸分である。

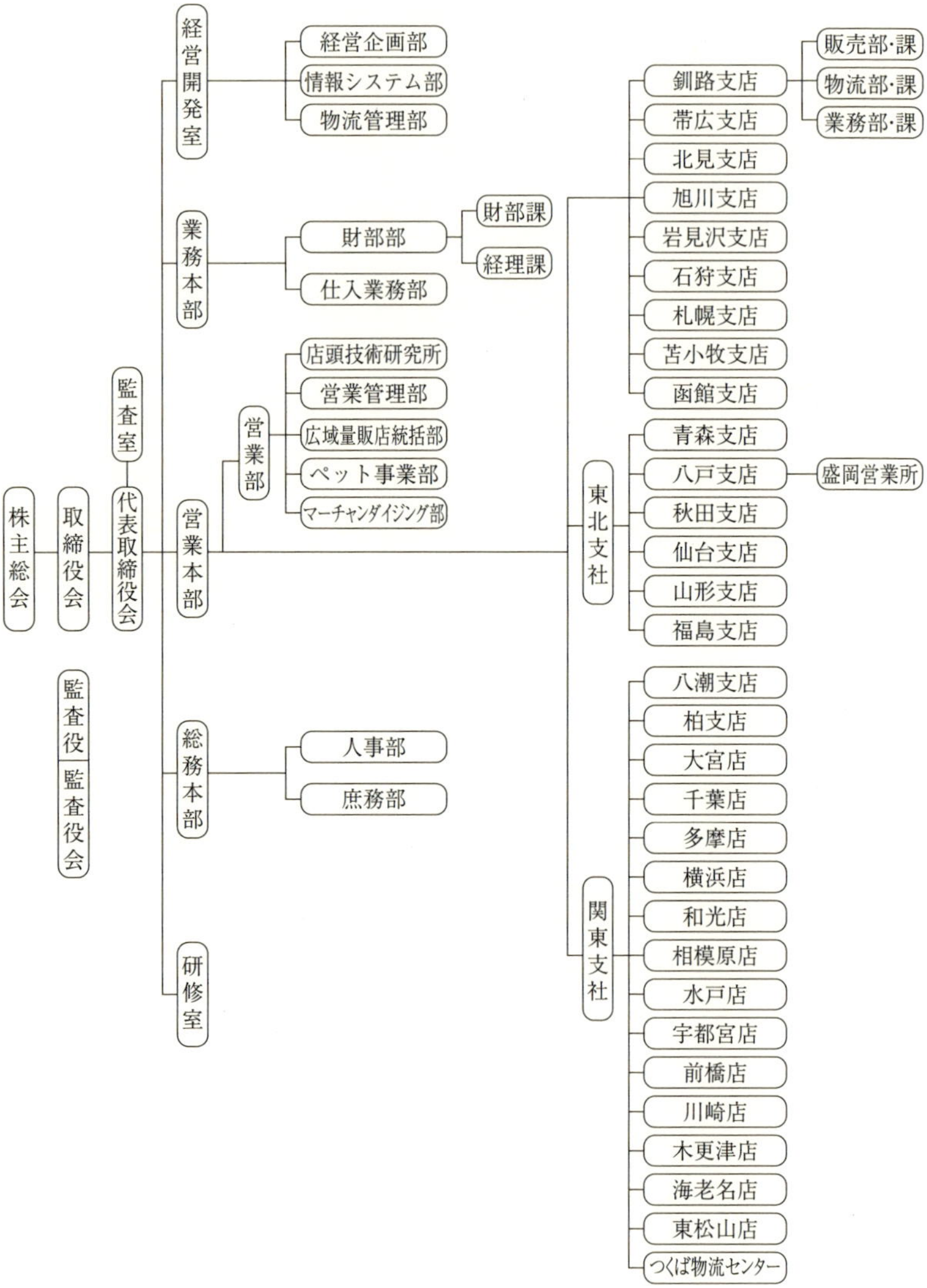

図 4－1　ダイカの組織図（1999年７月末現在）

（出典）ダイカ株式会社『第64期有価証券報告書』13頁より転載。

3　三〇周年の経営方針と新潟県への進出戦略

三〇周年の経営方針

タナカと富士商会との合併四カ月後の一九九九年八月一日、ダイカ株式会社が成立してから三〇周年を迎えた。この時期、前述のように、外資流通大手企業の日本進出や国内の外資系メーカーや日本のメーカー、さらには国内大手小売勢力などによる卸経路排除の動きが活発となっていた。大公一郎社長は、第二一期の経営目標で掲げた「新流通時代」をさらに広くかつ具体的に捉えて、第三二期（一九九九年八月～二〇〇〇年七月）には「新時代を生きる――流通グローバル化の中で、今こそ卸の真価を発揮しよう」という経営目標を示した[72]。

大社長は、一九九九年九月四日～五日にかけてロイトン札幌で開かれた創立三〇周年全社員大会の場で、「創業の一〇年」に続く一〇年間を「守成の一〇年」、それに続く一〇年を「脱皮の一〇年」と位置づけ、商圏が北海道・東北・関東へと東日本全体に広がり地域卸から広域卸へと蝉脱を遂げたと振りかえった。そのうえで、これからの一〇年を「変革の一〇年」と呼び、「全国卸ナショナルホールセラーを目指すことになると思う。東日本の卸商社にいつまでもとどまっているわけにはいかない。私達の業界は二～三の全国卸といくつかの地方卸の二種類に分化し、集約化はそういった形に落ちつくまでまだまだ続くと思われる」と抱負と、業界展望を述べた[73]。

さらに、大社長は、外資系メーカーの代理店排除と外資大手小売の圧力のなかで、「卸機能を最も安く効率的に果たす」ための「コスト競争で、小売店やメーカー、異業種卸、倉庫会社、運送会社に負けたら当社の将来はない。しかし、この卸機能は販売・仕入・在庫・配送・情報伝達といった複数の機能が組み合わさって出来ており、そこに一ヶ所で複数の機能を同時に並行して行う卸商社の強みがあ」り、それによって「複合化の経済性が働き、トータルコストを引き下げる効果が生じる」と述べている。これは、機能面での高度化と合理的組み合わせによる経済性の発揮によって、競争優位を確保すべきとの方針といえよう。そして、従来からのコンピュータと物流を融合したC＆L戦略をさらに継続的に展開させるうえで、「サークル活動などを通じ皆さんの現場の知恵を結集しておおいにローコスト経営を実現して頂きたい」と従業員に呼びかけている。[74]

この経営方針を受けて、振吉巳歳男副社長兼営業本部長によって示された第三一期～第三五期の営業本部長方針は、「Ⅰ 価値ある仕事をローコストで貢献する、Ⅱ ダイカ機能ブランドを発揮する、Ⅲ 小集団サークル活動を継続する」[75]という内容であった。従来にもまして、C＆L戦略の遂行や、営業の現場での創意・工夫の継続的発揮を促すメッセージであったといえる。

営業拠点の統合と機能強化

ダイカでは、経営目標に示された「卸の真価を発揮する」ため、内部組織の再編、管理体制の強化およびシステムの統一を進めた。コンピュータ・システムでは、とくに当時の西暦二〇〇〇年問題に対応したDARWIN 2000への移行と各事業所への導入が急がれることとなった。[76]

これと並行して、営業拠点の統合も進められた。二〇〇〇年三月六日には、和光店と多摩店を統合して、所沢支店（埼玉県入間郡三芳町大字北永井字宮前一二〇の三八五流通センター内）を開設した。[77]同年五月二六日には前橋店と宇都宮店を統合して佐野支店（栃木県佐野市富岡町字富岡一三四七番地）を設置し、[78]同年七月二四日には千葉店と木更津店を統合して千葉支店（千葉県八街市山田字宮野原七三五番地）を開設した。[79]

さらに既存拠点の能力向上と機能付加もはかられた。一九九九年二月八日には、青森支店（青森市三内字丸山三八二）の倉庫とプラットフォームの増築工事が完了した。これによりウィング車での荷受けが可能となり、入荷口と出荷口を分けたことでケース物ピッキングも午前中より可能となった。また、バラ物とケース物の倉庫拡張によりバラ物の補充回数が大幅に減少するとともに、ケース物の在庫管理が容易になるなど、さまざまな面で業務効率が向上した(80)。

二〇〇〇年六月二〇日には、仙台支店の三〇〇〇坪の増築工事も完了し、総床面積五四〇〇坪を有するダイカ最大の営業拠点となった。前述のＤＲＥＡＭ四〇台やアッテル一六台はもとより、さまざまな物流機能を装備し、つくば物流センターにも劣らないレベルとなった。この物流設備の一部は、宮城日用品センターとして、他社の一括物流センターの役割を果たすこととなり、同年八月一日より、一部稼働した(81)。

この一括物流方式は、そもそもはダイカの主要得意先であったイトーヨーカ堂から話が持ち込まれたもので、各卸店が個々に各店に納品していたものをこのセンターに集めて、一括して各々の店に配送するシステムである。イトーヨーカ堂とヨークベニマルが、このシステムの対象となった。この両社への他の卸業者の商流上の帳合品もダイカの物流システムを通じて出庫して納品し、後で売上を帳合先同業者に振り替えるという「業界初のコンバイン方式の導入」であった(82)。

小売店側にとっては検品・収納業務の省力化、納品側には配送コストの低減という双方のメリットがある。しかしながら、この一括物流システムは、メーカーや小売業が自社のシステムを構築することも可能であるし、倉庫業・運送業の組み合わせによっても可能である。無論、他の卸業者が実行することも可能である(83)。この意味において、ダイカとしては、これまで大公一郎社長が経営方針で示してきた「垂直的な機能コスト競争」のなかでの「卸の真価」が問われる新しい試みであったといえよう。

ファッションダイカの東北進出と店技研クラブの発足

仙台では、二〇〇〇年四月に関係会社のファッションダイカの仙台営業所（仙台市泉区明通四丁目五―三）が設けられ、展示室も開いて、東北地域での営業を始動させた。[84] これにより装粧品の販売事業も東日本エリアに拡充されることとなった。

同年五月九日には、「小売店の棚割および企画を通じて、消費者に支持される店頭を研究し提案することを」目的に、店技研クラブが発足した。このクラブは会員制で、日用雑貨・化粧品メーカーおよび卸企業の各会員が年会費を支出し共同運営するもので、発足当初のメンバーは、メーカー六四社、卸企業四社、ヘリオス（一九八六年一一月に大公一郎が中心の一人となって設立された地域VAN企業）[85]の計六九社であった。札幌の卸センター（札幌市東区北六条東三丁目一番地）三号館二階に三つのオペレーション・ルームが割かれ、棚割ソフトがインストールされたパソコンをはじめ、大型画面の二二インチディスプレー、カラーレーザープリンタなどが配置された。これらは、LANによって接続され、別室のサポートルームでメンテナンスとデータベースの管理が行われた。

ダイカではすでに一九八七（昭和六二）年八月に店頭技術研究所を設けて、外部企業との情報交換によりインストア・マーチャンダイジングに関する実際的な検討を積み重ねており、そこで集積された画像データが店技研クラブに提供された。発足から三カ月間で、延べ一五四企業、七一一名が店技研クラブを活用し、その内訳は棚割六割、会議四割であった。[86] 翌二〇〇一年二月一日には、東北店技研クラブがファッションダイカ仙台営業所内に発足した。札幌とほぼ同様のスペースと装備で、メーカー五九社、同業卸企業一二社、計七一社の会員でスタートした。[87]

エヌフォーの合併と新たな経営目標

二〇〇〇年三月一三日、大公一郎社長は、東京証券取引所で株式会社エヌフォーを同年八月一日をもって合併することをプレス発表した。合併の目的は、「東北六県と隣接する新潟県に営業活動を拡げる」ことであり、同県全域を商圏とする株式会社エヌフォー（新潟県長岡市、資本金二億円、代表取締役社長名児耶徳雄）との合併という方法が戦略的に選択されたのである。同年四月一三日に合併契約を締結し、ダイカでは同年五月三一日、エヌフォーでは同年五月二九日の臨時株主総会でそれぞれ承認された。合併では、ダイカ株式会社が存続会社となり、株式会社エヌフォーは解散した(88)。

エヌフォーは前述のように、一九九一年一〇月に新潟県の卸企業四社の合併によって成立した企業である。長岡市の郊外に本社と物流センターを有し、長岡・新潟・上越の三支店を置いてダイエーやイトーヨーカ堂などの大型店の他、スーパー、ホームセンター、ドラッグストアなど幅広い取引先をもち、年商一四一億円、従業員一五〇名の新潟県で最大規模の卸企業であった(89)。エヌフォーの名児耶社長から親交のあったダイカの振吉副社長に相談があり、それを受けてダイカの大社長が話を進めたという(90)。

このエヌフォーとの合併により、ダイカは名実ともに「東日本」全域を商圏とする広域卸企業となり、二〇〇〇年八月一日に始まる第三二期の経営目標も「再構築して新世紀――理念共有、システム統一〝東日本のダイカ〟の信頼を勝ち取ろう」とされた(91)。

営業組織面では、この合併をふまえて同年六月一日より、本社営業部の組織を北海道・東北を担当する北東営業部と関東・新潟を担当する関越営業部とに分けた(92)。

全社的なシステムの統合

一般に企業統合でその実を上げるうえで注意しなければならないのは、経営理念や経営目標の共有による従業員の意欲の向上、そしてシステム統合である。

タナカと富士商会との合併では、旧富士商会のエリアはすでにダイカの自社開発のＤＡＲＷＩＮを導入していたので大きな問題はなかった(93)。しかし、旧タナカの営業拠点の関東支社では、ＮＴ（New Technology）システムと呼ばれる委託開発のシステムで仕事をしていたため、商品コードに統一性がなく、利益管理の手法も異なるため不都合が生じていた。本来ならば早期の切り替えがなされるべきであったが、折りからの二〇〇〇年問題で本社情報システム部は新しいシステムの開発に努力を注がなければならず、関東支社の問題解決にまで手が回らなかった。

そこで、関東支社情報システム部では、ＮＴシステムを手直しして、つくば物流センターの建設にあわせて、支社なりの独自ソフトを開発を進めたが、最初の設計が充分なものではなく採用した基本ソフトも特殊なものであったため不完全なものしかできなかった。そこで、本社情報システム部も応援に乗り出して応急措置を施し、つくば物流センターからの「移送システム」をスタートさせた。これは、得意先からの受注を商品によりつくば物流センターでピッキングし翌朝各支店に届けて、支店でピッキングされた商品と合体させて配送するというシステムであった。

その後、DARWIN 2000i（integrate）の開発によって二〇〇〇年問題を乗り切った本社情報システム部では、二〇〇〇年一〇月一六日につくば物流センター、水戸支店、関越営業部でDARWIN 2000iを始動させた。同年一一月には佐野支店、所沢支店、海老名支店、東松山支店でスタートし、二〇〇一年一月には八潮支店、柏支店、大宮支店へ順次導入され、同年一月一五日をもって関東支社全体が北海道・東北と同じシステムに統一されることとなった。

二〇〇〇年八月一日に合併した旧エヌフォーすなわちダイカ新潟支社では、本社情報システム部と関越営業部の打合せを重ね、最小限の新潟バージョンの開発を決定した。その後、説明会や研修などの準備を経て、二〇〇二年四月一五日にDARWIN 2000iの導入を完了した[94]。

ちなみに、ダイカ合併以前からみると、新潟地区では、エヌフォーへの合併四社統合と業務統一を目的とした一九九二年四月の効率的なピッキングと自動発注を可能とする単品在庫管理システムの導入、新潟物流センター稼働のために一九九九年四月に導入したＪＡＮ検品による正確な納品と梱数検品を可能とするシステム、に続く三回目の新システムの導入となった。

こうしたシステムの更新と統合の過程で、早くから全道という広範囲の営業拠点をカバーするシステムを構築していたダイカの経験と蓄積が基礎となったことは、注目してよいであろう。

設備投資額と地域別累積投資額

上述の営業拠点の拡充と機能強化および新システム開発と導入には、多大な投資を要した。仙台支店での宮城日用品センターの設置と得意先一括物流センターには、一二億四九〇〇万円を投じた。また同じ時期の青森支店の増築工事では、一億二六〇〇万円を要した[95]。またDARWIN 2000iへの関東地区移植と新潟支社の同システムへの移行にともなうソフトウェア開発で、まず四億八五〇〇億円の投資が行われた[96]。その後、二〇〇二年四月の新潟支社への完全移植までに、ソフト開発と新潟支社への業務統合プロジェクト分を含めて一億三八〇〇万円の投資が加えられた[97]。

表4－6は、表4－5でみた一九九九年七月以降二〇〇三年七月までの各地域の資産（帳簿価格）の推移を示している。

これをみるとまず従業員数では、六五期末以降、本社人員が少しずつ減り、「間接部門」のスリム化を徐々に進行

表4-6 ダイカ各地区別設備帳簿価格の推移（64期末〔1999年7月31日〕～68期末〔2003年7月31日〕現在）

（金額単位：千円）

地区名（2003年7月末の所在地あるいは事業所数）	時期	従業員数	臨時従業員数	土地		建物及び構築物（金額）	機械装置及び運搬具（金額）	その他（金額）	合計（金額）
				面積(㎡)	金額				
本社（札幌市東区）	64期末〔1999年7月31日〕	83	-	1,159	39,009	67,843	7,071	54,177	168,102
	65期末〔2000年7月31日〕	120	8	1,159	39,009	70,243	5,783	30,045	145,082
	66期末〔2001年7月31日〕	114	4	1,159	39,009	66,121	7,006	26,970	139,107
	67期末〔2002年7月31日〕	107	7	1,159	39,009	62,952	5,401	25,096	132,459
	68期末〔2003年7月31日〕	51	4	1,159	39,009	56,114	6,971	14,938	117,033
北海道地区（札幌支店，他8支店）	64期末〔1999年7月31日〕	395	-	57,492	681,689	1,136,801	60,251	116,097	1,994,838
	65期末〔2000年7月31日〕	384	420	57,492	681,689	1,078,395	59,431	142,735	1,962,251
	66期末〔2001年7月31日〕	367	425	57,492	681,689	1,050,772	57,580	112,408	1,902,450
	67期末〔2002年7月31日〕	350	396	57,492	681,689	997,162	53,788	106,564	1,839,204
	68期末〔2003年7月31日〕	359	378	58,961	757,818	1,056,399	49,689	86,252	1,950,160
東北地区（仙台支店，他5支店1営業所）	64期末〔1999年7月31日〕	258	-	80,128	1,960,865	2,215,062	55,310	283,235	4,514,475
	65期末〔2000年7月31日〕	265	294	80,129	1,960,865	2,924,375	60,382	709,817	5,655,440
	66期末〔2001年7月31日〕	271	354	80,129	1,960,865	2,723,641	52,675	596,335	5,333,518
	67期末〔2002年7月31日〕	270	374	84,941	1,967,172	2,609,568	43,412	519,369	5,139,524
	68期末〔2003年7月31日〕	262	382	84,941	1,967,172	2,442,504	36,532	428,083	4,874,293
関東地区（八潮支店他4支店7店，1物流センター，2デポ）	64期末〔1999年7月31日〕	448	-	46,461	2,231,403	2,066,524	175,284	823,489	5,296,701
	65期末〔2000年7月31日〕	409	418	36,155	1,574,387	1,852,285	140,258	752,030	4,318,962
	66期末〔2001年7月31日〕	424	482	31,306	1,483,007	1,653,607	104,149	602,036	3,842,801
	67期末〔2002年7月31日〕	422	497	31,306	1,483,007	1,587,097	84,346	518,948	3,673,399
	68期末〔2003年7月31日〕	437	580	61,306	3,572,578	1,488,497	75,640	708,931	5,845,648
新潟地区（長岡支店，他2支店1物流センター）	64期末〔1999年7月31日〕	-	-	-	-	-	-	-	-
	65期末〔2000年7月31日〕	-	-	-	-	-	-	-	-
	66期末〔2001年7月31日〕	108	57	18,281	451,626	819,060	14,292	161,362	1,446,341
	67期末〔2002年7月31日〕	90	63	18,281	451,625	791,857	12,434	143,878	1,399,796
	68期末〔2003年7月31日〕	93	74	18,281	451,626	755,125	9,169	120,391	1,336,311
社宅・独身寮（北海道江別市他）	64期末〔1999年7月31日〕	-	-	3,334	57,996	89,113	-	-	147,110
	65期末〔2000年7月31日〕	-	-	3,136	55,356	82,079	-	-	137,435
	66期末〔2001年7月31日〕	-	-	3,030	14,276	76,687	-	-	90,964
	67期末〔2002年7月31日〕	-	-	3,030	14,276	73,420	-	-	87,696
	68期末〔2003年7月31日〕	-	-	2,202	9,593	65,323	-	-	74,917
その他・賃貸等（北海道石狩市他）	64期末〔1999年7月31日〕	-	-	75,483	1,492,655	585,754	-	7,288	2,085,698
	65期末〔2000年7月31日〕	-	-	81,340	1,833,982	630,075	-	9,761	2,473,819
	66期末〔2001年7月31日〕	-	-	85,780	1,965,792	663,953	-	13,274	2,643,019
	67期末〔2002年7月31日〕	-	-	69,189	1,469,891	625,880	-	10,541	2,106,313
	68期末〔2003年7月31日〕	-	-	65,209	1,173,256	546,555	-	4,298	1,724,110

（出典）ダイカ株式会社『第64期～第68期有価証券報告書』。

（注）1．賃借の土地は除外している。

2．「その他」は什器・備品であり，建設仮勘定が含まれている。

3．新潟地区67期末の「土地」の金額は前後の期と同じ451,626と思われるが出典掲載の通り記載した。

表4-7　ダイカ関係会社の設備帳簿価格の推移（65期末〔2000年7月31日〕～68期末〔2003年7月31日〕現在）　（金額単位：千円，簿価）

関係会社名（2002年7月末の所在地あるいは事業所数）	時　期	従業員数	臨時従業員数	土　地		建物及び構築物（金額）	機械装置及び運搬具（金額）	その他（金額）	合　計（金額）
				面積(㎡)	金額				
㈱ファッションダイカ（本社：札幌市東区）	65期末〔2000年7月31日〕	44	24	-	-	2,789	5,514	7,093	15,397
	66期末〔2001年7月31日〕	43	39	-	-	3,786	8,770	6,026	18,582
	67期末〔2002年7月31日〕	44	45	-	-	3,353	8,876	6,130	18,360
	68期末〔2003年7月31日〕	46	50	-	-	4,187	7,904	6,733	18,825
㈱アドニス（本社他2物流センター）（北海道石狩市）	65期末〔2000年7月31日〕	10	72	-	-	1,988	3,957	11,559	17,504
	66期末〔2001年7月31日〕	10	77	-	-	1,709	3,960	9,123	14,792
	67期末〔2002年7月31日〕	10	64	-	-	1,542	3,211	7,935	12,689
	68期末〔2003年7月31日〕	-	-	-	-	-	-	-	-

（出典）ダイカ株式会社『第65期～第68期有価証券報告書』。
（注）1．㈱ファッションダイカの建物は，ダイカから賃借している。
2．㈱アドニスは土地・建物を賃借しており，その一部はダイカから賃借している。
3．「その他」は什器・備品であり，建設仮勘定が含まれている。

させていることがわかる。六八期末の大幅な人員減は、後述する持株会社への人員移動と関係していると思われる。

土地については六七期末までは大きな変化はない。六八期の北海道地区の土地増加は、「物流拠点の見直しを行い、札幌支店の隣接地を取得しケース物倉庫を増築した」ためであり、この設備投資額は「土地取得代金を含め二億一千一百万円であ」った(98)。この新規投資は、同じ六八期の同地区の建物および構築物の金額増に反映している。

拡張の一方で、不要資産の処理も実施した。六五期には、旧釧路松浦住宅の土地（二六四万円）を一九九九年一一月に売却し、旧小樽支店の土地・建物（六八五六万四〇〇〇円）も二〇〇〇年一月に売却している。関東地域でも旧多摩店の土地・建物（二億九一八五万一〇〇〇円）を同年六月に売却している(99)。これらのうち、旧松浦住宅の売却分は表4-6の社宅・独身寮の六四期から六五期の土地・建物・建物などの減少に、多摩支店の売却分も、同時期の所沢支店、佐野支店、千葉支店の設置にともなう増加分を上回る減額として、関東地区の同じ時期の同様の減少に反映している。また、旧小樽支店の売却分も、表4-6の北海道地区の建物などの減少に反映している。

六六期には、「既存倉庫の改築や車輌運搬具の買い替え等中心に二億六千三百万円の投資を実施」（有形固定資産受入ベースの数値）したが[100]、建物・構築物、機械および運搬具、その他（什器・備品）は、六七期も含めて全体的に減少傾向にあり、いくつかの棄却、減価償却、あるいは減損処理（二〇〇六年に制度化）が行われたものと推定される。

また六七期には支店開設予定で確保していた土地資産の売却（四億一三〇〇万円）があり[101]、また後述するように、二〇〇三年には、関東地区での沼津デポや神奈川物流センターの建設がある一方、株式会社アドニスと岩見沢支店の閉鎖とその販売エリアの札幌・旭川両支店への再編のような縮小もあった。これらによる資産の変化も、表4－6の六八期の関東地域や北海道地域の数値の変化および表4－7に反映している。

4 全国卸への移行準備

共同持株会社の設立

持株会社あらたの設立とその経緯

前述のように、法改正によって設立が可能となった純粋持株会社の利点を活用し、流通業界でも持株会社の設立が進展した。

ダイカでも「連結ベースの競争力の強化および資本効率の向上等経営上のメリットを追求すべく[102]」、二〇〇二（平成一四）年四月二日、名古屋の伊藤伊株式会社と九州のサンビック株式会社との三社共同による完全親会社（共同持株会社）の「あらた」を設立した[103]。東日本のダイカ、中日本の伊藤伊、西日本のサンビックの三社による共同持株会社の設立は、「北海道から九州まで網羅する業界では初めての全国卸（ナショナル・ホールセラー）とな」って、「広域化するご販売店の要求に応えるとともに、間接費を削減、厳しい機能コスト競争に対処」して社会への貢献度を大きくするということが目的とされた[104]。

実は、この持株会社の構想は、設立四年前にさかのぼる。一九九八年四月九日、大公一郎社長と、伊藤伊の伊藤昌弘社長、サンビックの瓜生健二社長の三名が東京から名古屋に向かう新幹線で乗り合わせた際、大社長が「持株会社が日本で解禁になったが、この形態を使った企業統合について研究してみないか」と提案した。三人とも同一業界の同世代の若手経営者として、すでに研究会やメーカーの会合で二〇年来の交流があった。

大公一郎によれば、前述の若手業界人交流の場であった「MSS研究会がその土壌になったような気がする」と述べており[105]、筆者による聞き取り調査でもその要因が大きいとの回答であった[106]。したがって、このような次世代を担う同世代の若手業界人交流が、「あらた」成立という業界再編の大きな基盤となったとみることができよう。

ダイカでは、すでに一九九二（平成四）年七月二三日に店頭登録銘柄として株式を公開していたが、その後、二〇〇〇年九月に伊藤伊が、二〇〇一年三月にサンビックがそれぞれ店頭登録で株式公開を果たした。二〇〇一年四月二五日、あるメーカーの会合が東京であり、それが終わった後、三人が集まり、経営統合について話し合った。そして、同年七月一六日に、持株会社設立が発表されたのである[107]。

業界首位のパルタックが、粧連株式会社の営業譲渡を受けて、ダイカの創業・発展の地である北海道に進出して全国卸化するのは、二〇〇五（平成一七年）一月のことであるから[108]、持株会社あらたに集った三社が全国卸企業化に向けて一歩先んじたことになる。

三社の売上規模と目的

その三社の売上高をみると、ダイカの売上高が約一五三一億円（二〇〇一年七月期）、伊藤伊の売上高が約七八〇億円（二〇〇一年三月期）、サンビックの売上高が約八一五億円（二〇〇〇年一二月期）であり、三社合計が約三一二六億円となる[109]。同じ時期の業界首位の株式会社パルタックの売上高が約二八八二億円であったから、三社合計額は、それを凌ぐ規模が想定されたことになる[110]。持株会社あらた設立五カ月後の二〇〇二年九月一日には、四国の徳倉株式会社（年商二〇四億円）もあらたの完全子会社に加わり、株式会社あらたの子会社グループは、商圏をさらに拡大することになった。これら四社は、その子会社とともに、二年後の二〇〇六年四月に持株会社あらたに合併されることとなる[111]。

この移行期のダイカの経営目標をみると、ダイカ第三三期（第六七期）（二〇〇一年八月一日〜二〇〇二年三月三一日）は「新たな創業に備える——全国卸にふさわしい内容と業績を確保しよう[112]」とされている。次期のダイカ第三四期（第六八期）（二〇〇二年四月一日〜二〇〇三年三月三一日）も「新たな創業の第一歩——全国卸にふさわしい内容と業績を確保しよう[113]」であり、「全国卸」としてあるべき姿を目指すこととなった。ただ、大公一郎社長にとって、「全国卸」は目的を達するための方法にすぎなかった。大社長は「私たちの統合の目的は売上で日本一になるとか、全国的なネットをつくるということではない」とし、「永遠に世の中の役に立つ存在であり続けること」が目的であると述べている[114]。これは、ダイカの前身会社の夼十全堂の創業者・齋藤脩平の考え方であり、一九六九（昭和四四）年八月の七社統合によるダイカ誕生の理念でもあった[115]。そこで、統合が近くなった第三五期（六九期）（二〇〇三年四月一日〜二〇〇四年三月三一日）の経営目標は、この理念を明示して「新生あらたへ変革——続けよう世の中にお役に立つダイカの使命」とされた[116]。これは、合併企業の人心を社会的使命の情熱へとひとつに結束させるための経営理念でもあったろう。

いずれにせよ、こうしてダイカは、大社長が経営方針として明示した「全国卸ナショナルホールセラーを目指」した「変革の一〇年」の道の歩みを、経営環境の変化に遅れることなく着実に進めていくこととなった。

土浦支店の開設と水戸支店の閉鎖

ダイカでは、全国卸への準備段階で、拠点の再編を進めた。二〇〇一年五月一日には、柏支店と土浦支店を統合して、新たにつくば物流センター内に土浦支店を設けた。その活動範囲は茨城県全域と千葉県北西部と広く、エリア人口が五〇〇万人という市場規模であり、つくばエクスプレス（二〇〇五年八月開業）の開通などによって、いっそうの市場規模の拡大が見込まれる地域でもあった[117]。

旧柏支店は、柏デポとして、従来の設備を活用しながら、物流センターから毎日移送されるピース商品をデポ商品と合わせて得意先に届けるのが業務となった。得意先のドミナント化が進展する千葉県西部の販売地域であるがゆえに、仕入、在庫、輸配送の効率的な物流ネットワークが求められており、これに応えることが課題とされた。

他方、一九八七（昭和六二）年一月に茨城県のほぼ中央の岩間町に開設された水戸支店は、二〇〇〇年三月のつくば物流センターの開設以降、物流機能を同センターに移管し、販売と管理業務のみが残されるという全支店のなかでも特異な存在であったが、土浦支店の開設をもって閉鎖されることとなった。

アドニスや岩見沢支店の閉鎖と沼津デポ・神奈川物流センターの新設

北海道地区では、コンビニの同業他社からの自社の機密性確保の要請に応えるかたちで一九八九（平成元）年一一月より営業を開始したダイカの子会社の株式会社アドニス[118]が、その役割を終えたとして二〇〇二年一一月に業務を停止した[119]。翌二〇〇三年二月一日には、同じくダイカの子会社の株式会社ファッションダイカが株式会社アドニスを吸収し、アドニスは解散した[120]。また、札幌支店のケース物倉庫を増築する一方で、二〇〇三年三月末で岩見沢支店を閉鎖して、その販売エリアを札幌・旭川両支店に再編した[121]。

売上伸長が順調な関東地区では、二〇〇二年七月に沼津デポ[122]（物流拠点）を新設した。[123] さらに、二〇〇三年二月には、神奈川物流センター（神奈川県南足柄市塚原字上河原三七〇番一、土地面積三万平方メートル、倉庫面積一万五二一〇平方メートル）の建設に着手した。[124] 同センターは、ダイカの神奈川エリアの四支店や統合予定の伊藤伊の海老名の横浜支店などエリアの物流だけではなく、近未来の全国卸あらたの関東圏全域の一〇〇〇億円構想を達成するための要として約四〇億円を投じて建設された。[125]

二〇〇三年一一月四日に稼働した同センターには、ハイクオリティ・ローコストのオペレーションを実現するため、つくばセンターなどでの経験をふまえて改良されたさまざまな物流機能や設備が施された。自動倉庫は高さ二七・六メートル（一〇階建ビルに相当）で高荷と低荷、あるいは荷姿によって格納を区別して五四〇〇パレットを収納し、六基のスカットクレーン（ツインフォーククレーン）が一度に二枚のパレットの収納・搬送を同時に行うことで、従来の一・五倍の処理速度となった。また一パレットで一〇種類の混載格納管理も可能となった。自動倉庫と連動して、入出庫用有軌道ライン三ラインと有軌道車五台がコンピュータによって制御され、入出倉の核心部分を担うこととなった。ピースピッキング面でも、ピースロケーションラベルの貼り付け搬送システムを改良したのをはじめ、ピースピッキング要員と時間の削減をはかるためのＤＰＳ（デジタル・ピース・ピッキング・システム）を新規に開発した。[126]

このように、一九八〇年代に店頭技術研究所とならぶ重要二大戦略として設定したＣ＆Ｌの面でも、大いなる進化を遂げたのである。

なお、アドニス解散前のダイカとその関係会社および取引先との関係は図４‐２に示す通りである。また、持株会社あらた設立後のそれは、図４‐３に示す通りである。

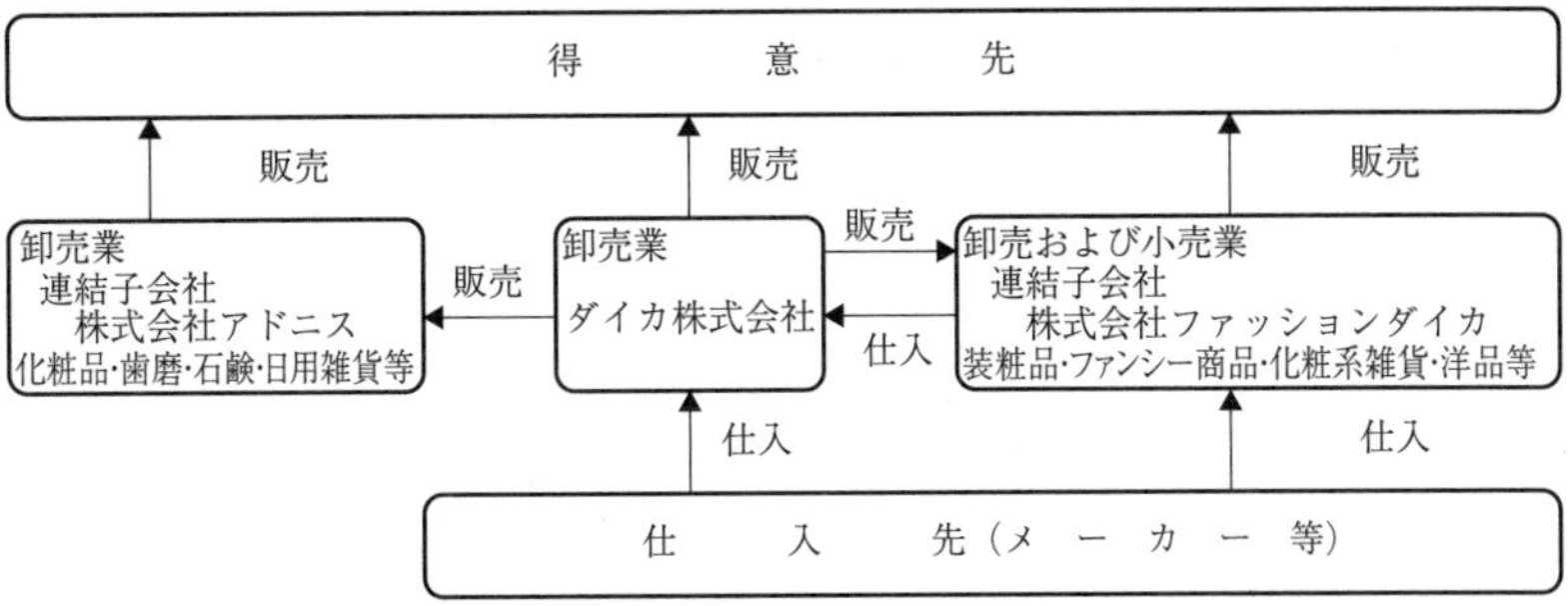

図 4－2　ダイカとその関係会社・取引先との関係図（2001年 7 月）

（出典）ダイカ株式会社『第66期有価証券報告書』 5 頁より転載。

（注）ダイカ株式会社の得意先には少数の 2 次卸店が含まれる場合もあるが，株式会社アドニスの得意先は小売店のみであり，仕入先もダイカ㈱のみである。

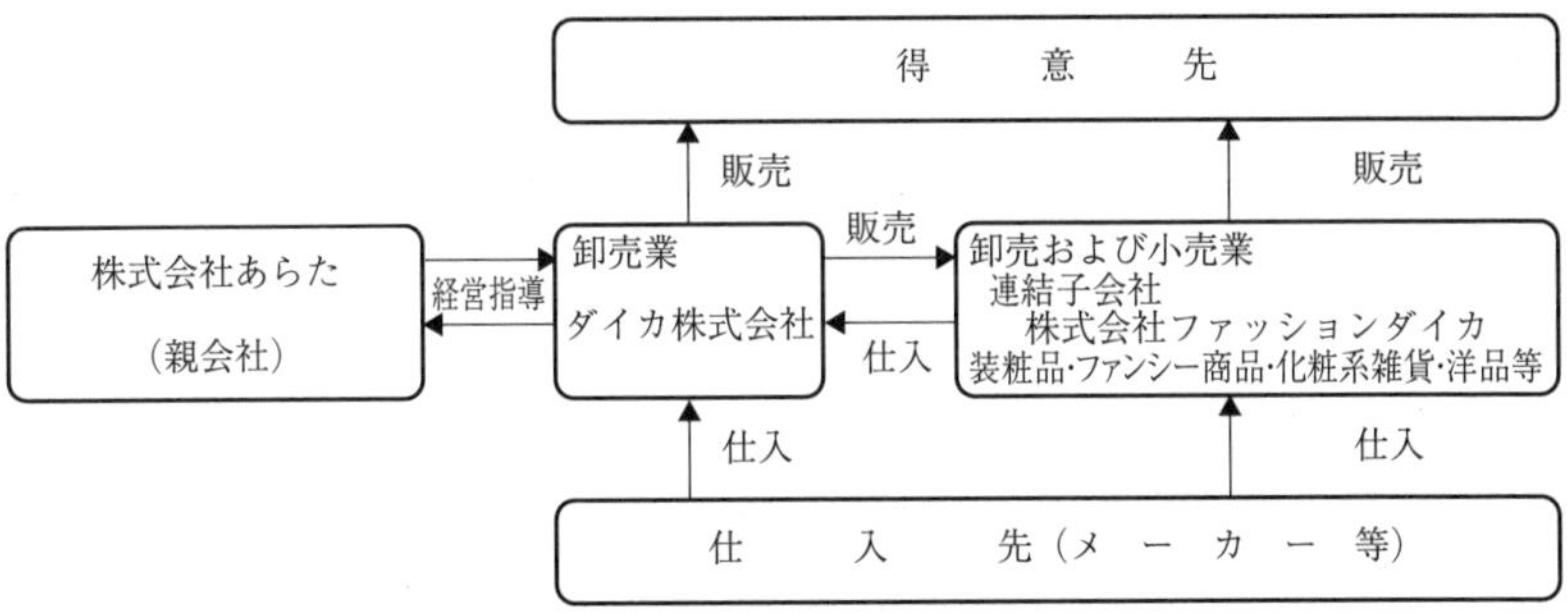

図 4－3　ダイカとその関係会社・取引先との関係図（2003年 3 月）

（出典）ダイカ株式会社『第68期有価証券報告書』 5 頁より転載。

5　資金調達

株式公開と自己資本の充実

ダイカでは、合併を通じて資本を増加させるとともに、株式公開や公募増資によって、自己資本の充実をはかっていった。以下、その過程をみておくことにしたい。

第三者割当増資とネタツ興商との合併

ダイカでは、ネタツ興商との合併前年の一九八九年七月二六日に第三者割当増資を行い、従来の三億円から四億九五〇〇万円の資本金となっていた。このときの割当先は、社員持株会（新株発行数三〇万株、発行価額六〇円、資本金組入額五〇円）と金融機関（新株発行数八〇万株、発

程（1990年6月～2000年8月）

1994年7月31日	1995年7月31日	1996年8月5日	1998年4月1日	2000年8月1日
スイスフランCB転換および株式分割	スイスフランCB転換のみによる増加	公募増資	富士商会，タナカとの合併	エヌフォーとの合併
1,315,254	123,465	1,500,000	11,728,500	1,200,000
9,980,254	10,103,719	11,603,719	23,332,219	24,532,219
335,423,025	92,285,700	693,000,000	1,584,450,000	200,000,000
1,236,798,025	1,329,083,725	2,022,083,725	3,606,533,725	3,806,533,725
335,423,025	92,285,700	691,500,000	1,458,175,000	–
1,143,172,275	1,235,457,975	1,926,957,975	3,385,132,975	3,385,132,975
1,458,823,950	1,274,252,550	1,327,509,500	–	–
2,129,670,000	–	–	–	–
–	–	124,245,950	–	–
670,846,050	184,571,400	–	–	–
–	–	70,989,000	–	–

～第68期有価証券報告書』。
株と，スイス・フランCB転換による増加株式数448,754株の合計値である。
会との合併による増加株式数1,800,000株の合計値である。

行価額四五〇円、資本金組入額二二五円）であった[127]。

一九九〇年六月一日のネタツ興商との合併は、対等合併であった。ネタツ興商の資本金は三〇〇〇万円（株式額面五〇〇円、発行済株式数六万株）であり、合併比率はネタツ興商の株式一株についてダイカ株式（額面五〇円）一〇株を交付することとした。これによる新株発行数は六〇万株、増資額は三〇〇〇万円となって、新しい資本金額は、表4－8に示すように五億二五〇〇万円となった[128]。

新株引受権行使による増資

一九九一年一月二八日には新株引受権付社債の権利行使にともない、三二万五〇〇〇株の新株が発行価額四五〇円（資本組入額二二五円）で発行され、七〇八七万五〇〇〇円の増資となった。これによって、ダイカの資本金は五億九五八七万五〇〇〇円となった[129]。

株式公開にともなう増資

一九九二（平成四）年七月二三日には、店頭登録銘柄として株式を公開した。これにともない、公募新株式六五万株を発行した[130]。当初の入札方式では、発行価額九四〇円（資本金組入額四七〇円）で、落札者の決定は入札下限価格（九四〇円）以上の入札のうち、入札価格の高い

表4－8　ダイカの資本増加過

年月日		1990年6月1日	1991年1月28日	1992年7月31日
増資の背景		ネタツ興商合併	新株引受権の行使	株式公開による増資
増加株式数		600,000	315,000	650,000
累積発行済株式数		7,700,000	8,015,000	8,665,000
増加資本金（円）		30,000,000	70,875,000	305,500,000
累積資本金（円）		525,000,000	595,875,000	901,375,000
増加資本準備金（円）		－	70,875,000	553,590,000
累積資本準備金（円）		183,284,250	254,159,250	807,749,250
スイス・フランCB残高（円）		－	－	－
CB残高増加の内訳	当初起債額	－	－	－
	外貨建て債務換算差額	－	－	－
CB残高減少の内訳	転換請求による減少	－	－	－
	買入消却による減少	－	－	－

（出典）ダイカ関係者による提供資料およびダイカ株式会社『第55期～第59期事業報告書』，同『第60期
（注）1．1994年7月31日の増加株式は，1993年9月20日の株式分割（1：0.1）による増加株式数866,500
2．1998年4月1日の増加株式数は，タナカとの合併による増加株式式数9,928,500株と，富士商

ものから順次六五万株まで入札される方式であった。最高入札価格は不明であるが、順次入札した六五万株の結果として公募価格は加重平均で一三二一円相当となった。払込金額の応募総額は八億五九〇九万円であり、このうち資本金へは、六五万株×四七〇円の三億五五〇万円を組入れ、残額の五億五三五九万円を資本準備金に組み入れた[131]。この株式公開にともなう増資によって、ダイカの資本金額は九億一三七万五〇〇〇円となった。

なお、バブル崩壊後の株価低下傾向のなかで、東京店頭銘柄での初値は一三五〇円で、公募価格の一三二一円を上回る順調な滑り出しであった[132]。株価それ自体は、その後、表4－9にみるように、四年間ほど最高株価一〇〇〇円台を維持しながらも、それ以降は低下傾向となった。

とはいえ、株式公開によってダイカの社会的存在が広がり、資金調達の可能性も拡がることとなった。配当と金利負担との比較などもあって一概にはいえないが、当時の大公一郎社長は「株式公開することによって、資金調達その他の選択肢が増えることにもなり、業績によって安いコストの資金が導入できれば、より積極的な投資が可能とな」るとの見方であった[133]。確か

(1992年8月～2002年3月)

28	29	30	31	32	33
62	63	64	65	66	67
1996年8月1日 ～97年7月31日	1997年8月1日 ～98年7月31日	1998年8月1日 ～99年7月31日	1999年8月1日 ～2000年7月31日	2000年8月1日 ～01年7月31日	2001年8月1日 ～02年3月31日
1997年7月31日	1998年7月31日	1999年7月31日	2000年7月31日	2001年7月31日	2002年3月31日
983 490	560 320	720 310	650 320	390 265	449 280
	420 300				

となっている。
いては該当なしで記載がない。

に、上述のような東北地域と関東地域への事業拠点の拡充や情報・物流設備システムの更新にともなう投資のため、ダイカでは資金が必要であった。

無償株式分割・社債転換増資と公募増資

その後、一九九三年九月二〇日の無償株式分割（一対〇・二）によって八六万六五〇〇株の株式増加となったが、これは発行株式数が増加しただけで、資本金の増加は一切ない(134)。

一九九四年七月三一日のスイス・フラン転換社債（ＣＢ：Convertible Bond）の転換による増加株式四四万八七五四株との合計で一三一万五二五四株の増加となり、資本増加額は、三億三五四二万三〇二五円となった。

この転換社債について少し補足しておくと、起債時の社債は三〇〇〇万スイス・フランで、これに起債時為替レートの七〇・九八九円を乗ずると、二一億二九六七万円となる。これが表４－８に示す当初起債額である。一九九四年七月期中の転換請求実績額は、九四五万スイス・フランであった。これに起債時為替為替レートの七〇・九八九円を乗じた額が転換社債（ＣＢ）減少分となり、表４－８に示す六億七〇八四万六〇五〇円がこれに相当する。一方、この転換請求にともなう発行株式数は、九四五万スイス・フランに転換条件である固定為替レート（一スイス・フラン＝七二・〇四円）を乗じた値を転換条件の転換価格一五一七円で除した数の四四万八七六五

表4－9　ダイカの株価の推移

期（ダイカ）	24	25	26	27
期（夻十全堂）	58	59	60	61
期　間	1992年8月1日～93年7月31日	1993年8月1日～94年7月31日	1994年8月1日～95年7月31日	1995年8月1日～96年7月31日
現在年月日	1993年7月31日	1994年7月31日	1995年7月31日	1996年7月31日
最高株価（円）	1,450	1,800	1,750	1,100
最低株価（円）	1,150	1,200	651	630
株式分割による権利落後の最高株価	1,310			
株式分割による権利落後の最低株価	1,250			
合併にともなう新株式の最高株価				
合併にともなう新株式の最低株価				

（出典）ダイカ株式会社『第60期～第68期有価証券報告書』。
（原典注）1．最高・最低株価は，日本証券業協会による公表数字である。
2．第33(67)期は，決算期の変更にともない，2001年8月1日から2002年3月31日の8カ月間
3．2002年3月26日に店頭登録を抹消している。このため34期（68期）については，株価につ

株となるが、実際には上述のように四四万八七五四株の発行となった。四四万八七六五株と四四万八七五四株との差異は、数度の転換請求ごとに株式を発行し、かつ転換請求時の一株未満の株式を発行しないことによるものである。転換請求による減少分六億七〇八四万六〇五〇円を株式発行数四四万八七五四株で除すると、一株の発行価額が約一四九五円となって、転換価格一五一七円との差異が生じるが、この差異は転換条件でのレートと起債時のレートとの差異によるものである。この転換請求による資本組入額は、約一四九五円の半額の約七四八円であり、順次発行と一株未満未発行による誤差があるものの、上述の三億三五四二万三〇二五円となった。さらに、次年度にも、同様の転換請求による一二万三四六五株の株式増加があり、これにともない九二二八万五七〇〇円の資本増加となった。

転換社債の発行とその権利行使にともなう資本増加により、ダイカの資本金は一三億二九〇八万三七二五円となった。

一九九六年八月五日（払込期日、翌八月六日が株式受け渡し日）には、一五〇万株の公募増資により、六億九三〇〇万円の増資となった。これは、株式公開時のような入札方式ではなく、一株九二三円での株式募集で、資本組額は四六二円と設定したので、四六二円に一五〇万株を乗じた金額が増資額となった。なお、募集にともなう残額の六億九一五〇万円（九二三円

から四六二円を差し引いた四六一円に一五〇万株を乗じた金額）は資本剰余金に組み入れられた。

タナカ・富士商会合併による資本増加

一九九八年四月には、株式会社タナカ（資本金一四億九四四五万円）[135]と株式会社富士商会（資本金三〇〇〇万円）[136]との合併に際し、記名式普通株式（一株の額面金額五〇円）一一七二万八五〇〇株を発行した。[137]

タナカについては、タナカの合併直前の発行済株式数六六一万九〇〇〇株、額面普通株式（一株の額面金額五〇円）一株につき、ダイカの額面普通株式一・五株の割合で割当交付し、九九二万八五〇〇株の株式数増加となった。この九九二万八五〇〇万株に額面の五〇円を乗じると四億九六四二万五〇〇〇円となって、タナカの資本金（簿価）より少ない値となるので、合併直前のタナカの簿価である一四億九四四五万円を、発行株式数九九二万八五〇〇株で引き継いだ。したがって、この合併による増加資本金は、タナカの合併直前の資本金の一四億九四四五万円であった。

また富士商会については、その額面普通株式（一株の額面金額五〇円）一株につき、ダイカの額面普通株式三株の割合で割当交付した。したがって、これにともなう株式増加数は一八〇万株であった。タナカとは異なり、富士商会の合併直前の資本金は三〇〇〇万円であったから、額面金額の五〇円に一八〇万を乗じた九〇〇〇万円より小額であった。このため簿価を引き継ぐことはできず、九〇〇〇万円の資本増加となった。

したがって、この両社との合併による資本増加額は、一五億八四四五万円となり、ダイカの資本金は三六億六五三三万三七二五円となった。

エヌフォーとの合併による資本増加

二〇〇〇（平成一二）年八月一日の株式会社エヌフォー（資本金二億円）[138]との合併（合併比率一対〇・三）に際しては、ダイカが額面普通株式（一株の額面金額五〇円）一二〇万株を発行し、合併期日前日最終のエヌフォーの株主名簿に記載された株主に対して、エヌフォーの株式（一株の額面金額五万円）一株につき、ダイカ株式三〇〇株をもって割当交付した。額面五〇円に増加発行株式数を乗じると六〇〇〇万円となり、先のタナカの場合と同様に、簿価資本金二億円の方が上回っているので、簿価のままダイカの資本金増加分となった[139]。したがって、この合併にともなう資本増加額は二億円で、ダイカの資本金額は三八億円を超える額となった。

自己資本比率の向上

この資本増加の過程を通じて、自己資本比率の向上がみられた。表4-10に示されるように、二一期（五五期）の自己資本比率は二一パーセント程度であったが、店頭公開直後の二三期（五七期）には二八パーセント近くまで比率を上げ、外債転換直後の二五期（五九期）には三〇パーセントを超えた。さらに、一般募集による二〇億円以上の資本金となった二八期（六二期）には三五パーセント以上の自己資本比率となり、二九期（六三期）のタナカ・富士商会との合併、三〇期（六四期）のエヌフォーとの合併を通じての増資によって、その比率は三七パーセントを超えるまでになった。

それ以降、後述する長期借入金の増加もあって、自己資本比率は低下の傾向となったが、それでも三〇パーセント台の自己資本比率を維持していることがわかる。

なお、前述のように株式会社あらたの設立にともない、その完全子会社となるため、ダイカでは二〇〇二（平成一四）年三月二六日をもって店頭登録を抹消した[140]。

社債の発行と長期借入

旺盛な投資のための資金需要を満たすには、自己資本だけでは限界があった。第三章でも述べたように、ダイカでは、一九八九（平成元）年七月二十七日に「新株引受権付無担保社債」を発行し、その権利が行使されて、上述の一九九一年一月の増資が実施された。ダイカの固定負債のなかに「社債」の科目が登場したのは、その第二〇期（一九

（1989年8月～2003年3月）

27	28	29	30	31	32	33	34
61	62	63	64	65	66	67	68
1995年8月1日～96年7月31日	1996年8月1日～97年7月31日	1997年8月1日～98年7月31日	1998年8月1日～99年7月31日	1999年8月1日～2000年7月31日	2000年8月1日～01年7月31日	2001年8月1日～02年3月31日	2002年4月1日～03年3月31日
1996年7月31日	1997年7月31日	1998年7月31日	1999年7月31日	2000年7月31日	2001年7月31日	2002年3月31日	2003年3月31日
67,818,036	73,974,017	91,938,049	132,945,801	139,605,353	153,069,684	105,604,276	172,665,333
107.4	109.1	124.3	144.6	105.0	109.6	69.0	163.5
7,774,903	8,392,151	10,011,570	13,966,711	14,522,627	16,052,040	11,317,794	19,548,901
7,326,530	7,882,742	9,650,963	13,611,006	14,798,881	16,627,396	11,218,789	18,140,661
448,372	509,409	360,607	355,704	△276,254	△575,355	99,004	1,408,240
1,022,490	1,127,740	1,136,826	1,617,319	1,054,925	893,476	1,099,775	2,612,790
481,001	491,473	487,916	681,569	649,564	△630,357	361,857	1,300,927
136,397	156,639	209,373	314,958	279,975	294,374	196,224	147,193
1,329,083	2,022,083	3,606,533	3,606,533	3,606,533	3,806,533	3,806,533	3,806,533
10,103,719	11,603,719	23,332,219	23,332,219	23,332,219	24,532,219	24,532,219	24,532,219
6,999,098	8,728,673	15,262,605	15,722,802	16,125,449	15,678,369	15,680,253	16,476,619
23,052,971	24,392,981	40,434,791	41,874,102	42,896,291	48,957,578	48,579,630	51,646,313
463	465	835	860	-	-	-	-
244	235	318	324	-	-	-	-
707	700	1,153	1,184	1,178	1,284	1,239	1,202
4.44	4.62	2.81	3.86	2.46	1.83	2.26	5.06
2.09	2.01	1.21	1.63	1.51	△1.29	0.74	2.52
2.94	3.03	2.27	3.17	3.25	3.13	2.17	3.34
11.46	11.34	10.89	10.51	10.40	10.49	10.72	11.32
1.51	1.52	1.24	1.22	0.76	0.58	1.04	1.51
0.71	0.66	0.53	0.51	0.47	△0.41	0.34	0.75
10.80	10.66	10.50	10.24	10.60	10.86	10.62	10.51
30.36	35.78	37.75	37.55	37.59	32.02	32.28	31.90
95,924	105,677	79,738	112,285	118,510	119,213	85,233	143,648
1,446	1,611	986	1,366	896	696	888	2,174
692.72	752.23	654.14	673.87	691.12	639.09	639.17	671.63
13.50	13.50	8.97	13.50	12.00	12.00	8.00	6.00
47.61	42.35	20.91	29.21	27.84	△25.70	14.75	53.03
28.36	31.87	42.91	46.21	43.10	-	54.23	11.31

証券報告書』。
除しているので，1株当りのそれらの値は，上記出典表示の値と一致していない場合もある。たとえば，
報告書』7頁には「1株につき普通配当金は前期と同額の12円」で，タナカ・富士商会との合併の「記念
きましては4円50銭といたしました」とされている。

表 4-10　ダイカの経営実績

期(ダイカ)	21	22	23	24	25	26
期(畚十全堂)	55	56	57	58	59	60
期　間	1989年8月1日~90年7月31日	1990年8月1日~91年7月31日	1991年8月1日~92年7月31日	1992年8月1日~93年7月31日	1993年8月1日~94年7月31日	1994年8月1日~95年7月31日
現在年月日	1990年7月31日	1991年7月31日	1992年7月31日	1993年7月31日	1994年7月31日	1995年7月31日
売上高(千円)(A)	42,016,627	50,978,258	54,469,326	57,281,639	60,840,736	63,139,611
売上高前期比(%)	−	121.3	106.8	105.2	106.2	103.8
売上総利益(千円)(B)	5,000,544	5,990,979	6,735,973	6,856,725	7,127,309	7,215,352
販売費一般管理費(千円)(C)	4,811,080	5,661,937	6,158,629	6,467,476	6,704,558	7,011,293
営業利益(千円)(B-C)	189,463	329,042	577,344	389,248	422,749	204,059
経常利益(千円)(D)	638,482	768,040	797,425	820,195	967,353	884,912
当期純利益(千円)(E)	298,139	334,279	363,012	408,647	568,644	436,164
配当金(千円)(F)	43,200	47,161	86,650	86,650	119,753	121,143
資本金(千円)(G)	525,000	595,875	901,375	901,375	1,236,798	1,329,083
発行済総株式数(H)	7,700,000	8,015,000	8,665,000	8,665,000	9,980,254	10,103,719
純資産額(千円)(I)	3,113,649	3,538,478	4,703,420	5,015,417	6,158,258	6,649,240
総資産額(千円)(J)	14,610,132	15,476,352	16,882,774	18,225,545	19,635,262	21,917,484
男子従業員数(人)	404	423	445	452	450	466
女子従業員数(人)	249	251	254	259	248	269
従業員合計数(人)(K)	653	674	699	711	698	735
総資本経常利益率(%)(D÷J×100)	4.37	4.96	4.72	4.50	4.93	4.04
総資本純利益率(%)(E÷J×100)	2.04	2.16	2.15	2.24	2.90	1.99
総資本回転数(回)(A÷J)	2.88	3.29	3.23	3.14	3.10	2.88
売上総利益率(%)(B÷A×100)	11.90	11.75	12.37	11.97	11.71	11.43
売上高経常利益率(%)(D÷A×100)	1.52	1.51	1.46	1.43	1.59	1.40
売上高純利益率(E÷A×100)	0.71	0.66	0.67	0.71	0.93	0.69
売上対販売費一般管理費率(%)(C÷A×100)	11.45	11.11	11.31	11.29	11.02	11.10
自己資本比率(%)(I÷J×100)	21.31	22.86	27.86	27.52	31.36	30.34
従業員1人当り売上高(千円)(A÷K)	64,344	75,635	77,925	80,565	87,164	85,904
従業員1人当り経常利益額(千円)(D÷K)	978	1,140	1,141	1,154	1,386	1,204
1株当り純資産額(円)(I×1000÷H)	404.37	441.48	542.81	578.81	617.04	658.10
1株当り配当額(円)(F×1000÷H)	5.61	5.88	10.00	10.00	12.00	11.99
1株当り当期純利益率(円)(E×1000÷H)	38.72	41.71	41.89	47.16	56.98	43.17
配当性向(%)(F÷E)×100	14.49	14.11	23.87	21.20	21.06	27.77

(出典) ダイカ株式会社『第21期報告書』，同『第55期〜第59期事業報告書』，同『第60期〜第68期有価
(注) 千円未満を四捨五入して表示した純資産額・配当額・同当期純利益率を，発行済株式総数実数で
29 (63) 期の1株当り配当額は計算上は表示のように8.97円であるが，この期の『第63期有価証券
配当金1円50銭を加え，年間配当金を1円50銭としました」とあり，さらに「なお合併新株式につ

（1991年7月～2003年3月）

28	29	30	31	32	33	34
62	63	64	65	66	67	68
1997年7月31日	1998年7月31日	1999年7月31日	2000年7月31日	2001年7月31日	2002年3月31日	2003年3月31日
－	－	－	－	－	－	
－	－	－	－	－	－	－
888,100	2,373,500	4,326,300	4,340,700	4,372,955	4,391,250	4,447,900

れも1年以内に償還期間が到来するため流動負債として計上されたことによる。

入額の推移（1994年7月～2003年3月）

30		31		32		33		34	
64		65		66		67		68	
1999年7月31日		2000年7月31日		2001年7月31日		2002年3月31日		2003年3月31日	
借入金額（千円）	内1年以内返済予定額（千円）	借入金額（千円）	内1年以内返済予定額（千円）	借入金額（千円）	内1年以内返済予定額（千円）	借入金額（千円）	内1年以内返済予定額（千円）	借入金額（千円）	内1年以内返済予定額（千円）
－	－	－	－	－	－	－	－	－	－
184,800	88,800	96,000	80,000	466,000	116,000	400,000	100,000	300,000	100,000
272,200	113,200	159,000	106,000	321,000	117,000	736,000	170,000	566,000	170,000
770,000	214,000	556,000	176,000	380,000	156,000	292,000	116,000	176,000	72,000
459,500	99,500	－	－	－	－	－	－	－	－
－	－	360,000	80,000	280,000	80,000	240,000	80,000	160,000	80,000
464,000	157,000	782,000	232,000	550,000	200,000	450,000	225,000	225,000	125,000
560,000	140,000	1,180,000	300,000	880,000	300,000	1,730,000	595,000	－	－
－	－	－	－	－	－	－	－	1,135,000	415,000
1,075,000	325,000	1,225,000	350,000	875,000	300,000	725,000	375,000	2,750,000	450,000
950,000	200,000	750,000	200,000	550,000	200,000	450,000	250,000	－	－
－	－	－	－	－	－	－	－	200,000	200,000
1,114,200	185,900	928,300	171,600	756,700	171,600	656,600	185,900	470,700	171,600
－	－	－	－	412,450	61,800	371,250	61,800	－	－
－	－	－	－	421,500	62,680	374,400	62,800	311,600	62,800
				374,665	129,160	288,905	101,405	－	－
5,849,700	1,523,400	6,036,300	1,695,600	6,267,315	1,894,360	6,714,155	2,322,905	6,294,300	1,846,400
4,326,300		4,340,700		4,372,955		4,391,250		4,447,900	

譲渡時までに28,800千円が返済され，残高271,200千円が1998年11月16日をもって北洋銀行に

の変更や継承の詳細は当該『第65期有価証券報告書』に記載されていない。
大和銀行と合併してりそな銀行となったが，ダイカ借入金の変更や継承の詳細は当該『第68

表4-11　ダイカの社債・借入金の推移

期(ダイカ)	22	23	24	25	26	27
期(畚十全堂)	56	57	58	59	60	61
現在年月日	1991年7月31日	1992年7月31日	1993年7月31日	1994年7月31日	1995年7月31日	1996年7月31日
社　　債(千円)	200,000	200,000	200,000	200,000	200,000	200,000
転換社債(千円)	−	−	−	1,458,823	1,274,252	1,274,252
長期借入金(千円)	862,100	1,057,100	1,681,550	911,850	1,953,750	1,405,550

（出典）ダイカ株式会社『第56期〜第59期事業報告書』，同『第60期〜第68期有価証券報告書』。
（注）ダイカ28期・畚十全堂62期（1997年7月31日現在）で社債と転換社債の数値が消えるのは，いず

表4-12　ダイカの長期借入金借入先別借

(期)ダイカ	25		26		27		28		29	
(期)畚十全堂	59		60		61		62		63	
現在年月日	1994年7月31日		1995年7月31日		1996年7月31日		1997年7月31日		1998年7月31日	
借入先	借入金額(千円)	内1年以内返済予定額(千円)	借入金額(千円)	内1年以内返済予定額(千円)	借入金額(千円)	内1年以内返済予定額(千円)	借入金額(千円)	内1年以内返済予定額(千円)	借入金額(千円)	内1年以内返済予定額(千円)
北海道拓殖銀行	375,700	88,600	775,100	157,200	617,900	165,200	452,700	152,700	300,000	115,200
北洋銀行	−	−	−	−	−	−	−	−	−	−
北海道銀行	276,350	61,000	565,350	103,000	462,350	117,000	345,350	110,750	409,600	137,400
北陸銀行	152,000	36,000	366,000	62,000	304,000	72,000	232,000	72,000	428,000	120,000
日本長期信用銀行	249,400	88,000	444,900	119,400	325,500	114,000	211,500	114,000	597,500	138,000
新生銀行	−	−	−	−	−	−	−	−	−	−
青森銀行	180,000	48,000	324,000	80,000	244,000	80,000	164,000	68,000	571,000	132,000
第一勧業銀行	−	−	−	−	−	−	−	−	700,000	140,000
みずほ銀行	−	−	−	−	−	−	−	−	−	−
東京三菱銀行	−	−	−	−	−	−	−	−	250,000	100,000
あさひ銀行	−	−	−	−	−	−	−	−	−	−
りそな銀行	−	−	−	−	−	−	−	−	−	−
武蔵野銀行	−	−	−	−	−	−	−	−	−	−
商工組合中央金庫	−	−	−	−	−	−	−	−	−	−
第四銀行	−	−	−	−	−	−	−	−	−	−
北越銀行										
合計額	1,233,450	321,600	2,475,350	521,600	1,953,750	548,200	1,405,550	517,450	3,256,100	882,600
期末長期借入金合計		911,850		1,953,750		1,405,550		888,100		2,373,500

（出典）ダイカ株式会社『第59期事業報告書』，同『第60期〜第68期有価証券報告書』。
（注）1．畚十全堂63期（ダイカ29期）の北海道拓殖銀行の期末残高300,000千円のうち北洋銀行への営業
　　　譲渡された。そのうち，86,400千円が30期（64期）内に返済された。
　　2．日本長期信用銀行は，2000年6月5日をもって新生銀行に商号変更されたが，ダイカの借入金
　　3．あさひ銀行は，2003年3月に，埼玉県内の営業を埼玉りそな銀行に会社分割し，残った部分を
　　　期有価証券報告書』に記載されていない。

八八年八月一日〜一九八九年七月三一日）のバランス・シート[141]が最初である。

一九九一年一月二七日の取締役会で、二回に分けて社債を発行することを決議し、一九九一（平成三年）三月二五日に第一回物上担保附社債一億円、同年四月二三日に第二回物上担保附社債一億円をそれぞれ発行した[142]。年利と償還期限は、前者が七・一パーセントで一九九八年三月二五日、後者が七・三パーセントで同年四月二五日とされた。設備資金が主目的とされ、担保は石狩支店の建物・土地とされた[143]。

一九九三年一二月六日（スイス時間）には、スイス・フラン建転換社債三〇〇〇万フラン（二一億二九六七万円）を発行した。無担保で、年利は〇・一二五パーセント、償還期限は一九九八年一月三一日（スイス時間）とされた。転換請求期間は一九九三年一二月二〇日から一九九八年一月二三日までとされ、転換価格は一五一七円（固定為替レート、一スイス・フラン＝七二円〇四銭）とされた[144]。すでに述べたように、発効直後にこの転換請求がなされたため、それを差し引いた額が表4－11の二五期（五九期）に計上されている。次期にも同様の転換請求により、この外債の未償還残高は減額しており、その額は表4－8に示される通りである。

他方、資金需要を満たすためには、銀行からの借入（多くは土地・建物の根抵当を担保）も必要であった。借入先からの信用の根拠のひとつには、前述の自己資本比率の充実があったであろう。

表4－11に示されるように、二二期（五六期）の一九九一年七月末と三四期（六八期）の二〇〇三年三月末現在の長期借入金残高を比べると、この一一年半の間で約五倍になっていることがわかる。これは、合併による事業範囲と施設やシステムの拡充にともない、必要な設備資金それ自体が増加し、借入先も増えたためである。

表4－12に示されるように、タナカと富士商会との合併前の二八期（六二期）の一九九七年七月末までは、ダイカの北海道内事業時代からの借入先の北海道の二行と北陸銀行および日本長期信用銀行[145]のほかに、ネタツ興商からの合

併引継ぎで青森銀行が加わり、国内金融情勢の激変への対応との関係で東京三菱銀行との取引が加わっている。また、タナカとの合併によりあさひ銀行と武蔵野銀行、富士商会との合併により第一勧業銀行との取引が加わった。さらに、エヌフォーとの合併の次の時期にあたる三二期（六六期）には、第四銀行、北越銀行などの被合併会社の主力銀行との取引を合併後に引き継いだ。(146)

各期の『有価証券報告書』の「長期借入金明細表」の「使途」には「設備資金」と記載されており、また少し後の全国卸への準備段階の三五期（六九期）の『有価証券報告書』では、「物流センター建設については大部分を長期借入金でまかなっており、システム統合費用については、自己資金でまかなって」いると記載されている。(147) このような記載が実態と乖離していない限り、長期借入金の多くは、施設・設備の建設費用に充当されたとみられる。

6　所有と経営

ここで、東日本のダイカとしての地位を確保したこの時期のダイカの所有と経営についてみておきたい。

主要株主

表4－13は、福島支店が開設された時期の第二六期（六〇期）から持株会社あらたが設立されて所有者が持株会社単一となる三四期（六八期）までの、所有者タイプ別の株式の所有数と所有比率の推移を示したものである。これをみると、「個人その他」のタイプが、増資過程を通じて所有株数を増やしながら六五～七〇パーセント台の最高位の所有比率を維持していることがわかる。

況の推移（1994年８月～2003年３月）

30			31			32			33			34		
64			65			66			67			68		
1998年８月１日～99年７月31日			1999年８月１日～2000年７月31日			2000年８月１日～01年７月31日			2001年８月１日～02年３月31日			2002年４月１日～03年３月31日		
1999年７月31日			2000年７月31日			2001年７月31日			2002年３月31日			2003年７月31日		
株主数（人）	株式数（単位）	割合（％）	株主数（人）	株式数（単位）	割合（％）	株主数（人）	株式数（単位）	割合（％）	株主数（人）	株式数（単位）	割合（％）	株主数（人）	株式数（単位）	割合（％）
28	3,339	14.48	24	3,046	13.20	24	2,836	11.68	23	3,015	12.41	0	0	0.00
4	5	0.02	3	7	0.03	3	7	0.03	3	6	0.02	0	0	0.00
143	3,857	16.72	137	3,817	16.54	141	5,012	20.63	138	4,924	20.27	1	24,532	100.00
2	17	0.07	1	16	0.07	5	93	0.38	2	4	0.02	0	0	0.00
1,802	15,848	68.71	1,775	16,191	70.16	1,769	16,343	67.28	1,589	16,346	67.28	0	0	0.00
1,979	23,066	100.00	1,940	23,077	100.00	1,942	24,291	100.00	1,755	24,295	100.00	1	24,532	100.00
266,219			255,219			241,219			237,219			219		
23,332,219			23,332,219			24,532,219			24,532,219			24,532,219		

ついては，「単位未満株式数」に記載している。
所有株式等４単位株のうち１単位株である。

表４－14に示されるように、この「個人その他」のなかで、最高位を保ったのはダイカ社員持株会であった。同会は、二三期（五七期）までは二〇パーセント以上の所有比率で筆頭株主であると同時に支配（的）株主の地位を占めていた。その後、二八期（六二期）までの資本増加過程を通じて、筆頭株主の地位を保ちながらもその所有比率を低下させていった。これは、後述するように従業員数に大きな変化がないために、所有持株数にも大きな変化がなかったことによる。

二九期（六三期）には、表４－14に示されるように、タナカ・富士商会との合併後にダイカの代表取締役会長に就いた田中作次（表４－１を参照）が筆頭株主となり、かつダイカ社員持株会が「当事業年度では主要株主ではなくなった」[148]。いうまでもなく、ここにいう「主要株主」とは金融商品取引法（昭和二三年四月一三日法律第二五号・第一六三条第一項）上の議決権株一〇パーセント以上の所有比率の株主を意味する。ただし、順位は二位になったものの、この時期に社員持株会が合併による従業員増加で所有株数を大きく増やしていることは注目しておくべきであろう。その後、三一期（六五期）には筆頭株主の地位

表4-13　ダイカ株式の所有者別状

期（ダイカ）	26			27			28			29		
期（忝十全堂）	60			61			62			63		
期　間	1994年8月1日〜95年7月31日			1995年8月1日〜96年7月31日			1996年8月1日〜97年7月31日			1997年8月1日〜98年7月31日		
現在年月日	1995年7月31日			1994年7月31日			1997年7月31日			1998年7月31日		
	株主数（人）	株式数（単位）	割合（%）	株主数（人）	株式数（単位）	割合（%）	株主数（人）	株式数（単位）	割合（%）	株主数（人）	株式数（単位）	割合（%）
金融機関	21	1,895	18.91	23	2,176	21.70	26	2,156	18.70	30	3,490	15.15
証券会社	2	2	0.02	4	7	0.07	6	8	0.07	3	5	0.02
その他の法人	70	1,074	10.71	66	1,059	10.56	98	1,236	10.72	155	3,783	16.42
外国法人等	10	453	4.52	9	199	1.98	12	346	3.00	8	100	0.43
個人その他	602	6,600	65.84	651	6,587	65.69	1,239	7,782	67.51	1,732	15,657	67.98
計	705	10,024	100.00	753	10,028	100.00	1,381	11,528	100.00	1,928	23,035	100.00
単位未満株式数(株)	79,719			75,719			75,719			297,219		
発行済株式数（単位株数×1,000＋単位未満株式数）	10,103,719			10,103,719			11,603,719			23,332,219		

（出典）ダイカ株式会社『第60期〜第68期有価証券報告書』。
（注）1．自己株式のうち，1単位（1,000株）以上については「個人その他」に記載し，1単位未満に
2．第67期の「外国法人等」の所有者2名のうち1名は個人である。その株式所有数は，外国法人

を、三二期（六六期）には主要株主の地位を回復したが、その所有比率は一〇パーセント程度にとどまった。

ちなみに業界首位のパルタックの一九九〇年代後半期の大株主をみると、六〜八パーセント台の所有比率ではあるが、同社従業員持株会のパルタック共栄会が筆頭株主であった[149]。したがって、従業員持株会が安定株主のひとつであったというのは、この日用雑貨の主要卸企業に共通する所有構造面の特徴であったといえるかもしれない。

なお、ダイカの社員持株会の場合、管理職であっても加入できたが、取締役・監査役など表4-1に示されるような経営陣となって「社員」資格を失うと脱退することとされた[150]。

個人株主についてみると、前述の田中作次のほか、大公一郎、山崎雅夫、工藤欣一、石倉克祐、橋本雄司、石倉明子、鈴木節夫、田中京子など、表4-1の経営陣に名前を連ねる人々やその関係者が大株主となっている。

第二位の所有者タイプの「金融機関」も、表4-13をみると、二七期（六一期）以降、所有比率を低下させており、所有株式数も二九期（六三期）をピークに減少させていることがわかる。

（1990年７月～2003年３月）

カ24期		ダイカ25期			ダイカ26期			ダイカ27期		
58期		大公59期			大公60期			大公61期		
7月31日		1994年7月31日			1995年7月31日			1996年7月31日		
所有株式数(千株)	発行済株式総数に対する所有株式数の割合（％）	氏名又は名称	所有株式数(千株)	発行済株式総数に対する所有株式数の割合（％）	氏名又は名称	所有株式数(千株)	発行済株式総数に対する所有株式数の割合（％）	氏名又は名称	所有株式数(千株)	発行済株式総数に対する所有株式数の割合（％）
1,679	19.38	ダイカ社員持株会	1,664	16.67	ダイカ社員持株会	1,593	15.77	ダイカ社員持株会	1,591	15.75
433	5.00	㈱北海道拓殖銀行	476	4.77	㈱北海道拓殖銀行	476	4.71	㈱北海道拓殖銀行	476	4.71
340	3.92	㈱北海道銀行	394	3.94	㈱北海道銀行	394	3.89	㈱北海道銀行	394	3.89
271	3.13	大公一郎	297	2.98	大公一郎	297	2.94	大公一郎	297	2.94
184	2.13	㈱日本長期信用銀行	237	2.37	㈱日本長期信用銀行	237	2.34	㈱日本長期信用銀行	237	2.34
180	2.08	㈱北陸銀行	198	1.98	㈱北陸銀行	198	1.95	石倉明子	227	2.25
180	2.08	ステートストリートバンクアンドトラストカンパニー（常任代理人住友信託銀行㈱）	180	1.80	ステートストリートバンクアンドトラストカンパニー（常任代理人住友信託銀行㈱）	180	1.78	㈱北陸銀行	198	1.95
150	1.73	ライオン㈱	165	1.65	ライオン㈱	165	1.63	住友信託銀行㈱	166	1.64
140	1.62	山崎雅夫	164	1.65	石倉克祐	151	1.49	ライオン㈱	165	1.63
127	1.47	石倉克祐	154	1.54	橋本雄司	133	1.31	橋本雄司	133	1.31
3,684	42.54		3,929	39.35	計	3,825	37.76	計	3,886	38.46

カ31期		ダイカ32期			ダイカ33期			ダイカ34期		
65期		大公66期			大公67期			大公68期		
7月31日		2001年7月31日			2002年3月31日			2003年3月31日		
所有株式数(千株)	発行済株式総数に対する所有株式数の割合（％）	氏名又は名称	所有株式数(千株)	発行済株式総数に対する所有株式数の割合（％）	氏名又は名称	所有株式数(千株)	発行済株式総数に対する所有株式数の割合（％）	氏名又は名称	所有株式数(千株)	発行済株式総数に対する所有株式数の割合（％）
2,271	9.74	ダイカ社員持株会	2,469	10.06	ダイカ社員持株会	2,566	10.46	㈱あらた	24,532	100.00
2,140	9.18	田中作次	2,141	8.73	田中作次	2,141	8.73			
1,402	6.01	㈲アイビス	1,402	5.71	㈲アイビス	1,402	5.71			
766	3.28	鈴木節夫	766	3.12	鈴木節夫	766	3.12			
621	2.66	田中京子	621	2.53	田中京子	621	2.53			
505	2.16	大王製紙㈱	505	2.05	ダイカ取引先持株会	512	2.08			
476	2.04	㈱北洋銀行	476	1.94	大王製紙㈱	505	2.05			
394	1.69	ダイカ取引先持株会	472	1.92	㈱北洋銀行	476	1.94			
337	1.45	㈱北海道銀行	394	1.60	㈱北海道銀行	454	1.85			
337	1.44	㈱武蔵野銀行	300	1.22	㈱武蔵野銀行	300	1.22			
		（小計）	9,546	38.88	（小計）	9,743	39.69			
		㈱太刀川商店	300	1.22	㈱太刀川商店	300	1.22			
		㈱大原商店	300	1.22	㈱大原商店	300	1.22			
		㈱高橋商店	300	1.22	㈱高橋商店	300	1.22			
		㈱鍋六	300	1.22	㈱鍋六	300	1.22			
9,252	39.65	計	10,748	43.81	計	10,945	44.62	計	24,532	100.00

券報告書』。

株数は，21千株（第62期），111千株（第63期），109千株（第64期）である。

表4-14　ダイカ大株主の推移

ダイカ21期			ダイカ22期			ダイカ23期			ダイ
奈55期			奈56期			奈57期			奈
1990年7月31日			1991年7月31日			1992年7月31日			1993年
氏名又は名称	所有株式数(千株)	発行済株式総数に対する所有株式数の割合(%)	氏名又は名称	所有株式数(千株)	発行済株式総数に対する所有株式数の割合(%)	氏名又は名称	所有株式数(千株)	発行済株式総数に対する所有株式数の割合(%)	氏名又は名称
ダイカ社員持株会	1,758	22.83	ダイカ社員持株会	1,762	21.99	ダイカ社員持株会	1,799	20.77	ダイカ社員持株会
たくぎんキャピタル㈱	400	5.19	たくぎんキャピタル㈱	400	4.99	㈱北海道拓殖銀行	355	4.10	㈱北海道拓殖銀行
㈱北海道拓殖銀行	355	4.61	㈱北海道拓殖銀行	355	4.43	大公一郎	306	3.53	㈱北海道銀行
大公一郎	300	3.90	大公一郎	350	4.37	㈱北海道銀行	300	3.46	大公一郎
㈱北海道銀行	300	3.90	㈱北海道銀行	300	3.74	たくぎんキャピタル㈱	250	2.89	山崎雅夫
山崎雅夫	186	2.42	石倉克祐	208	2.60	山一證券㈱	225	2.60	㈱北陸銀行
㈱日本長期信用銀行	180	2.34	山崎雅夫	186	2.33	山崎雅夫	184	2.13	㈱日本長期信用銀行
石倉克祐	178	2.31	㈱日本長期信用銀行	180	2.25	㈱日本長期信用銀行	180	2.08	ライオン㈱
工藤欣一	167	2.17	工藤欣一	167	2.08	石倉克祐	176	2.03	石倉克祐
㈱北陸銀行	150	1.95	㈱北陸銀行	150	1.87	工藤欣一	154	1.78	工藤欣一
計	3,974	51.61	計	4,058	50.65	計	3,929	45.37	計

ダイカ28期			ダイカ29期			ダイカ30期			ダイ
奈62期			奈63期			奈64期			奈
1997年7月31日			1998年7月31日			1999年7月31日			2000年
氏名又は名称	所有株式数(千株)	発行済株式総数に対する所有株式数の割合(%)	氏名又は名称	所有株式数(千株)	発行済株式総数に対する所有株式数の割合(%)	氏名又は名称	所有株式数(千株)	発行済株式総数に対する所有株式数の割合(%)	氏名又は名称
ダイカ社員持株会	1,626	14.01	田中作次	2,142	9.18	ダイカ社員持株会	2,193	9.40	ダイカ社員持株会
㈱北海道拓殖銀行	476	4.10	ダイカ社員持株会	2,117	9.07	田中作次	2,140	9.18	田中作次
㈱北海道銀行	394	3.39	㈲アイビス	1,402	6.01	㈲アイビス	1,402	6.01	㈲アイビス
大公一郎	297	2.56	鈴木節夫	776	3.33	鈴木節夫	766	3.28	鈴木節夫
㈱日本長期信用銀行	237	2.04	田中京子	625	2.68	田中京子	621	2.66	田中京子
石倉明子	206	1.78	住友信託銀行㈱	524	2.25	大王製紙㈱	505	2.16	大王製紙㈱
住友信託銀行㈱	203	1.74	大王製紙㈱	505	2.16	㈱北洋銀行	476	2.04	㈱北洋銀行
㈱北陸銀行	198	1.70	㈱北海道拓殖銀行	476	2.04	住友信託銀行㈱	462	1.98	㈱北海道銀行
ライオン㈱	165	1.42	㈱北海道銀行	394	1.69	㈱北海道銀行	394	1.69	㈱あさひ銀行
橋本雄司	133	1.14	㈱あさひ銀行	337	1.45	㈱あさひ銀行	337	1.45	ダイカ取引先持株会
計	3,937	33.93	計	8,961	38.41	計	9,299	39.86	計

（出典）ダイカ株式会社『第21期報告書』，同『第56期～第59期事業報告書』，同『第60期～第68期有価証

（出典注）住友信託銀行の第62～第64期の所有株式数には，信託業務に関わる株式が含まれている。その

これら金融機関の多くは、表4-14に示されるように、前述の借入先であり、金融機関からの資金調達が、次第に株式から借入金にシフトしてきたとみることもできるかもしれない。これは、ゼロ金利時代になって、株式発行コストよりも借入コストの方が割安になってきたことと無関係ではないと思われる。

第三位の所有者タイプの「その他の法人」としては、仕入先メーカーのライオンをはじめ、大王製紙、ダイカ取引先持株会（設立年月日不明）のほか、札幌の株式会社アイビス（田中作次氏の関係会社）などがある。

経営陣の推移

次に、ダイカ役員の推移をみてみよう。表4-1によって、一九九〇年六月のネタツ興商との合併直後の二一期（五五期）の経営陣をみると、ネタツ興商の工藤欣一社長（一九三二年九月生まれ、東京大学卒業、一九五七年四月工藤辰四郎商店＝ネタツ興商の前身入社、一九七〇年一二月ネタツ興商代表取締役社長）が代表取締役会長に就任している。また、同じネタツ興商の工藤要祐専務（一九四一年一一月生まれ、武蔵大学卒業、一九六四年四月工藤辰四郎商店入社、一九七六年六月ネタツ興商専務取締役）と野里竹男常務（一九三三年一月生まれ、八戸市立第一高等学校卒業、一九四八年四月工藤辰四郎商店入社、一九七六年六月ネタツ興商常務取締役）が、それぞれ専務取締役と常務取締役に就任している。[151]

第三章でも検討したように、この時期までに、ダイカの経営陣は、一九六九年の七社合併時の母体会社の出資者同族を中心としながらも、非同族の経営陣やダイカ成立後の大卒入社の経営陣を加えた専門経営者の層を形成するにいたっていた。この時期のダイカも、被合併会社の同族・非同族を経営陣に加えながら、そうした専門経営者の層を少しずつ厚くしていった。二五期（五九期）に取締役に就いた森讃（たとう）（一九三九年五月生まれ、青山学院大学卒業、一九六四年四月奈十全堂入社）も奈十全堂生え抜きの専門経営者であり、二七期に監査役に就いた佐藤幸男（一九三七年八月生まれ、北海道大学卒業、大商証券、星製薬を経て一九七三年五月ダイカ入社）のほか、二八期に取締役に就いている坪田正光（一九四三年七月生まれ、小樽商科大学中退、一九六九年九月ダイカ入社）と嶋脇明（一九五四年二月生まれ、高崎経済大学卒業、一九七六年三月ダイカ入社）はダイカに入社して育成された専門経営者であった[152]。ダイカでは、これも第三章で検討したように、ＤＯＤシステムを中心に人材の開発に力を入れてきたのであり、こうした生え抜きの専門経営者の増加は、そうした成果のひとつであったとみることができよう。また後に合併する富士商会の鈴木茂夫社長が、合併より三期前の二六期の一九九五（平成七）年一〇月にダイカの監査役に就任していることも注目される。これは、前述のように、協力体制構築のための準備段階であった。

二九期（六三期）には、すでに監査役に就任していた富士商会の鈴木茂夫が代表取締役副社長に就いたほか、蒔苗誠（一九四七年一一月生まれ、慶応義塾大学卒業、一九七七年六月富士商会入社、同年七月蒔苗税理士事務所開設、一九八九年五月富士商会取締役）が常勤監査役に就いている。タナカの関係では、先にも少しふれたが、合併会社のタナカの田中作次（一九三九年二月生まれ、仕事しながら夜間の都立墨田川高校卒業、一九六六年田中紙店代表取締役社長）が工藤欣一会長の後継の代表取締役会長に就任している。タナカからは、田中作次の実弟の阿部勇次[153]（一九四二年一月生まれ、一九五七年田中米二商店入社、その後中央大学卒業、一九六六年六月タナカ専務取締役）も専務取締役に就いている。タナカの関係者では、このほか非同族の中川彰之助（一九四五年二月生まれ、埼玉県立越谷高校卒業、一九七二年一月田中紙店入社、一九九三年五月タナカ常務取締役）、平田啓一郎（一九四九年一二月生まれ、千葉県立市川工業高校卒業、一九七一年九月田中紙店入社、一九九三年五月タナカ常務取締役）、兼平昇（一九五六年四月生まれ、駒沢大学卒業、一九八〇年二月タナカ入社、一九八九年三月タナカ取締役商品部長）、粕川務（一九四八年一〇月生まれ、東京経済大学卒業、一九八七年四月タナカ入社、一九九三年五月タナカ取締役第二商品部長）が取締役に就いている。また、久保秀夫（一九四二年一〇月生まれ、埼玉県立松山高校卒業、埼

卒比率の推移（1990年７月末現在～2003年３月末現在）

27	28	29	30	31	32	33	34
61	62	63	64	65	66	67	68
1996年７月31日	1997年７月31日	1998年７月31日	1999年７月31日	2000年７月31日	2001年７月31日	2002年３月31日	2003年３月31日
463	465	835	860	－	－	－	－
244	235	318	324	－	－	－	－
707	700	1,153	1,184	1,178	1,284	1,239	1,202
42	52	66	70	84	86	47	28
5.94	7.43	5.72	5.91	7.13	6.70	3.79	2.33
11	17	14	26	35	26	24	16
1.56	2.43	1.21	2.20	2.97	2.02	1.94	1.33

証券報告書』，同社『社内報だいか』1990年～2003年各号のうち主に各年４月号の新入社員の記事。

玉銀行を経て一九九三年七月タナカ入社、一九九五年六月常勤監査役）が監査役に就いているほか、個人事務所経営者ではあるが一九九五年六月からタナカの監査役を務めていた高橋小百合（一九三九年四月生まれ、日本大学卒業）も監査役に就いている(154)。このように、被合併会社のタナカからは経営者同族二名以外では、高橋を除くと五名の役員がダイカの役員に就任しており、合併以前から、経営者としての役割を担うことのできる人材を育成していたと思われる。そして彼らが、ダイカの経営陣に就任したことによって、ダイカとその合併会社の創業者同族以外の専門経営者の層が厚みを増すことになった。

エヌフォーと合併した三一期（六五期）には、同社の名児耶徳雄社長（一九三八年八月生まれ、一九五九年鍋六入社、一九六八年九月鍋六代表取締役社長、一九九九年一〇月エヌフォー代表取締役社長）がダイカ代表取締役副社長に、同じくエヌフォーの高橋寿一（一九四一年三月生まれ、一九六三年四月高橋商店入社、一九八七年二月高橋商店代表取締役社長、一九九二年四月エヌフォー代表取締役副社長）が専務取締役に、高橋通夫（一九四七年九月生まれ、一九七二年四月高橋商店入社、一九九〇年二月高橋商店代表取締役専務、一九九二年四月エヌフォー専務取締役）が常務取締役にそれぞれ就任し、ダイカ経営の舵取りに加わったほかは大きな変化はない。翌三二期（六六期）には、ダイカ生え抜きの前川明典（一九五四年三月生まれ、一九七六年三月ダイカ入社、二〇〇〇年六月仙台支店長）が取締役に加わり、専門経営者の一翼として

表4-15　従業員数・新卒数・大卒数および新卒比率・大

期（ダイカ）	21	22	23	24	25	26
期（紊十全堂）	55	56	57	58	59	60
現在年月日	1990年7月31日	1991年7月31日	1992年7月31日	1993年7月31日	1994年7月31日	1995年7月31日
男子従業員数(人)	404	423	445	452	450	466
女子従業員数（人）	249	251	254	259	248	269
従業員合計数(人)	653	674	699	711	698	735
新卒者数（人）	75	92	103	71	36	66
新卒者比率（%）	11.49	13.65	14.74	9.99	5.16	8.98
大卒者数（人）	13	17	21	15	13	18
大卒者比率（%）	1.99	2.52	3.00	2.11	1.86	2.45

（出典）ダイカ株式会社『第21期報告書』，同『第56期～第59期事業報告書』，同『第60期～第68期有価

東北エリアの統括に当たることとなった(155)。

7　人的資源の確保と資本装備の充実

従業員動態

合併による急増

ここで、経営者の方針を実施し経営目標の達成を実際に担う人的資源の面についてみておくことにしたい。まずこの時期の従業員数の推移についてみてみると、表4-15に示されるように、一九九〇年代初めの二一期（五五期）には六五〇名程度の従業員数であったが、徐々に人数が増えて二四期（五八期）には七〇〇名を超えている。翌期には七〇〇名を割り込むものの、その翌二六期（六〇期）には七〇〇名台を回復した。そして、その後二期にわたって、従業員数は漸減するが、タナカ・富士商会と合併した二九期（六三期）には、一挙に四五三名も増加して一一五三名となった。男女別の従業員数の推移をみると、常に男子従業員数が女子従業員数よりも多数であるが、タナカ・富士商会との合併によって従業員数が一〇〇〇名を超えるまでは、その開きは一五〇～二三〇名程度であった。しかし、タナカ・富士商会との合併以降、その開きは五〇〇名を超えることとなった。

ートタイマー数の推移（1995年7月末～1999年7月末）

従業員				パートタイマー	
計(人)(A)	平均年齢(歳)	平均勤続年数(年)	平均給与月額(円)	パートタイマー数(人)(B)	パート比率(%)〔B÷(A+B)〕×100
466	34.2	12.7	277,223	8	1.69
269	22.9	4.4	150,210	413	60.56
735	30.2	9.7	233,569	421	36.42
463	34.7	13.4	287,677	12	2.53
244	22.9	4.5	156,867	415	62.97
707	30.8	10.4	242,480	427	37.65
465	35.3	14.0	291,035	21	4.32
235	23.1	4.6	159,860	488	67.50
700	31.2	10.8	246,667	509	42.10
835	34.8	11.0	317,452	60	6.70
318	25.0	4.2	178,126	686	68.33
1,153	32.1	9.2	278,980	746	39.28
860	35.3	11.5	324,460	70	7.53
324	25.8	4.5	180,567	784	70.76
1,184	32.6	9.5	282,548	854	41.90

直・間比率の推移　従業員の直接・間接両部門のそれぞれの数と、パートタイム従業員の数をみてみよう。それらが公表資料によって確認できるのは、二六（六〇期）から三〇期（六四期）までである。その間の推移を示したのが表4-16である。

ここでいう現業というのは、営業や物流面など流通の直接の業務であり、それ以外を非現業（間接）としている。これをみると、男子従業員の場合、現業部門への配置比率は三九パーセント前後から四七パーセント前後であり、非現業が六〇パーセント台から五三パーセント前後となっている。女子従業員についてみると、現業部門が一八パーセント台から二七パーセント弱、非現業部門が約八一パーセントから約七三パーセントとなっている。したがって、男子従業員は女子従業員に比べて現業配置比率が高く、女子従業員が男子従業員よりも非現業比率が高いということがいえる。これは、女子従業員で事務部門に配置される人数が、男子のその比率よりも相対的に高かったからである。

表4－16　従業員の人数・平均年齢・平均給与およびパ

期（現在）	男女別・計	常勤			
		現　業		非現業	
		人　数	比　率(%)	人　数	比　率(%)
ダイカ26期	男子（人）	185	39.70	281	60.30
（粂十全堂60期）	女子（人）	72	26.77	197	73.23
（1995年7月31日）	計	257	34.97	478	65.03
ダイカ27期	男子（人）	181	39.09	282	60.91
（粂十全堂61期）	女子（人）	52	21.31	192	78.69
（1996年7月31日）	計	233	32.96	474	67.04
ダイカ28期	男子（人）	181	38.92	284	61.08
（粂十全堂62期）	女子（人）	46	19.57	189	80.43
（1997年7月31日）	計	227	32.43	473	67.57
ダイカ29期	男子（人）	393	47.07	442	52.93
（粂十全堂63期）	女子（人）	58	18.24	260	81.76
（1998年7月31日）	計	451	39.12	702	60.88
ダイカ30期	男子（人）	401	46.63	459	53.37
（粂十全堂64期）	女子（人）	63	19.44	261	80.56
（1999年7月31日）	計	464	39.19	720	60.81

（出典）ダイカ株式会社『第60～第64期有価証券報告書』。

パートタイマーの推移

パートタイマーについてみると、表4－16に示されるように、圧倒的に女子の人数が男子のそれを上回っていることがわかる。正規の女子従業員を加えた全女子従事者数のなかで、女子パートタイマーの比率をみると、六〇パーセント台から七〇パーセント台であり、二六期（六〇期）から三〇期（六四期）までの推移をみると、次第にその比率が高くなっていった傾向が読み取れる。これは、物流施設の拡充と多頻度少量小口配送への対応などから、ピッキング作業その他での要員の増員が必要になったことも影響しているとみられる。

年齢・勤続年数と給与

表4－16によって、従業員の平均年齢をみると、男子は三四～三五歳、女子は二二～二五歳であり、全体としてみると三〇歳から三二歳の幅となっている。短期間ではあるが、その推移をみると、男子の場合は余り大きな変化はないが、女子では二八期（六二期）から二九期

（六三期）の間で約二歳ほど平均年齢が高くなっている。この間に、タナカ・富士商会との合併があったことを考えると、被合併会社女子従業員の平均年齢が高かった可能性が考えられる。

平均勤続年数をみると、タナカ・富士合併前までは、男女ともに少しずつ長くなっていく傾向がみられるが、合併直後の二九期（六三期）にかけて、男女ともに短くなっている。これも、被合併会社の従業員の勤続年数が比較的短期であった可能性が考えられる。

平均給与をみると、タナカ・富士商会の合併後に男女ともに上がっていることがわかる。これは、さまざまな要因が考えられるが、被合併会社の社員給与をダイカに合わせたことで、全体の給与水準が上がったためと考えられる。[156]

新卒採用の動向と採用地域の広がり

新規採用比率

表4-15に示されるように、ダイカでは、二〇〇二年まで毎年、三六名から一〇三名の新卒者を採用している。その期末現在従業員数に占める比率は、約二・三パーセント～約一四・七パーセントと幅があった。そのなかで、大卒者は一一～三五名の幅で採用しており、その期末現在従業員数に占める比率は、約一・二パーセントから三パーセントの幅であった。

新卒採用の推移のなかで採用数・採用比率が最大であったのは、二三期（五七期）の一九九二年七月末現在である。ちょうど一九九一年九月に青森支店が新築・落成され、同年一一月には石狩支店が増築されており、翌一九九二年四月には店頭登録した時期であった。さらに、一九九二年七月の四カ月後の同年一一月には八戸支店と仙台支店がともに新築・落成となる時期であった。要員確保の必要性が大きかったと思われる。

大卒採用

表4－15に示されるように、大卒採用は二三期（五七期）の一九九二年七月末現在では、一九九〇年代で最多の二一名である。期末現在従業員数に対する比率でも、ここに示されたなかの最大比率の三パーセントとなった。三〇期（六四期）以降になると、大卒採用数はふたたび増えることとなり、三一期（六五期）には三五名、全従業員数の三パーセント近くの採用実績となったが、その後、漸減していった。

表4－17によって、大卒採用を男女別にみてみると、全期間を通じて男子の大卒採用が多数であることがわかる。その採用者数は、八名から三三名の幅となっている。二二期（五六期）から二四期（五八期）の女子採用者はないが、それ以外の時期には一名から六名の範囲で採用されている。短大・専門学校卒業者の採用では、二二期（五六期）、二四（五八期）および二九期（六三期）には、男子が女子を上回るが、それ以外の時期では、大卒採用とは逆に女子採用の数の方が多い。とはいっても、大卒・短大・専門学校卒業生の採用数は全体の新卒者のなかでは少なく、圧倒的多数はやはり高校卒業生の採用であった。

男女別採用数と採用地

新卒採用者全体の男女別をみると、表4－17に示されるように、三一期（六五期）、三三期（六七期）および三四期（六八期）を除くと、男子よりも女子の採用者数が多く、その女子採用者の多くが高校の新卒者であった。それを北海道内と北海道外の高校に分けてみると、一九九〇年六月に八戸のネタツ興商と合併した次の時期の二二期（五六期）には初めて道外の高校からの採用があり、その後、道外からの採用が継続し、山形支店が開設された一九九四年一一月と福島支店が開設された一九九五年四月の時期を含む二六期（六〇期）には一七名もの道外高校採用者となった。さらに、タナカと富士商会合併の一九九八年四月の次期にあたる三〇期（六四期）には、二五名もの道外高校採用となり、その後二年間も二〇名以上の採用が続き、この期間は道内高校採用者を上回っていることがわかる。

新卒採用者数の推移（1990～2002年度）

28			29			30			31			32			33			34		
62			63			64			65			66			67			68		
1996年8月1日～97年7月31日			1997年8月1日～98年7月31日			1998年8月1日～99年7月31日			1999年8月1日～2000年7月31日			2000年8月1日～01年7月31日			2001年8月1日～02年3月31日			2002年4月1日～03年3月31日		
1997年3月			1998年3月			1999年3月			2000年3月			2001年3月			2002年3月			2003年3月		
大学	男	12	大学	男	8	大学	男	20	大学	男	33	大学	男	20	大学	男	21	大学	男	14
	女	5		女	6		女	6		女	2		女	6		女	3		女	2
	計	17		計	14		計	26		計	35		計	26		計	24		計	16
短大・専門学校	男	0	短大・専門学校	男	4	短大・専門学校	男	4	短大・専門学校	男	1	短大・専門学校	男	0	短大・専門学校	男	0	短大・専門学校	男	0
	女	4		女	3		女	6		女	3		女	14		女	3		女	5
	計	4		計	7		計	10		計	4		計	14		計	3		計	5
道内高校	男	1	道内高校	男	9	道内高校	男	1	道内高校	男	6	道内高校	男	6	道内高校	男	5	道内高校	男	0
	女	17		女	22		女	7		女	15		女	14		女	7		女	0
	計	18		計	31		計	8		計	21		計	20		計	12		計	0
道外高校	男	3	道外高校	男	6	道外高校	男	9	道外高校	男	8	道外高校	男	10	道外高校	男	3	道外高校	男	1
	女	10		女	8		女	16		女	16		女	16		女	5		女	6
	計	13		計	14		計	25		計	24		計	26		計	8		計	7
男小計		16	男小計		27	男小計		34	男小計		48	男小計		36	男小計		29	男小計		15
女小計		36	女小計		39	女小計		35	女小計		36	女小計		50	女小計		18	女小計		13
合計		52	合計		66	合計		70	合計		84	合計		86	合計		47	合計		28

70との間に1名の差が生じている。

大卒・高卒の学校立地別採用の推移

表4-18は、大学と高校の立地別採用者数を示している。道外の大学からの採用は、すでに一九七〇年代からみられたが、ここでは道外の部分を、ダイカの東北の新規拠点との関係で捉え直してみよう。ネタツ興商との合併の次期の二一期（五六期）には、青森県の大学と高校からの採用があった。その後、採用の大学と高校は、八戸支店・仙台支店新築・落成（一九九二年一〇～一一月）後の二五期（五九期）には宮城県にまで拡がった。さらに、山形支店の開設（一九九四年一一月）や福島支店の開設（一九九五年四月）の二六期（六〇期）には山形県と福島県へと拡がった。タナカ・富士商会との合併（一九九八年四月）の二九期（六三期）には、茨城県の高校からの採用も始まり、三一期（六五期）には秋田県の高校からの採用も始まった。つくば物流センターはじめ関東地域の拠点強化が進む二〇〇〇年以降は、栃木県や埼玉県にまで採用範囲が拡げられた。このことから、ダイカは、東北および関東地域への進出と併行して、現地の大学・高校からの採用を始めていったことが確認される。これは、

表４-17　各期の最終学校別・男女別

期(ダイカ)			21	22	23	24	25	26	27
期([illegible]十全堂)			55	56	57	58	59	60	61
期　間			1989年８月１日～90年７月31日	1990年８月１日～91年７月31日	1991年８月１日～92年７月31日	1992年８月１日～93年９月30日	1993年８月１日～94年７月31日	1994年８月１日～95年７月31日	1995年８月１日～96年７月31日
採用時期			1990年３月	1991年３月	1992年３月	1993年３月	1994年３月	1995年３月	1996年３月
学校別小計	大　学	男	11	17	21	15	11	15	10
		女	2	0	0	0	2	3	1
		計	13	17	21	15	13	18	11
	短大・専門学校	男	1	2	0	3	0	0	0
		女	2	1	0	2	2	4	2
		計	3	3	0	5	2	4	2
	道内高校	男	15	12	19	13	0	11	2
		女	44	52	56	30	17	16	19
		計	59	64	75	43	17	27	21
	道外高校	男	0	2	1	2	1	4	0
		女	0	6	6	6	3	13	8
		計	0	8	7	8	4	17	8
	男小計		27	33	41	33	12	30	12
	女小計		48	59	62	38	24	36	30
	合計		75	92	103	71	36	66	42

（出典）ダイカ株式会社『社内報だいか』1990年～2003年各号のうち主に各年４月号の新入社員の記事。
（注）１．人数には，ファッション・ダイカとアドニスの新卒採用者数も含む。
２．ダイカ30期の1999年３月採用では，出身校の不明な者が１名いるので，各欄の合計数69と合計欄の数

合併会社の従来の地元採用枠を確保して継続したということになるが、かつてと異なるのは広域的人事交流の可能性を拡げたことであろう。

地元の教育機関を卒業した人材を確保することは、進出地域へ雇用面で貢献することのみならず、ダイカにとっては進出先の地元情報を確保することにもなる。地元情報には、地域の地理・自然・気候・歴史・風土・交通インフラなどの情報のほか、それらとも関係する地域の嗜好の特徴や人間関係上のつながりなどもある。これらの情報を広域的に集積することは、ときとして戦略的に重要な意味をもつことになろう。その意味で、営業拠点の地元教育機関出身者を確保し、それにもとづく広域的な人事交流を活性化することは、ダイカの人的資源と結びついた戦略的な情報基盤の整備という意味をもつものになったといえる。

資本装備率

ここで、前述のシステムの統合・整備や設備投資と人的資源との関係を資本装備率という点からみておくことにし

新卒採用者数の推移（1990～2002年度）

			28	29	30	31	32	33	34
			62	63	64	65	66	67	68
			1996年8月1日～97年7月31日	1997年8月1日～98年7月31日	1998年8月1日～99年7月31日	1999年8月1日～2000年7月31日	2000年8月1日～01年7月31日	2001年8月1日～02年3月31日	2002年4月1日～03年3月31日
			1997年3月	1998年3月	1999年3月	2000年3月	2001年3月	2002年3月	2003年3月
大学	道内	男	10	6	5	16	12	9	5
大学	道内	女	2	5	1	2	4	0	0
大学	東北	男	1	1	3	4	4	4	3
大学	東北	女	2	1	1	0	2	0	1
大学	北海道・東北外	男	1	1	12	13	4	8	6
大学	北海道・東北外	女	1	0	4	0	0	3	1
短大		男	0	0	0	0	0	0	0
短大		女	4	3	3	3	13	3	4
専門学校		男	0	4	4	1	0	0	0
専門学校		女	0	0	3	0	1	0	1
道内高校		男	1	9	1	6	6	5	0
道内高校		女	17	22	7	15	14	7	0
青森県の高校		男	0	1	2	1	0	1	0
青森県の高校		女	3	2	4	2	4	2	5
宮城県の高校		男	1	1	1	2	5	1	0
宮城県の高校		女	4	2	2	4	7	1	1
山形県の高校		男	1	1	0	1	0	0	0
山形県の高校		女	2	2	0	0	0	2	0
福島県の高校		男	1	2	3	2	0	1	0
福島県の高校		女	1	0	3	3	0	0	0
茨城県の高校		男		1	3	2	2	0	0
茨城県の高校		女		2	7	5	2	0	0
秋田県の高校		男				0	1	0	0
秋田県の高校		女				2	3	0	0
栃木県の高校		男					2	0	0
栃木県の高校		女					0	0	0
埼玉県の高校		男							1
埼玉県の高校		女							0
男小計			16	27	34	48	36	29	15
女小計			36	39	35	36	50	18	13
合計			52	66	70	84	86	47	28

に1名の差が生じている。

表 4-18　各期の最終学校立地別・男女別

区分			21	22	23	24
期(ダイカ)			21	22	23	24
期(大十全堂)			55	56	57	58
期間			1989年8月1日～90年7月31日	1990年8月1日～91年7月31日	1991年8月1日～92年7月31日	1992年8月1日～93年9月30日
採用時期			1990年3月	1991年3月	1992年3月	1993年3月
学校・地域別採用者数 大学	道内	男	10	13	15	13
		女	2	0	0	0
	青森	男	0	1	3	0
		女	0	0	0	0
	北海道・青森外	男	1	3	3	2
		女	0	0	0	0
短大		男	0	0	0	0
		女	1	0	0	2
専門学校		男	1	2	0	3
		女	1	1	0	0
道内高校		男	15	12	19	13
		女	44	52	56	30
道外の高校	青森県の高校	男		2	1	2
		女		6	6	6
男小計			27	33	41	33
女小計			48	59	62	38
合計			75	92	103	71

区分			25	26	27
期(ダイカ)			25	26	27
期(大十全堂)			59	60	61
期間			1993年8月1日～94年7月31日	1994年8月1日～95年7月31日	1995年8月1日～96年7月31日
採用時期			1994年3月	1995年3月	1996年3月
学校・地域別採用者数 大学	道内	男	7	13	7
		女	2	2	1
	青森・宮城	男	1	1	0
		女	0	0	0
	北海道・青森・仙台外	男	3	1	3
		女	0	1	0
短大		男	0	0	0
		女	2	4	2
専門学校		男	0	0	0
		女	0	0	0
道内高校		男	0	11	2
		女	17	16	19
道外の高校	青森県の高校	男	0	1	0
		女	0	2	4
	宮城県の高校	男	1	0	0
		女	3	3	0
	山形県の高校	男		0	0
		女		3	1
	福島県の高校	男		3	0
		女		5	3
男小計			12	30	12
女小計			24	36	30
合計			36	66	42

（出典）ダイカ株式会社『社内報だいか』1990年～2003年各号のうち主に各年4月号の新入社員の記事。
（注）1．人数には，ファッション・ダイカとアドニスの新卒採用者数も含む。
　　2．ダイカ30期の1999年3月採用では，出身校の不明な者が1名いるので，各欄の合計数と合計欄の数

（1990年7月～2003年3月）

27	28	29	30	31	32	33	34
61	62	63	64	65	66	67	68
1995年8月1日～96年7月31日	1996年8月1日～97年7月31日	1997年8月1日～98年7月31日	1998年8月1日～99年7月31日	1999年8月1日～2000年7月31日	2000年8月1日～01年7月31日	2001年8月1日～02年3月31日	2002年4月1日～03年3月31日
1996年7月31日	1997年7月31日	1998年7月31日	1999年7月31日	2000年7月31日	2001年7月31日	2002年3月31日	2003年3月31日
7,684,388	8,206,836	11,762,917	14,206,926	14,692,992	15,398,204	14,378,394	15,632,277
707	700	1,153	1,184	1,178	1,284	1,239	1,202
10,869	11,724	10,202	11,999	12,473	11,992	11,605	13,005

証券報告書』。

たい。

表4-19に示されるように、有形固定資産（建設仮勘定を除く）は、二一期（五五期）の一九九〇年代初頭から三一期（六五期）の二〇〇〇年代初頭までの一〇年間で五倍にまで増えた。この間、一九九八年四月の富士商会とタナカとの合併直前までの従業員数は六五〇名から七〇〇名前後であったが、この合併によって二九期（六三期）の従業員数は一一〇〇名を超えた。その後、二〇〇〇年八月のエヌフォーとの合併を経て、人員数は一二〇〇名を超える水準にあった。

時期の流れに沿って資本装備率（建設仮勘定を除く有形固定資産額を従業員数で除した値）をみていくと、富士商会とタナカとの合併前までは、ダイカの有形固定資産の増加が著しく、従業員数の増加よりも大きかったので、資本装備率は着実に増加し、二一期（五五期）末すなわち一九九〇年七月末の一人当たり約四五〇万円から、二八期（六二期）末すなわち一九九七年七月末の一人当たり一一七二万円にまで増加している。その後、二九期（六三期）と三二期（六六期）および三三期（六七期）にはやや減少がみられるが、全体としては、資本装備率が向上する傾向にあったとみてよいであろう。

この資本装備率の上昇傾向にみられるように、ダイカでは、人的資源の確保に努めるとともに、より積極的な設備投資によって機械化と近代化を推進していったことが理解されるであろう。

表4-19　ダイカの資本装備率

期（ダイカ）	21	22	23	24	25	26
期（忝十全堂）	55	56	57	58	59	60
期　間	1989年8月1日~90年7月31日	1990年8月1日~91年7月31日	1991年8月1日~92年7月31日	1992年8月1日~93年7月31日	1993年8月1日~94年7月31日	1994年8月1日~95年7月31日
現在年月日	1990年7月31日	1991年7月31日	1992年7月31日	1993年7月31日	1994年7月31日	1995年7月31日
有形固定資産(千円)(A)	2,940,783	3,142,542	4,578,985	5,556,512	5,691,357	7,852,712
従業員合計数(人)(B)	653	674	699	711	698	735
資本装備率(千円)(A÷B)	4,503	4,663	6,551	7,815	8,154	10,684

（出典）ダイカ株式会社『第21期報告書』，同『第56期～第59期事業報告書』，同『第60期～第68期有価
（注）有形固定資産額は建設仮勘定分を控除した額である。

8　組織活性化と販売管理の革新

人的資源の資質向上

ＤＯＤシステムの展開　ダイカでは、自社で採用した人材の資質を向上させて組織を活性化させるために、すでに一九七〇年代からＤＯＤシステムという独自開発の教育・訓練システムによる継続的研修を行ってきた。[157] この教育・訓練は、東北地域そして関東地域へと新卒採用が進む一九九〇年代においても、より体系化されて実施されていった。これは、「教育は仕事に優先させる」とう経営思想がダイカ経営者たちに共有されていたからでもある。[158]

一九九六年頃のＤＯＤシステムをみると、入社時の新入社員理解訓練講座による相互理解に始まり、その後のマスター・プログラムによる一五週間のＯＪＴ、さらに職場配属後の新人セールスマン入門講座、入社一年後のフォロー研修、ＷＤＰ（Women's Development Program）などの一般社員向け教育システムのほかに、一般社員と新任管理職向けのＳＤＰ（Senior Development Program）、さらに新任管理職向けのＬＤＰ（Leadership Development Program）、さらに上級管理職向けのＭＢＣ（Management Basic Course）に体系化されており、[159] それぞれの研修プログラムでは、外部施設でおおむね三泊四日の日数をかけて一〇人程度で実施された。[160] 振吉巳歳男

副社長によれば、そのほとんどが「講義形式ではなく、互いに話し合って成長し合う」という方式であった。それは、ダイカが「仲間意識を重視し」ており「グループ化の中で力を発揮してもらう、つまり全体的にレベルの底上げをはかるという考え方」にもとづいている。(161)

外部研修と小集団サークル活動　この他に、業界内外のメーカーや大手小売企業の主催する国内外の事業所・工場などの研修にも社員を参加させて知見を広めさせた。(162)

一方、職場改善のための小集団サークル活動も継続された。その基本理念は、「一日の中で会社にいる時間が非常に長い、長いからには楽しくいて欲しい、そのためには楽しく仕事をする、ということ」であった。これは、第三章でもみたように「『生き甲斐』『やり甲斐』を目的として小集団サークル活動の手法を採用し、その結果、業務改善、組織の活性化に結び付けるという考え方で一般的な『QC活動』とは趣旨を異にし」ているという。(163)すでに一九八二年から導入され、その当時で一〇〇以上のサークルが結成されて発表会も開催されていたが、(164)東日本全域へと事業所を拡げるとともに、その数も増え、活動も活発となっていった。『社内報だいか』には、各サークルの個性的な名称や活動内容が頻繁に紹介され、(165)各支社などで発表会も開催された。

この他に、相対的評価の手法として、以前から『社内報だいか』に掲載された各事業所・支店別の評価表があった(166)が、この他に一九八一（昭和五六）年五月からスタートした商品知識テストのインフォメーション・テストもこの時期に継続され、その成果の一部も『社内報だいか』に掲載された。(167)これは、ダイカのセールスマンとして必要最低限の知識を習得しているかどうかを確認するためのもので、各本部担当マーチャンダイザーが、各支店の販売会議の終わりの二〇分間で、本部作成のテスト用紙で実施し、その場で採点し合うという方法が採られた。出題内容は、商品知識、現在実施中のキャンペーン、新製品情報、業界人（販売員）や社会人としての常識、ダイカの方針などであっていくことに主眼が置かれたという。[168]ただし、これらの評価は、欠点を指摘するためではなく、自覚を促すためのもので、互いに良い手法を学びとった。

組織活性化の必要とそのモデル

ダイカの事業拠点が、東日本全域に拡がるとともに、異なる経営風土や企業文化にあった従業員たちを、共通の経営理念と経営目標へと向かわせるには、標準化された教育・訓練システムと相互啓発的・内発的な業務改善を通じて、個々人の意識改革と能力向上をはかることが何よりも重要であった。これは、ダイカが一九六九年八月の七社合併という経営史的経験を通じて組織的に学んできたことでもあっただろう。

というのも、ダイカでは前述の情報システム面でもそうであったように、全道という広範囲な事業拠点のリーダーたる支店長などには、大きな権限と責任を与えていた。これは、広範囲であると同時に、とくに冬季などの環境下では配送の遅れや欠品を避けるために即座の判断が求められることが多かったからである。[169]この意味で、質の高いミドル・マネージャーが中核を成す組織体制が整備されていたといえる。ダイカが、その後、全国化する基礎には、こうした広範囲に事業拠点をカバーするために構築されたシステムや組織の体制があったとみることができよう。またこの点は、一九二〇年代のアメリカで事業部制が整えられた時期にミドル・マネージャーの成長があったという論点[170]と共通する側面として注目しておきたい。

ところで、この組織的人材育成の重視には、経営陣の学生時代からの経験も影響している可能性がある。振吉巳歳男副社長は、学生時代に早稲田大学ボート部で自らを練磨し、その後もボート協会の要職を務めた。「ボートが他の競技と異なる点あるいはその特長は何か」との筆者による質問に対して、「それは、完全なユニフォーミティ。同じ目標に向かって、すべての競技者が同じ動きをする競技は他にないでしょう」との回答であった。[171]ちなみに、大公一郎社長も、一橋大学時代にボート部に所属しており、少なからずこうした共通感覚はあったであろう。こうしたボート競技の特長である一体感を、企業運営のひとつの理念として暗黙のうちに両トップ・マネジメントの間で共有していた可能性があろう。同社で女子ボート部を結成して応援したのも、ボート競技の特性に組織運営のモデルをみたからかもしれない。

いずれにせよ、一九八〇年代初期に振吉副社長が用いた言葉を借りれば、こうしたさまざまな施策によって「人間の鮮度」を保ち[172]、それを組織力へと結集させる努力が継続された。

営業革新と管理システムの向上

仕入先無返品制度

ダイカでは、一九九一（平成三）年九月、振吉副社長兼営業本部長による『第一三期営業本部長方針』のなかで、翌一九九二年四月から仕入先メーカーへの返品をゼロにすることを発表した[173]。そして、一九九二年一月の新年交礼会の場で、振吉はメーカー関係者一同に対して「四月から当社は、一切返品はいたしません」と約束した[174]。この振吉営業本部長による宣言には、公害に対する企業責任、取引の明瞭化・明確化、セールス活動の革新という、三つの基本思想があった。

まず最初の企業の責任の面では、当時で四トントラック五〇台分にも相当する返品があり、返品の多くが再生されず廃棄されるので環境保護に悪影響を及ぼす。と同時に、返品の逆物流にともなうトラックの輻輳という社会的な問題への意識である。取引の面では、ダイカでは従来仕入先メーカーへの返品運賃を全額負担してきたが、このコスト負担についてメーカーや卸の間での取引規定が不明瞭であること、さらに逆流コストの算定基礎も含めた合理的な逆流のシステムなどが構築されていない、という認識もあった。また販売の実際面では、本来、「売れる売場」を作る、すなわち「店頭重視」であるべきところ、「売上重視」に走ってしまい、一〇〇万円の返品があっても二〇〇万円の

郵便はがき

料金受取人払郵便

山科局承認

128

差出有効期間
平成28年1月
20日まで

6078790

(受　取　人)
京都市山科区
日ノ岡堤谷町1番地

ミネルヴァ書房
読者アンケート係 行

◆ 以下のアンケートにお答え下さい。

お求めの
書店名＿＿＿＿＿＿＿＿＿＿市区町村＿＿＿＿＿＿＿＿＿＿＿＿＿＿＿＿書店

＊ この本をどのようにしてお知りになりましたか？ 以下の中から選び、3つ
で○をお付け下さい。

A.広告（　　　　）を見て　B.店頭で見て　C.知人・友人の薦め
D.著者ファン　E.図書館で借りて　F.教科書として
G.ミネルヴァ書房図書目録　H.ミネルヴァ通信
I.書評（　　　　）をみて　J.講演会など　K.テレビ・ラジオ
L.出版ダイジェスト　M.これから出る本　N.他の本を読んで
O.DM　P.ホームページ（　　　　　　　　　　）をみて
Q.書店の案内で　R.その他（　　　　　　　　　　）

書 名　お買上の本のタイトルをご記入下さい。

◆上記の本に関するご感想、またはご意見・ご希望などをお書き下さい。
文章を採用させていただいた方には図書カードを贈呈いたします。

◆よく読む分野（ご専門）について、3つまで○をお付け下さい。

1. 哲学・思想　2. 世界史　3. 日本史　4. 政治・法律
5. 経済　6. 経営　7. 心理　8. 教育　9. 保育　10. 社会福祉
11. 社会　12. 自然科学　13. 文学・言語　14. 評論・評伝
15. 児童書　16. 資格・実用　17. その他（　　　　）

〒
ご住所

Tel　（　　）

ふりがな
お名前　年齢　歳　性別　男・女

ご職業・学校名
（所属・専門）

Eメール

商品納入ができれば、返品を厭わずそうした過大な商品仕入をしてしまう傾向があるとの見方であった。そして、「売り切れる商品」・「売り切れる売り場作り」を徹底するには、「店頭重視」を意識するだけではなく行動として実践する必要があり、「無返品取引制度」は、そういうところへ自らを追い込み、「真の販売革新」を実現する方法であるとしたのである。(175)

この仕入無返品取引制度の定着と検証は、二四期以降の『営業本部長方針』の第一番目に掲げられ、一九九〇年代のダイカで最も重要視された営業革新のひとつとして位置づけられた。

第二四期営業本部長方針では「一　仕入先様との無返品取引の定着――その為には、販売革新が不可欠(176)」と前述の基本的な思想と行動の徹底を示し、第二五期の方針では「一　〃仕入先無返取引〃は業務をどのように変えたか、良い効果には歯止めをしよう。イ　店頭に目を向けて、ロ　お得意先、仕入先との連携を強め、ハ　先行管理システムを推進する。」とした。(177)さらに第二六期と第二七期では、「〃業務改革の更なる継続〃」という全体的方針の最初に「一　〃仕入先無返取引〃を定着させ、業務改革の効果を高める。イ　店頭を起点として、ロ　お得意先、仕入先との連携を強め、ハ　先行管理システムを推進する」という前期の継続的な方針が示された。(178)

仕入先無返品を実現するには、ダイカの商品納入先からの返品も減らさなければならない。このため、「ダイカは小売店からの返品を引き取らない」との風評でダイカの営業活動の足を引っ張る同業者もいたようである。ダイカは、納入先からの返品は引き取ったが、その返品率は、一九九〇年の四・二〇パーセントから、九一年には三・四四パーセント、九二年には二・四パーセント、九三年には〇・九四パーセント、九四年には〇・七〇パーセント、九五年には〇・六四パーセントと着実に減少させた。それら返品の多くは費用をかけて再生し、仕方ないものはマークダウンして販売し、捨てざるを得ないものは破棄し、季節商品は翌シーズンまで持ち越すということで対応した。こうした成果を実現するために、前述の小集団サークル活動でもさまざまな検討がなされて社内も引き締まり、在庫も減少し、支店倉庫も鮮度の高い商品ばかりになり、セールス活動も変わり、販売革新が実現したという[179]。

なお、このダイカによる仕入先無返品制度は、関東エリアでは、得意先の状況とメーカー商談の進め方の違いもあって、余り推進しなかったようである。しかし、北海道・東北・新潟ではその後も継続していったという[180]。

単品在庫管理の徹底

第二四期〜第二七期にかけての営業本部長方針の「仕入先無返品」と並んで示された方針が「単品在庫管理精度の向上」であった[181]。これは、コンピュータ在庫と実在庫の差をゼロとすることである。単品在庫管理を徹底するには、コンピュータ在庫に載っていない商品は、たとえ実際に商品庫に在庫があっても出荷してはならない。しかし、そうすると現場ではたいへん困る。だからこそ、できるだけコンピュータ在庫と実在庫を早く一致させようと一所懸命にならざるを得ない。すなわち「窮して変じ、変じて通ず」にすべきという。この完成には、商品の出し入れに関わる商品課だけではなく、販売から経理など全員がそれぞれの立場で自分の役割を自覚して取り組むべきであるとしている。また、単品在庫管理を一般化するには商品アイテム数が少ないほうが良いが、単純に「現状のアイテム数は多いから減らそう」とするのではなく、「強くすべき商品を強くしてゆくと、余分なものは減ってゆく」とう姿勢が大事で、日本刀のように「プロらしい研ぎすまされた行動をとらねばならな」いとしている[182]。

この単品在庫管理も、さまざまな全社的な取り組みによって、大きく向上させる成果をみた。また得意先への誤配率は、皆無の支店もあり、全支店平均〇・〇一パーセントとなるほど向上した。これらは、コンピュータにより、一六支店と本社間で単品別・個店別の販売高や利益、各支店在庫をリアルタイムで確認できるシステムが完成した成果でもあった[183]。

利益貢献管理と三カ月先行管理システム

卸機能の性能向上のためには、いっそうの販売管理面の革新が必要であった。ダイカでは、一九九三（平成五）年から翌年にかけて、ダイカ独自の得意先貢献利益の算出方式を開発した。当時、損益分岐点が上昇傾向にあり、得意先ごとの利益の実態（粗利から得意先に関わる経費を差し引いた貢献利益）を詳しく把握する必要があった。これを、正確に把握することは容易ではなく、各業務担当者に大きな負担をかけることにもなりかねなかった。そこで、運用面を重視し、かつ簡便性と精度の両面から開発されたのがＤＲＰ（Direct Retailer Profit）である。このＤＲＰによって、各支店では五二ノート（ＮＥＣ製、ビジネス用ノートパソコン）に必要なパラメーターを入力するだけで特定の得意先の貢献利益を把握できるようになり、かつパラメーターの数値を変えるだけでシミュレーションが可能となった。(184)

他方、アメリカのＥＣＲの「六カ月計画」での「三カ月ごとの見直し」を参考に、一九九七（平成九）年すなわち第二九期から「販売の三カ月先行管理システム」も導入した。(185) 前述のように、すでに二八期以前の営業本部長方針でも「先行管理システムの推進」が掲げられていたが、「三カ月先行管理」が明記されたのは、第二九期の「卸機能を磨く——流通新時代を共に開こう」という経営目標(186)のもとで示された第二九期営業本部長方針においてであった。そこでは「機能の強化と業務改革の推進」が目標とされ「機能の強化」の三番目の項目として、「〝三カ月先行管理〟の徹底」をはかることとされたのである。(187)

ダイカでは、仕入先メーカーと納入先とが一体となって、消費者需要を喚起して購買の促進をはかるため、独自の「三カ月先行管理システム」を開発し、そのネーミングを社内募集によって、商品（Merchandise）、蓄積（Accumulation）、提案（Proposal）の三つの頭文字からとった「ＭＡＰ」と命名した。(188) このシステムでは、ダイカの販売員がノートパソコンを使って、過去の納品データから需要を予測し、これにもとづいて三カ月間の得意先の「販売促進

（特売・企画等）計画」や「新製品の導入計画」を立案する。これによって得意先と商談を行って、その計画が実際にどうなったかについての検証を行う。この「計画・実行・検証」を常に三カ月のスパンで繰り返して、次の企画の立案に活かすというシステムである。[189] これによって、品切れによる店頭での機会損失を防止するとともに、前述の無返品の推進・維持もはかられたのである。[190]

9　経営実績

販売実績

売上高

表4－10に示されるように、二一期（五五期）の一九九〇年七月末に約四二〇億円であったダイカの売上高は、その一年後の二二期（五六期）には五〇〇億円を超え、一九九〇年代最終期の三〇期（六四期）すなわち一九九九年七月末には一〇〇〇億円を大幅に超える実績となった。決算期変更にともない七カ月決算となった三三期（六七期）の二〇〇二年三月末を除いて、その後も、順調に売上高は伸びた。そして、共同持株会社設立期の三四期（六八期）には約一七二七億円の売上高となった。一二年余りで、四倍以上に売上高を伸長させたことになる。従業員一人当り売上高も、タナカと富士商会との合併により従業員数が四〇〇名以上増加する二九期（六三期）の前期まで、着実に増加していることがわかる。

当事者の実績に対する認識を確認するため、ダイカの『報告書』の表現を引用してこの間の推移を少し詳しくみてみると、一九九〇年代前半の二一期（五五期）から二二期（五六期）にかけて「日用雑貨・化粧品業界は大きなヒット商品はないものの消費の多様化・高級化などにより経済成長以上の伸長を示し」[191]、翌二三期（五七期）には新製品発売などもあって売上が伸びたが、[192]二四期（五八期）には、これまであまり景気に左右されない日用雑貨・化粧品業界も景気低迷の影響を実感することとなった。[193]表4－10の売上高前期比をみても、その伸長率が低下してきていることがわかる。続く二五期（五九期）は「三年続きの不況にはいささか回復の兆しも見え始め、期末には大幅減税や猛暑のプラス要因があったものの、円高や物価下落の影響もあり、夏の季節商品を除けば景気浮揚感も乏しい」ものであったが、「日用品・化粧品の需要には安定したものが」あった。しかし、「大手量販店のPB商品などの影響もあり、納入単価の低下から来る売上の伸び悩みは免れ得」なかった。[194]小売競争の激化と低価格化の進行と納入単価低下の圧力は、その後も卸企業の売上を抑制する大きな要因となり、[195]表4－10から読み取れるように、二八期（六二期）まで売上高の伸びは一〇パーセント以下となり、粗利（売上総利益）の確保についても厳しい状況となった。その二八期（六二期）には、そうした厳しい収益環境にありながらも「活発な新製品の発売と、茶髪ブームによる染毛剤、O―157関連の薬用石鹼の特需などもあり堅調に推移し」[196]、表4－10から読み取れるように、売上高の伸長率は一〇パーセント以下ながら、前期と同じく上昇している。

二九期（六三期）には、前述の一九九七年度の消費税率の引き上げに加えて、所得税・住民税の特別減税撤廃、医療費負担割合の引き上げなどによる個人消費の落ち込みや、金融不安により、「景気は停滞から後退へと推移し」たとの認識となった。百貨店やスーパーでも前年売上を下回る結果となり、卸売業全体も同様であった。「日用雑貨・化粧品の業界もこれというヒット商品に恵まれず、ティッシュ・ロールといった紙製品をはじめ小売店頭の安値競争の影響も免れ」ることはできなかった。しかし、東北地区の売上の黒字転化や、タナカ・富士商会との合併もあって、表4－10に示されるように売上は二四パーセント以上の増加となった。[197]続く三〇期（六四期）も雇用・所得面の不安が厳しさを増して個人消費が低迷したが、「日用雑貨、化粧品の業界は衣料用消臭剤や美白化粧品などヒット商品が生まれ、東日本では今年の猛暑も売上増に結びつ」いた。ただし、小売店間の競争が厳しさを増し、粗利への影響を免れ得ないなかで、三社合併による新生ダイカの総合力を発揮した結果[198]、表4-10に示されるように大幅な増収となり、前期比四四・六パーセントもの実績となった。合併によって、タナカの紙製品はじめ「総合力」が大きくなったことが最大の要因であろう。

しかし、三一期（六五期）から三二期（六六期）にかけては、小売店間の競争や販売単価下落の影響もあって[199]、売上の伸びは一〇パーセント以下となった。決算期変更（短期）の三三期（六七期）を除いて、三四期（六八期）の売上高を三二期（六六期）と比べると、個人消費が停滞するなかで日用雑貨・化粧品の売上が堅調に推移したこともあって[200]、一二・八パーセントの伸びとなっている。これは、三二期（六六期）首すなわち二〇〇〇年八月のエヌフォーとの合併による新潟地域の売上増や、関東エリアの供給体制の充実が功を奏し始めたことによるとみられる。

売上総利益率と仕入割引

全体として売上を伸ばす傾向を保ちながらも、初期の段階から物流費・金利負担のほか、得意先の要請の厳しさに呻吟することとなった[201]。物流費については、前述のように物流拠点の見直しと新しい物流・情報システムの導入によって効率化をはかったが、それに必要な資金需要の多くが借入金でまかなわれたため、金利負担は継続した。また得意先の要請は、益々厳しさを増していった。スーパーやドラッグなど小売企業の店舗展開と有力小売企業間の競争が、卸企業の販売価格（小売企業への納入価格）低下圧力をさらに高めたのである。このため、ダイカのような卸企業にとっては売上総利益率（粗利）の確保が常に課題であった。

表4-10に示されるように、二八期（六二期）の一九九七年七月末頃までは、一一パーセント台から一二パーセント台の売上総利益率を保っていたが、それ以降、やや下がって一〇パーセント台となった。売上伸長率が大きかった三〇期（六四期）の一九九九年七月末でも一〇・五一パーセントであったことは注目されよう。なお、二三期（五七

期）以降、売上総利益率の低下傾向のなかで二七期（六一期）に伸びているのは、主要取引先の一部の取引制度の見直しによるものであった。すなわち「従来の（一部の主要取引先からの）仕入割引が廃止されて仕入単価に反映されることにな」ったので、従来方式の計算と比べて売上総利益と営業利益が多く計上されたことによる。[202]

ダイカでは、二〇期（第五四期）の一九八八年八月～一九八九年七月の間に、営業外収益に計上していた仕入割引を売上原価から控除する方式にあらためていたが[203]、その後の取引先拡充の過程で、この方針が全般に及んでいなかったのであろう。この二七期（六一期）の改訂も一部とされており、依然として、仕入割引分の原価算入分と未算入（営業外収益として計上）分が混在していたとみることができる。

この仕入割引は、業界で「現金引き」あるいは「金利引き」と呼ばれているものである。メーカーへの仕入代金の早期支払いなどによって、買掛金の一部が免除される部分などが該当する。ダイカの場合、小売店への直販が多く仲間卸の比率はわずかであるが、いわゆる帳合料などはこの仕入割引には含まれず、仕入割戻すなわち仕入原価の減額として会計処理がなされていたという。[204]その実際の額は不明である。

なお、帳合料などの仕入割戻などを売上原価から控除した場合としない場合のいずれも、後にダイカと合併する伊藤伊と比べると、ダイカの売上総利益は相対的に高かった。これは、伊藤伊が二次卸店（仲間卸）中心の取引であり、仲間卸からの小売店への販売価格と伊藤伊から小売店への直販価格を同一にするという方針から、伊藤伊から仲間卸への売上総利益がゼロとなり、仲間卸への売上は実質的に帳合料分によっていたためである。しかし、その伊藤伊も、仲間卸依存から直販への移行にともない、次第に売上総利益率を高くしていくこととなる。[205]

商品構成

ここで、売上高のなかの商品構成の推移をみてみよう。表4－20に示されるように、二一期（五五期）から二八期（六二期）までは、パーソナルケア商品が首位で、紙・衛生材が第二位、ホームプロダクト

高・売上構成の推移

28		29		30		31		32		33		34	
62		63		64		65		66		67		68	
1996年8月1日～97年7月31日		1997年8月1日～98年7月31日		1998年8月1日～99年7月31日		1999年8月1日～2000年7月31日		2000年8月1日～01年7月31日		2001年8月1日～02年3月31日		2002年4月1日～03年3月31日	
1997年7月31日		1998年7月31日		1999年7月31日		2000年7月31日		2001年7月31日		2002年3月31日		2003年7月31日	
売上高（百万円）	構成比（%）	売上高（百万円）	構成比（%）	売上高（百万円）	構成比（%）	売上高（百万円）	構成比（%）	売上高（百万円）	構成比（%）	売上高（百万円）	構成比（%）	売上高（百万円）	構成比（%）
26,574	35.9	28,557	31.1	32,384	24.3	36,559	25.6	42,466	27.1	30,048	27.8	51,177	28.9
5,459	7.4	6,353	6.9	8,205	6.2	9,641	6.8	9,526	6.1	7,026	6.5	11,668	6.6
12,202	16.5	13,900	15.1	17,038	12.8	18,576	13.0	22,801	14.6	14,393	13.3	24,277	13.7
24,329	32.9	34,095	37.1	58,327	43.9	60,195	42.2	65,036	41.6	45,219	41.8	73,975	41.8
5,411	7.3	9,032	9.8	16,992	12.8	17,700	12.4	16,658	10.7	11,423	10.6	15,850	9.0
73,974	100.0	91,938	100.0	132,946	100.0	142,671	100.0	156,487	100.0	108,109	100.0	176,947	100.0

価証券報告書』。
材関連」，５つ目の品目名が「電器・レジャー・文具・ペット」となっている。
降は「ペット・レジャー・関連商品・その他」となる。
いるが，これは「ペット・レジャー・関連商品・その他」に合算している。
㈱アドニスの連結子会社２社を含む連結の売上高である。

が第三位、洗剤関連製品が第四位、レジャー関連商品・その他が第五位であった。その後、紙・衛生材が次第に構成比率を高めて、二九期（六三期）には首位の座を占めるようになった。二位となったパーソナルケア商品に続いたのはホームプロダクトで変わらず、第三位であった。第四位は、紙・衛生材と同様に構成比率を高めていったレジャー関連商品・その他であった。この結果、洗剤関連商品は、最下位となった。

一般に紙製品は粗利が低いと考えられるので、その売上高が首位になったということは、一方で、粗利を確保するには相当量の販売実績が必要である。また嵩張る紙製品や衛生材といった新商品の扱いが増えたことは、少なからず、前述のような物流システムの改変を余儀なくさせる要因となったであろう。

利益とその還元

経常利益と営業外収益　上述のように、二七期（六一期）に主要得意先の一部の取引制度変更にともない、営業利益も増えたが、仕入割引分の営業外収益がその分減ることになる。[206] 経常利益はそうした変更による影響を受けない。表４-10によって、こ

表4-20　商品別売上

期（ダイカ）	21		22		25		26		27	
期（橘十全堂）	55		56		59		60		61	
期　間	1989年8月1日～90年7月31日		1990年8月1日～91年7月31日		1993年8月1日～94年7月31日		1994年8月1日～95年7月31日		1995年8月1日～96年7月31日	
現在年月日	1990年7月31日		1991年7月31日		1994年7月31日		1995年7月31日		1996年7月31日	
品目別	売上高（百万円）	構成比（%）	売上高（百万円）	構成比（%）	売上高（百万円）	構成比（%）	売上高（百万円）	構成比（%）	売上高（百万円）	構成比（%）
パーソナルケア商品	16,142	38.4	18,139	35.6	22,124	36.4	23,001	36.4	24,428	36.0
洗剤関連商品	3,161	7.5	4,196	8.2	5,139	8.5	5,140	8.1	5,119	7.6
ホームプロダクト	6,707	16.0	9,146	18.0	10,165	16.7	10,313	16.3	10,675	15.7
紙・衛生材	13,222	31.5	16,014	31.4	19,064	31.3	20,175	32.0	22,831	33.7
レジャー関連商品・その他	2,781	6.6	3,480	6.8	4,348	7.1	4,511	7.2	4,765	7.0
合　計	42,016	100.0	50,978	100.0	60,841	100.0	63,140	100.0	67,818	100.0

（出典）ダイカ株式会社『第21期報告書』，同『第56期・第59期事業報告書』，同『第60期～第68期有
（注）1．第21(55)期は1つ目の項目が「化粧品・香粧品・化粧雑貨」，3つ目の項目が「家庭紙・衛生
2．第28(62)期までは5つ目の品目名が「レジャー・関連商品・その他」であるが，29(63)期以
3．第34(68)期には独立した品目として「電器関連商品」があって，3,512,202千円が計上されて
4．第30(64)期までは，ダイカ㈱単体の売上高であるが，31(65)期以降は㈱ファッションダイカと

の経常利益の推移をみると、一般管理費増大により営業利益が半減した二六期（六〇期）と営業利益が赤字となった三一期（六五期）および三二期（六六期）を除くと、全体的に伸長の傾向にあったといえよう。三一（六五期）の経常利益の減益は、利払い負担などがかさみ「先行投資を吸収するに至ら」なかった面も影響し、三二期（六六期）は「戦後初といわれるデフレにより、販売単価の下落が大きな影響を与え」たと認識されている[207]。こうした一時期を除けば、一部取引制度変更のあった二七期（六一期）でさえ大きな伸びを示しており、表4－10に示される従業員一人当り経常利益額をみても、合併によって従業員数が増える二九期（六三期）の前の期までは、着実に増加している。

今、その制度変更に関わる仕入先からの営業外収益の推移を表4－21によってみてみよう。同表に示されるように、二七期（六一期）に一部の主要仕入先からの仕入割引が廃止されたとはいえ、営業外収益のなかでメーカーからの仕入割引が最大であり、その他を除けば、仕入先拡売補助金がそれに次ぐ値となっている。仕入割引と仕入先拡売補助金を合わせた額が営業外収益に占める比率をみると、二九期（六三期）の一九九八年七月まで六〇パーセ

営業外損益

（金額単位：千円）

27	28	29	30	31	32	33	34
61	62	63	64	65	66	67	68
1995年8月1日～96年7月31日	1996年8月1日～97年7月31日	1997年8月1日～98年7月31日	1998年8月1日～99年7月31日	1999年8月1日～2000年7月31日	2000年8月1日～01年7月31日	2001年8月1日～02年3月31日	2002年4月1日～03年3月31日
448,372	509,409	360,607	355,704	△276,254	△575,355	99,004	1,408,240
4,174	4,145	5,153	5,576	4,269	13,847	1,338	2,593
8,194	8,246	12,630	17,188	19,174	22,608	6,767	21,849
−	−	−	−	−	−	−	−
7,322	739	1,100	1,040	360	485	360	388
−	−	−	−	−	−	−	−
463,150	481,643	618,224	1,223,744	1,307,990	1,498,396	1,047,355	1,326,740
32,280	25,249	11,741	82,823	91,766	85,671	21,608	20,227
70.37	70.28	69.40	84.30	87.53	87.65	90.72	88.80
188,872	201,219	258,858	219,533	175,681	186,309	100,844	145,077
703,994	721,242	907,708	1,549,906	1,599,242	1,807,319	1,178,274	1,516,876
−	−	−	−	−	229,699	125,025	218,044
85,135	65,304	98,594	177,472	172,375	−	−	−
16,431	16,192	10,848	−	−	−	−	−
−	−	−	−	−	−	−	−
5,030	6,848	3,143	−	−	−	−	−
−	−	−	−	−	−	−	−
7,130	−	2,292	810	509	−	−	−
2,375	−	−	28,783	−	−	−	−
9,682	5,354	4,763	3,989	4,536	2,522	755	921
−	−	−	−	−	−	50,743	90,871
4,091	9,212	11,847	77,236	90,641	106,265	978	2,490
129,875	102,912	131,489	288,291	268,062	338,487	177,504	312,326
1,022,490	1,127,740	1,136,826	1,617,319	1,054,925	893,476	1,099,775	2,612,790

券報告書』。

ント台から七〇パーセント台にあり、二七（六一期）の一部仕入先の取引制度変更の際には少し額が減るものの、その比率は七〇パーセント台を維持しており、大きな影響を受けていないことがわかる。三〇期（六四期）になると、その仕入先からの割引や補助金の営業外収益に占める比率は八〇パーセント台となり、それ以降、三二期（六六期）まではその額を増加させ、三三期（六七期）まではその比率を高めていることがわかる。

これは、前述のように得

表4-21　ダイカの

期（ダイカ）	21	22	23	24	25	26
期（㈱十全堂）	55	56	57	58	59	60
期　間	1989年8月1日～90年7月31日	1990年8月1日～91年7月31日	1991年8月1日～92年7月31日	1992年8月1日～93年7月31日	1993年8月1日～94年7月31日	1994年8月1日～95年7月31日
営業利益	189,463	329,042	577,344	389,248	422,749	204,059
営業外収益						
受取利息	–	–	–	–	4,826	8,131
受取配当金	–	–	–	–	9,568	9,873
受取利息・配当金	39,282	31,829	18,645	16,420	–	–
有価証券利息	–	–	–	–	1,722	1,011
有価証券売却益	–	–	–	–	6,316	–
仕入割引(A)	420,563	506,320	332,275	411,417	498,946	561,303
仕入先拡売補助金(B)	–	–	–	–	89,352	77,364
仕入関係収益〔{(A)+(B)}/(C)×100〕(%)	64.69	71.34	61.46	63.50	77.18	74.81
その他	190,277	171,550	189,691	220,033	151,535	196,045
（小計）（C）	650,123	709,700	540,612	647,871	762,268	853,729
営業外費用						
支払利息	183,178	253,625	232,722	203,219	–	–
支払利息割引料	–	–	–	–	126,711	126,638
社債利息	–	–	–	–	15,768	16,143
社債発行費	–	–	–	–	55,679	–
新株発行費	–	–	–	–	5,438	1,181
新株・社債発行費償却	–	–	66,737	–	–	–
自己株式売却損	–	–	–	–	–	–
有価証券売却損	–	–	–	–	–	–
売上割引	–	–	–	–	13,449	17,636
不動産賃貸等費用	–	–	–	–	–	–
その他	17,926	17,075	21,071	13,704	617	11,275
（小計）	201,104	270,701	320,531	216,924	217,664	172,876
経常利益	638,482	768,040	797,425	820,195	967,353	884,912

（出典）ダイカ株式会社『第21期報告書』，同『第55期～第59期事業報告書』，同『第60期～第68期有価証

意先である大手小売企業による低価格納品の圧力が高まる一方で、仕入先メーカーからの販路拡充に対する成果報酬が拡大していたことを示している。すなわち、ダイカはじめ流通の中間に位置する卸企業は、小売企業からの圧力による利益減少分を仕入先メーカーからの補助で補塡していたという見方もできよう。ただし、それは卸企業が遂行するさまざまな機能による成果への対価であり、この仕入先メーカーからの期待に応え得た企業にのみ許された報酬であったといえよ

う。この意味で、ダイカがこうした仕入先メーカーからの仕入割引や拡売補助金を増大させていったということは、それだけその卸機能の社会的評価を高めていった一証左であったともいえよう。

純利益と配当性向

純利益についてみると、表4-10に示されるように、二六期（六〇期）とタナカ・富士商会との合併直後の二九（六三期）に減益となるものの、一九九〇年代にはおおむね増加の傾向をたどった。二〇〇〇年七月期の三一期（六五期）には、前述の先行投資負担もあってやや落ち込み、翌三二期（六六期）には純損失となる。これは、「退職給付会計を導入し会計基準変更時差異を一括処理した」ためで、このときダイカでは特別損失で退職給付会計基準変更時差異償却額の一五億九八〇八万円余りを計上している。[208]ただ、それらの時期を除くと、全体的な趨勢としては増加傾向にあったといえよう。表4-10に示される一株当たり純利益率をみても、二二期（五六期）から二八期（六二期）まで四〇円台から五〇円台の水準を維持している。

利益処分についてみると、ダイカでは「株主への利益還元を経営の重要政策の一つと位置付け」て、利益配分については「企業体質の強化を図り、安定的な利益を確保しつつ、業績に裏付けられた成果の配分を行うこと」を継続した。[209]表4-10に示されるように、一株当たりの配当額は二四期（五八期）までは一〇円であったが、二五期（五九期）以降は一二円以上となっている。二六期（六〇期）についてみると、普通配当は一〇円であったが、株主への支援感謝の特別配当金二円を加えて一二円となった。[210]二七期（六一期）も普通配当金は一二円と増やし、これに時価発行増資公募増資実施の記念の特別配当金一円五〇銭を加えて一三円五〇銭とした。[211]この一三円五〇銭の水準は、三〇期（六四期）まで保たれる。二八期（六二期）も前期と同じ普通配当額一二円に、増収増益の感謝の特別配当一円五〇銭を加えている。[212]二九期（六三期）は、表4-10の計算上は約九円となっているが、同表の注記に記したように、普通配当一二円と合併記念特別配当一円五〇銭で一三円五〇銭であった。[213]

配当性向の推移をみると、表4-10に示されるように、二二期（五六期）までは一〇パーセント台であったが、二三期（五七期）から二〇パーセント台となり、二八期（六二期）には三〇パーセント台、二九期（六三期）には四〇パーセント台、そして三三期（六七期）には五〇パーセント以上となっている。この変化からも、利益の株主還元が次第に重視されるようになったことは明らかである。

一方、内部留保も、前述のような北海道・東北・関東での商圏拡大とその基盤強化および情報・物流システムの強化のために必要であった。そして、こうした内部留保の確保とそれにもとづく投資こそが将来の利益の確保と株主への長期安定的な配当に寄与するとの経営判断であった。[214]

業界での相対的地位

売上高

ダイカの一九九〇年代から二〇〇〇年代初期の業界内の相対的地位を確認しておこう。まず売上高についてみると、これ以前の一九八〇年代後半のダイカは、首位のパルタック、第二位の中央物産に続く三位の地位にあり、後に統合する伊藤伊が第四位、第五位は小川屋か井田両国堂であった。[215]表4-22をみると、一九九〇年度すなわち表4-10の二一期（五五期）すなわち一九九〇年七月期決算のダイカは五位に退いているが、翌年度の一九九一年度には第三位に復帰し、さらに一九九二年度以降は業界第二位に位置づけられるようになった。

一九九〇年の後退は、経済紙上では「ネタツ興商と対等合併した経費負担が尾を引いているとみられる」[216]と合併のマイナス面が要因とみなされたが、ダイカの前期売上高の三八三億一六四三万円から四二〇億一六六三万円と九・六パーセント増となっており[217]、また合併による経費が売上高の直接的な伸びを制約する要因とはいえないであろう。一九九一年度の三位復帰は、逆に「ネタツ興商を合併した売り上げが加わ[218]」ったプラス面によると報じられた。この商

表 4-22　洗剤・化粧品卸企業売上高上位10社の推移（1990〜2003年度）

順位	1990年度 企業名	1990年度 売上高（百万円）	1991年度 企業名	1991年度 売上高（百万円）	1992年度 企業名	1992年度 売上高（百万円）	1993年度 企業名	1993年度 売上高（百万円）	1994年度 企業名	1994年度 売上高（百万円）	1995年度 企業名	1995年度 売上高（百万円）	1996年度 企業名	1996年度 売上高（百万円）
1	パルタック	111,835	パルタック	135,047	パルタック	151,934	パルタック	162,241	パルタック	170,386	パルタック	178,907	パルタック	198,027
2	中央物産	51,106	中央物産	54,775	ダイカ	54,469	ダイカ	57,282	ダイカ	60,841	ダイカ	63,140	ダイカ	67,818
3	伊藤伊	43,953	ダイカ	50,978	中央物産	52,278	小川屋	52,475	井田両国堂	52,431	サンビック	55,467	サンビック	62,768
4	小川屋	43,498	小川屋	47,644	伊藤伊	49,195	伊藤伊	51,132	伊藤伊	52,149	井田両国堂	53,678	伊藤伊	55,699
5	ダイカ	42,016	伊藤伊	46,718	井田両国堂	46,810	中央物産	50,311	中央物産	51,507	中央物産	52,750	井田両国堂	55,470
6	井田両国堂	39,800	サンビック	43,745	サンビック	45,325	井田両国堂	47,958	サンビック	50,581	タナカ	42,137	中央物産	54,317
7	東京堂	31,716	井田両国堂	41,600	アオキコーポレーション	34,117	サンビック	47,817	タナカ	36,485	東京堂	38,600	小川屋	54,300
8	チヨカジ	31,716	東京堂	33,530	東京堂	33,639	アオキコーポレーション	34,219	東京堂	35,518	チヨカジ	36,547	東流社	49,454
9	アオキコーポレーション	29,110	アオキコーポレーション	32,786	チヨカジ	33,629	チヨカジ	34,173	チヨカジ	35,494	アオキコーポレーション	31,107	タナカ	46,276
10	伊藤安ヒルコ	22,641	チヨカジ	32,437	伊藤安ヒルコ	24,245	東京堂	33,890	アオキコーポレーション	32,500	野村商事	23,414	東京堂	41,360

順位	1997年度 企業名	1997年度 売上高（百万円）	1998年度 企業名	1998年度 売上高（百万円）	1999年度 企業名	1999年度 売上高（百万円）	2000年度 企業名	2000年度 売上高（百万円）	2001年度 企業名	2001年度 売上高（百万円）	2002年度 企業名	2002年度 売上高（百万円）	2003年度 企業名	2003年度 売上高（百万円）
1	パルタック	216,618	パルタック	222,923	パルタック	269,658	パルタック	284,880	パルタック	289,555	あらた	388,686	あらた	420,576
2	ダイカ	73,974	ダイカ	91,938	ダイカ	132,945	ダイカ	139,605	中央物産	107,015	パルタック	318,427	パルタック	381,019
3	サンビック	67,299	中央物産	69,690	中央物産	93,740	中央物産	109,207	伊藤伊	82,482	中央物産	111,824	中央物産	107,798
4	伊藤伊	57,073	サンビック	65,609	サンビック	74,578	サンビック	81,233	東京堂	67,538	東京堂	70,280	ピップトウキョウ	95,787
5	中央物産	56,250	伊藤伊	59,026	伊藤伊	73,776	伊藤伊	78,028	井田両国堂	54,801	井田両国堂	60,578	東京堂	67,959
6	井田両国堂	56,230	東京堂	52,814	東京堂	62,136	東京堂	64,871	小川屋	51,491	東流社	48,180	井田両国堂	63,851
7	東流社	51,036	井田両国堂	51,951	井田両国堂	54,938	井田両国堂	55,212	東流社	47,460	広島共和物産	38,646	ピップフジモト	61,109
8	東京堂	49,509	東流社	48,851	小川屋	49,303	小川屋	51,473	ハリマ共和物産	31,441	ハリマ共和物産	31,849	東流社	44,764
9	チヨカジ	35,479	大山	40,360	東流社	47,380	東流社	47,399	広島共和物産	31,023	伊東秀商事	22,278	広島共和物産	36,779
10	広島共和物産	27,724	チヨカジ	35,500	大山	36,576	大山	36,968	秀光舎	22,830	岡山四国共和	22,169	小津産業	31,648

（出典）『日経流通新聞』および『日経MJ』各年所収前年度卸業調査記事による。

（注）2003年度からは，従来の「洗剤・化粧品」という範疇から「日用品・医療用品」という範疇に変わっている。

圏拡大による増加という見方は妥当であろうが、そればかりではなく前述の単品在庫管理によるコンピュータ在庫と実在庫との差の縮小、代金回収の自動振替制移行、得意先からの定番追加受注のオンライン化推進などによる販売業務の大幅な効率化(219)の面も貢献したことであったろう。

この一九九〇年代半ばまでの推移で、後にダイカと合併するサンビックが第三位にまで地位を向上させていることも注目されよう。各社とも売上高を増加させているが、広域化戦略を展開していた首位パルタックと二位ダイカの伸長が大きかったことも読み取れる。二〇〇一年度にはダイカもサンビックもこの上位一〇社のランキングから外れており、これは上述の決算期変更（一時的短期決算）によるものであったとされている。[220]しかし、表4-10に示されるように、この二〇〇一年度にあたる期を従来通り当該年七月末にあたるダイカの三二期（六六期）とみると、まだ決算期変更はなく、したがって期間の長さも変わらない。試みに、この三二期（六六期）の売上高一五三〇億六九六八万円を表4-22の二〇〇一年度に入れてみると、やはりダイカの二位は変わらなかったことになる。また仮に短期決算の三三期（六七期）を二〇〇一年度としても、当該期の売上高の一〇五六億四二八万円は三位となる。

表4-22の二〇〇二年度と二〇〇三年度のあらたの売上高は、前述のように二〇〇二年四月にダイカ、伊藤伊、サンビックの共同持株会社として設立された株式会社あらたの連結の売上高であり、二〇〇二年度の売上高は二〇〇二年四月一日～二〇〇三年三月三一日のそれである。また、二〇〇三年度の売上高は二〇〇三年四月一日～二〇〇四年三月三一日までの実績である。[221]ダイカは、この三社によるあらたの連結で初めて業界首位となったのである。

なお、表4-10の三四期（六八期）のダイカ単体の売上高の一七二六億六五三三万円あるいはダイカ連結売上高一七六九億四六〇〇万円を表4-22の二〇〇二年度のランキングに入れてみると、同時期の伊藤伊の連結売上高の一一五〇億五四〇〇万円、サンビックのそれが八四六億五二〇〇万円であったから、[222]ダイカの二位は変わらなかったことになる。

一人当り売上高

表4-10に示されるように、ダイカの一人当り売上高は、一九九〇年七月末から九七年七月末まで増加傾向にあるが、一九九八年四月のダイカとタナカ・富士商会両社との合併による従業員増加にともない一時的に減少する。しかし、その後、三三期（六七期）の二〇〇二年三月期すなわち決算短期化の時期を除いて再び増加している。この間、一九九〇年代初頭の約六四〇〇万円台から一〇年で、倍近くの約一億一八五〇万にまで増加している。しかしながら、この数字では、表4-23に示されるように、一〇位以内に入ることはできな

表4-23　洗剤・化粧品卸企業1人当たり年間売上高上位10社の推移(1990～2003年度)

順位	1990年度 企業名	1990年度 1人当り売上高(千円)	1991年度 企業名	1991年度 1人当り売上高(千円)	1992年度 企業名	1992年度 1人当り売上高(千円)	1993年度 企業名	1993年度 1人当り売上高(千円)	1994年度 企業名	1994年度 1人当り売上高(千円)	1995年度 企業名	1995年度 1人当り売上高(千円)	1996年度 企業名	1996年度 1人当り売上高(千円)
1	ハリマ協和物産	145,643	伊藤伊	144,638	伊藤伊	155,680	ハリマ協和物産	158,339	ハリマ協和物産	159,376	ハリマ協和物産	168,875	ハリマ協和物産	196,766
2	伊藤伊	139,978	ウエキ	112,064	ハリマ協和物産	151,956	伊藤伊	147,780	伊藤伊	155,205	野村商事	136,128	伊藤伊	156,899
3	山和	133,333	野村商事	110,845	アオキコーポレーション	120,130	折目	128,660	折目	133,564	アオキコーポレーション	131,809	ドメス	140,535
4	ウエキ	108,529	アケボノ物産	108,075	野村商事	119,661	野村商事	124,403	野村商事	131,837	ドメス	126,800	野村商事	137,861
5	アケボノ物産	107,197	伊東秀商事	106,061	アケボノ物産	114,163	アオキコーポレーション	118,405	アオキコーポレーション	128,458	アケボノ物産	113,490	広島共和物産	132,634
6	大福商事	103,609	大福商事	105,621	ウエキ	112,395	三井商事	118,280	アケボノ物産	125,167	－	－	－	－
7	中央物産	100,012	アオキコーポレーション	105,421	折目	110,583	アケボノ物産	110,061	三井商事	120,833	－	－	－	－
8	アオキコーポレーション	99,014	中央物産	96,776	中央物産	105,612	ウエキ	109,661	ウエキ	111,150	－	－	－	－
9	伊東秀商事	91,549	新千葉物産	96,108	大福商事	105,373	亀屋ヒルコ	104,861	中央物産	104,902	－	－	－	－
10	野村商事	88,873	折目	95,522	新千葉物産	99,744	中央物産	101,026	スミック	101,183	－	－	－	－

順位	1997年度 企業名	1997年度 1人当り売上高(百万円)	1998年度 企業名	1998年度 1人当り売上高(百万円)	1999年度 企業名	1999年度 1人当り売上高(百万円)	2000年度 企業名	2000年度 1人当り売上高(百万円)	2001年度 企業名	2001年度 1人当り売上高(百万円)	2002年度 企業名	2002年度 1人当り売上高(百万円)	2003年度 企業名	2003年度 1人当り売上高(百万円)
1	ハリマ協和物産	207,883	伊東秀商事	194,286	伊東秀商事	236,344	ハリマ協和物産	190,812	ハリマ協和物産	218,340	伊東秀商事	282,063	伊東秀商事	391,000
2	折目	188,673	広島共和物産	185,462	ハリマ協和物産	199,713	加納商事	190,589	伊東秀商事	210,183	広島共和物産	203,915	広島共和物産	208,972
3	伊藤伊	171,907	伊藤伊	150,962	加納商事	186,784	広島共和物産	189,993	広島共和物産	206,820	共立紙業	153,667	小津産業	123,625
4	スミック	170,333	ハリマ協和物産	143,967	広島共和物産	169,818	伊東秀商事	159,121	野村商事	155,944	麻友	116,250	ピップトウキョウ	118,928
5	広島共和物産	159,333	野村商事	134,881	野村商事	142,353	伊藤伊	145,033	共立紙業	150,979	東京堂	99,406	麻友	118,065
6	－	－	－	－	伊藤伊	138,677	共立紙業	143,134	伊藤伊	140,995	ウエキ	92,216	東京堂	114,025
7	－	－	－	－	共立紙業	132,758	野村商事	142,169	加納商事	140,135	東流社	87,441	宇都宮製作	105,479
8	－	－	－	－	大熊商事	121,918	大熊商事	129,231	大熊商事	116,849	アケボノ物産	82,369	秀光舎	102,622
9	－	－	－	－	パルタック	108,209	秀光舎	121,859	秀光舎	114,150	パルタック	80,594	伊藤安	95,379
10	－	－	－	－	麻友	101,556	パルタック	104,047	パルタック	106,025	井田両国堂	79,918	東流社	91,730

(出典)『日経流通新聞』および『日経MJ』各年所収前年度卸業調査記事による。
(注) 1．2003年度からは，従来の「洗剤・化粧品」という範疇から「日用品・医療用品」という範疇に変わっている。
2．上記出典には1995～1998年度については，第5位までのランキングしか掲載されていない。

かった。ただ、ダイカ自身の三〇期（六四期）すなわち一九九九年七月期の数字あるいは三一期（六五期）すなわち二〇〇〇年七月期の数字のいずれかを採択した場合でも、一九九九年度の九位に入る可能性があるが、これは採択した数字が何らかの事情で異なっている可能性がある。いずれにしても、この一人当り売上高については、ダイカと同様に広域展開していたパルタックの順位も低く、逆に後のダイカと合併する伊藤伊はじめ、広島共和、ハリマ共和のような地域有力卸企業の方が上位にあったことがわかる。

売上高経常利益率

表4-10に示されるように、一九九〇年七月末から九七年七月末ま

表４-24　洗剤・化粧品卸企業売上高経常利益率上位10社の推移（1990～2003年度）

順位	1990年度		1991年度		1992年度		1993年度		1994年度		1995年度		1996年度	
	企業名	売上高経常利益率（％）	企業名	売上高経常利益率（％）	企業名	売上高経常利益率（％）	企業名	売上高経常利益率（％）	企業名	売上高経常利益率（％）	企業名	売上高経常利益率（％）	企業名	売上高経常利益率（％）
1	セブンツーセブン	7.7	セブンツーセブン	10.3	ティーポール	8.9	セブンツーセブン	5.3	セブンツーセブン	4.3	セブンツーセブン	5.4	セブンツーセブン	7.3
2	広島共和物産	2.3	ティーポール	9.7	セブンツーセブン	5.6	広島共和物産	3.4	ハリマ共和物産	3.0	広島共和物産	3.8	広島共和物産	3.0
3	ハリマ，加納商事	2.2	アケボノ物産	3.8	広島共和物産	3.2	ハリマ共和物産	2.9	広島共和物産	2.9	ハリマ共和物産	2.9	ハリマ共和物産	2.9
4	－	－	広島共和物産	2.7	ハリマ共和物産	3.1	秀光舎	2.8	エイコー	2.5	アケボノ物産	2.6	秀光舎	2.5
5	ダイカ	1.6	伊東秀商事	2.6	伊東秀商事	3.0	松江共和物産	2.7	秀光舎，伊東秀	2.4	伊東秀商事	2.3	タナカ	1.9
6	アケボノ物産	1.5	共栄商事	1.8	加納，共栄	3.0	伊東秀，エイコー	2.0	－	－	－	－	－	－
7	パルタック，麻友	1.0	加納商事	1.7	－	－	－	－	アケボノ物産	2.2	－	－	－	－
8	－	－	パルタック	1.6	アケボノ，秀光舎	2.2	パルタック	1.8	パルタック	1.8	－	－	－	－
9	大熊商事	0.9	ダイカ	1.5	－	－	日華商事	1.7	タナカ，日華商事	1.7	－	－	－	－
10	中央物産	0.7	中央物産	1.1	パルタック	1.8	サンビック，アケボノ	1.5	－	－	－	－	－	－

順位	1997年度		1999年度		1999年度		2000年度		2001年度		2002年度		2003年度	
	企業名	売上高経常利益率（％）	企業名	売上高経常利益率（％）	企業名	売上高経常利益率（％）	企業名	売上高経常利益率（％）	企業名	売上高経常利益率（％）	企業名	売上高経常利益率（％）	企業名	売上高経常利益率（％）
1	セブンツーセブン	4.7	セブンツーセブン	5.0	セブンツーセブン	5.9	共立紙業	3.0	セブンツーセブン	5.0	ハリマ共和物産	3.4	小津産業	3.9
2	広島共和物産	3.1	広島共和物産	3.1	松江共和物産	2.7	松江共和物産	2.6	冨貴堂	4.0	松江共和物産	2.4	宇都宮製作	3.5
3	秀光舎	2.1	伊東秀商事	2.5	伊東秀商事	2.5	セブンツーセブン	2.2	松江共和物産	3.0	パルタック	2.1	ハリマ共和物産	3.4
4	ハリマ，伊東秀	2.0	秀光舎	1.9	共立紙業	2.2	パルタック	1.7	共立紙業	2.3	あらた	2.0	北九州明和	2.5
5	－	－	松江共和物産	1.7	伊藤伊，ハリマ共和	1.5	秀光舎，ハリマ共和	1.6	パルタック	2.1	アケボノ物産	1.4	川本産業	2.4
6	－	－	－	－	－	－	－	－	ハリマ共和物産	1.9	ウエキ	0.8	秀光舎	2.2
7	－	－	－	－	アケボノ，加納，シンユウ，サンビック	1.3	伊藤伊	1.4	伊藤伊	1.5	粧連	0.7	パルタック	2.1
8	－	－	－	－	－	－	加納商事	1.2	秀光舎	1.4	中央物産，麻友	0.5	松江共和物産	2.0
9	－	－	－	－	－	－	サンビック，広島共和	1.1	ウエキ，麻友	0.8	－	－	あらた	1.9
10	－	－	－	－	－	－	－	－	－	－	岡山四国共和	0.2	伊藤安	1.4

（出典）『日経流通新聞』および『日経MJ』各年所収前年度卸業調査記事による。

（注）1．2003年度からは，従来の「洗剤・化粧品」という範疇から「日用品・医療用品」という範疇に変わっている。

（注）2．上記出典には1995～1998年度については，第５位までのランキングしか掲載されていない。

でのダイカの売上高経常利益率は、おおむね一・五パーセント前後であるが、それ以降低下の傾向をたどる。表4－24に示されるように、必ずしも表4－10のダイカ自身の数値と一致しないが、一九九〇年代の初めの時期には、ダイカの売上高経常利益率は、業界一〇位以内に入っていたが、その後、一九九四年度までは一〇位以下となっている。一九九五年度から一九九九年度までは出典に五位までの順位しかないので不明ではあるが、この時期の一・五パーセント前後のダイカの実績からすると、六位～一〇位に入れたか否かは微妙であろう。一〇位ランキング表が復活した二〇〇〇年度以降では、二〇〇二年度にあらたの実績として四位に入っている。

この間を通じて、首位ないし上位にあったのは、セブンツーセブンのような地域化粧品製造・販売企業か前述の地域有力卸企業であったことが注目される。

一人当り経常利益額

ダイカの一人当り経常利益額の推移をみると、表4－10に示されるように、タナカ・富士商会両社との合併前の二八期（六二期）までは増加傾向にあった。その後、合併にともなう従業員増加によって減少し、三〇期（六四期）には経常利益増加によって増加に転じるが、前述の投資負担によって経常利益が減少するとともに、低下傾向となった。

表4－25をみると、これもダイカ自身の数値とは一致していないが、一九九〇年度には七位のランキングとなり、前述のように一九九五年度～九八年度は不明ではあるものの、上位ランクに入るのは難しかったようである。

従業員一人当り売上高と同様に、この一人当り経常利益額でみると、一九九〇年代においてはダイカは業界上位に常駐することはなかったといえる。すなわち従業員の生産性という面では、この時期の設備投資や業務改善が即効性をもち得なかったとみられる。

表4-25　洗剤・化粧品卸企業一人当たり経常利益額上位10社の推移（1990～2001年度）

順位	1990年度		1991年度		1992年度		1993年度		1994年度		1995年度		1996年度	
	企業名	一人当り経常利益（千円）	企業名	一人当り経常利益（千円）	企業名	一人当り経常利益（千円）	企業名	一人当り経常利益（千円）	企業名	一人当り経常利益（千円）	企業名	一人当り経常利益（千円）	企業名	一人当り経常利益（千円）
1	ハリマ共和物産	3,184	セブンツーセブン	4,426	ハリマ共和物産	4,684	ハリマ共和物産	4,579	ハリマ共和物産	4,760	ハリマ共和物産	4,967	ハリマ共和物産	5,766
2	セブンツーセブン	3,091	アケボノ物産	3,203	伊東秀商事	2,711	秀光舎	2,476	アケボノ物産	2,788	アケボノ物産	2,993	広島共和物産	3,952
3	アケボノ物産	1,598	ティーボール	2,916	ティーボール	2,653	広島共和物産	2,471	伊東秀商事	2,287	伊東秀商事	2,222	秀光舎	2,571
4	広島共和物産	1,285	伊東秀商事	2,136	アケボノ物産	2,526	セブンツーセブン	2,013	秀光舎	2,267	秀光舎	1,947	伊藤伊	2,485
5	加納商事	1,261	広島共和物産	1,870	セブンツーセブン	2,470	伊東秀商事	1,928	広島共和物産	2,009	タナカ	1,829	セブンツーセブン	2,299
6	パルタック	789	パルタック	1,306	加納商事	2,168	松江共和物産	1,636	エイコー	1,655	–	–	–	–
7	ダイカ	677	加納商事	1,091	広島共和物産	2,024	アケボノ物産	1,626	タナカ	1,604	–	–	–	–
8	中央物産	675	中央物産	1,055	秀光舎	1,697	パルタック	1,492	日華商事	1,592	–	–	–	–
9	麻友	613	ウエキ	963	パルタック	1,439	日華商事	1,486	パルタック	1,511	–	–	–	–
10	大福商事	474	共栄商事	900	中央物産	1,289	伊藤伊	1,442	伊藤伊	1,497	–	–	–	–

順位	1997年度		1998年度		1999年度		2000年度		2001年度	
	企業名	一人当り経常利益（千円）	企業名	一人当り経常利益（千円）	企業名	一人当り経常利益（千円）	企業名	一人当り経常利益（千円）	企業名	一人当り経常利益（千円）
1	ハリマ共和物産	4,902	広島共和物産	5,095	広島共和物産	4,318	共立紙業	4,227	ハリマ共和物産	4,125
2	広島共和物産	4,297	伊東秀商事	4,643	ハリマ共和物産	2,982	ハリマ共和物産	3,006	共立紙業	3,389
3	伊藤伊	2,446	伊藤伊	2,207	共立紙業	2,859	加納商事	2,804	富貴堂	2,358
4	伊東秀商事	2,126	秀光舎	1,885	加納商事	2,461	広島共和物産	2,081	パルタック	2,250
5	秀光舎	1,657	セブンツーセブン	1,580	伊藤伊	2,094	伊藤伊	1,983	伊藤伊	2,101
6	–	–	–	–	松江共和物産	1,712	秀光舎	1,925	松江共和物産	1,713
7	–	–	–	–	セブンツーセブン	1,627	パルタック	1,772	秀光舎	1,620
8	–	–	–	–	パルタック	1,221	松江共和物産	1,597	セブンツーセブン	1,179
9	–	–	–	–	ウエキ	1,158	麻友	852	麻友	777
10	–	–	–	–	アケボノ物産	1,083	サンビック	786	ウエキ	721

（出典）『日経流通新聞』および『日経MJ』各年所収前年度卸業調査記事による。

（注）1．2002年度からは，従来の「一人当り経常利益額」というランキング記事はなくなり，「売上高販売管理費率」というランキング記事が掲載されている。

2．上記出典には1995～1998年度については，第5位までのランキングしか掲載されていない。

おわりに

最後に、本章で明らかにできたことや確認できたことを整理し、今後の課題についてもふれておくことにしたい。

第一に、バブル経済崩壊後の一九九〇年代の経営環境をみると、大手小売業経営の広域展開、それと連動する卸企業の広域的な展開と統合が進むとともに、メーカーや大手小売の垂直的展開の試みも進展した。小売業の出店規制の緩和や持株会社の解禁といった制度上の変更も、そうした動向を加速する要因となった。

流通経営の機能に注目すると、より顧客志向が強まり、店頭の活性化のためのシステム構築が求められるようになった。

第二に、そうした経営環境のなかで、ダイカは一九九〇年代に入ると、八戸のネタツ興商、秋田の富士商会、埼玉のタナカと合併し、東北・関東地域へと進出した。二〇〇〇年になると新潟のエヌフォーとの合併により、東日本のほぼ全域をカバーする広域卸企業となった。それとともに、営業拠点の再設計や、物通や情報のシステムの高度化と広域的統一および新たな拠点整備のために積極的な投資を実現した。二〇〇二年には、名古屋の伊藤伊、九州のサンビックとの連携による持株会社設立によって全国卸への準備も始めた。

第三に、資金調達面をみると、一九九二年に株式の店頭登録を果たし、それ以降、増資によって自己資本を拡充させた。また、設備やシステムの高度化のために必要な資金を賄うために、社債や長期借入金も必要とした。銀行との金融関係をみると、次第に株式による資金調達よりも、借入金にシフトする傾向もみられた。

第四に、ダイカの所有面をみると、従業員持株会が、ダイカとその被合併会社の経営者ファミリーと同様に安定的株主であり続けた。経営面では、ダイカとその被合併会社の関係者のほか、これらの会社で育成された人材が経営者層を形成し、専門経営者層を厚くしていく傾向がみられた。

第五に、人的資源についてみると、合併による広域展開とともに人的資源を増加させた。男子従業員は女子従業員よりも営業現場などへの配置比率が高く、またピッキングなどに要する人員確保のため女子パートタイマーの比率が高くなる傾向がみられた。新規採用では、採用地が次第に東北、関東へと広がるとともに、その地元の教育機関の卒業者が増えていった。高校卒業者が依然として高い比率であったが、大学卒業者の出身大学も地理的に広がる傾向がみられた。人的資源を設備投資のストックとの関係で捉えると、資本装備率を上昇させており、ダイカが機械化・近代化を進展させたことも概括的に確認された。

第六に、採用された人材は、ダイカの教育システムによって、その資質向上がはかられた。それと同時に、無返品制度の導入や単品管理の精度向上がはかられるとともに、利益貢献管理や三カ月先行管理のシステムも導入されて、マネジメントの効率化が追求された。

第七に、売上高は次第に向上し、一二年あまりで四倍以上の伸びとなった。売上構成のなかでは、次第に紙・衛生材が比重を増していった。利益面も、決算期や会計制度の変更にともなう一時期を除いて伸張の傾向にあった。売上総利益に注目すると、二次卸（仲間取引）中心の伊藤伊のそれと比べると相対的に高かったことも注目される。

最後に、配当性向は次第に増える傾向にあり、株主への利益還元が重視される傾向が読みとれた。売上高でみる限り、ダイカは業界二位の地位にあり、持株会社方式による三社連携の合計額でみると業界首位が見込まれるほどであった。しかし、一人当り売上高や売上高経利益率あるいは一人当り経常利益額でみると、必ずしも上位にはランクされず、業務効率改善の効果は、その意味で限界的であったともいえよう。

注

（1）ここでの経営環境に関する叙述は、とくに断りのない限り、橋本寿朗・長谷川信・宮島英昭『現在日本経済　新版』（有斐閣、二〇〇六年五月）三〇六～四四一頁、石井寛治『日本流通史』（有斐閣、二〇〇三年一月）、『日経ＭＪ』（二〇一一年五月二七日）所収「流通サービス四〇年史」などによる。

（2）大規模小売店舗法の廃止と大規模小売店立地法については、石原武政編著『通商産業政策史四　流通政策　一九八〇―二〇〇〇』（経済産業調査会、二〇一一年三月）一〇四～一四八頁、二七八～二九〇頁、石原武政・加藤司『シリーズ流通体系

五　日本の流通政策』（中央経済社、二〇〇九年七月）一七一～二〇〇頁、二一八～二一九頁を参照されたい。

（3）日本の持株会社の歴史については、岡崎哲二『持株会社の歴史――財閥と企業統治』（ちくま新書、一九九九年六月）、下谷政弘『持株会社の時代』（有斐閣、二〇〇六年六月）、同『持株会社と日本経済』（岩波書店、二〇〇九年六月）などを参照されたい。

（4）『日経MJ』（二〇〇一年九月四日号）。

（5）二〇〇七年九月には、大丸と松坂屋が経営統合してJ・フロントリテイリングが発足し、同年一〇月には阪急百貨店と阪神百貨店の経営統合によるエイチ・ツー・オーリテイリングが誕生した。さらに二〇〇八年四月には、三越と伊勢丹が持株会社方式で統合し、三越伊勢丹ホールディングスが発足した（前掲「流通サービス四〇年史」による）。

（6）イオンの経営発展については、同社ホームページ掲載の企業情報（沿革）（http://www.aeon.info/company/enkaku/）を参照されたい。

（7）SVDの設立のねらいや初期の動きおよび影響については、『日経流通新聞』（一九九八年二月一九日号）、同紙（同年三月一〇日号）、同紙（同年六月九日号）、同紙（同年一二月二二日号）などを参照されたい。なお、SVDのフルネームについては、現時点では筆者は未確認である。また、大公一郎氏によれば「SVD設立時にダイカにも出資要請があったが、卸機能を活用してくれるならば出資してもよいが、当社は金融会社ではないので将来上場して云々という目的では遠慮させていただく」と断ったという。またその後「SVDの上場も立ち消えとなり、SVDという会社も解消したと聞いている」という（筆者による大公一郎氏への質問に対する回答）。

（8）花王販社の各地での設立統合過程については、佐々木聡「花王初期販社の設立過程と経営状況」（明治大学経営学研究所『経営論集』第五五巻第二・三号、二〇〇八年三月）、同「京阪神・近畿地域での花王販社の設立と統合の過程」（同誌第五六巻第一・二号、二〇〇九年一月）、同「中国・四国・九州地域での花王販社の設立と統合の過程」（同誌同巻同号）、同「中部地域での花王販社の設立と統合の過程」（同誌第五六巻第三・四号、二〇〇九年一月）、同「関東・甲信越地域での花王販社の設立と統合の過程」（同誌第五七巻第四号、二〇一〇年三月）、同「北海道・東北地域での花王販社の設立と統合の過程」（同誌第五八巻第三号、二〇一一年三月）などを参照されたい。

(9) これら広域九販社のほかに、百貨店への卸を専門とする近畿花王商事（一九八一年八月設立）があった。

(10) 『日経流通新聞』（一九九四年一月二七日号）掲載の忌部和也花王専務の発言。

(11) 花王販売株式会社『第二九期有価証券報告書』（自一九九九年四月一日至二〇〇〇年三月）一二頁および三五頁。花王販社の全国統合の概要と統合された販社の特徴については、佐々木聡「花王広域販社の全国統合と統合直後の経営状況」（明治大学経営学研究所『経営論集』第六〇巻第二・三号、二〇一三年三月）を参照されたい。

(12) このときのP&Gの新取引制度については、『日経流通新聞』（一九九九年六月二一日号）、同紙（一九九九年六月一九日号）、同紙（一九九九年七月二〇日号）などを参照されたい。なお、P&Gの中核代理店制度など日本での流通網形成過程については、佐々木聡「P&Gの日本進出と日本企業の競争戦略」（明治大学経営学研究所『経営論集』第五四巻第三・四号、二〇〇七年三月）一二九〜一三〇頁を参照されたい。なお、大公一郎氏に、このP&Gの取引制度の改訂がダイカにとってどれほどの危機となったかについて質問したところ、「制度が変わってもダイカはP&G売上高全国一であり、仕入先としてもライオンを抜いて第一位になった」という（筆者による大公一郎氏への質問に対する回答）。

(13) トゥディックの社名はTomorrow Distribution Creationの頭文字をとって命名された。トゥディックの成立と一九八〇年代の動向をみておくと、一九八七年七月、野村兄弟堂（富山県高岡市）と石川共栄商事（金沢市）との対等出資により、トゥディック石川が設立された。野村兄弟堂と石川共栄商事は、すでにこの二年前の一九八五年に、岩倉商事（福井市）と宮越兄弟商会（福井市）とともに四社で共同仕入などを事業目的とする共同出資の協業会社トゥディックを設立していた。一九八七年七月設立のトゥディック石川はそのうちの二社による出資会社であり、この時点で設立主体の一つである石川共栄商事は解散してその全営業権を新会社に譲渡し、野村兄弟堂の金沢営業所の営業権を新会社に譲渡した。一九八九年二月に、トゥディック石川は、岩倉商事を合併して、社名をトゥディック北陸に変更した。同年七月には野村兄弟堂も、富山市の三興商会とともにトゥディック北陸に合流し、一九九一年七月には宮越兄弟商会もこれに合併した（『日本経済新聞』一九八五年四月一一日号、地方経済面・北陸、同紙一九八七年七月二日号、地方経済面・北陸、同紙一九八九年一月一三日号、地方経済面・新潟、同紙一九八九年二月二三日号、地方経済面・北陸、同紙一九八九年六月二〇日号、同紙一九九一年一月二九日号、地方経済面・北陸、『日経流通新聞』一九九一年一月三一日号などによる）。

（14）北陸新和は、一九八二年一〇月にみどり屋（富山県高岡市）、石川ライオン販売（金沢市）、山岸商事（金沢市）の合併によって設立された。一九八六年には、佐賀村商会（金沢市）と合併、一九九〇年には野地正大堂と合併し、営業範囲を拡大していた（『日経流通新聞』一九九二年九月二九日号）。なお、この時期の日用雑貨卸売企業の動向を検討した先行研究としては、松原寿一「わが国の日用雑貨流通における卸売業の合併の方向性」（中央学院大学商学部『中央学院大学商学論叢』二一巻一・二号、二〇〇七年）があげられる。

（15）『日経流通新聞』一九九五年六月一三日号。なお、新和の誕生と同社の物流戦略については、矢作敏行・浦上拓也・安士昌一郎編『山岸十郎　オーラル・ヒストリー』（法政大学イノベーション・マネジメント研究センター、ワーキングペーパーシリーズNo.127、二〇一二年七月二六日）を参照されたい。

（16）㈱サンビック代表取締役会長・九州花王販売代表取締役副会長小野今朝雄による「㈱サンビックまでのあゆみ」（作成年月日不明）の年表による。サンビック（SUNVIC）の社名はSuper Network Value Intelligence Companyの頭文字をとって命名された（日本マーケティング研究所『ベーシック・バリューの追究――マーケティングの新原理・原則　92'営業力開発大会プログラム』一九九二年六月五日、四八頁）。合併参加企業は、北九州明和、宏和、新免、丸宮、ユーホー、堤商事、馬場園、佐賀宏和、キハラ新免、ライフサービスの一〇社であった（同書、五四頁）。

（17）エヌ・フォーとは「ニュー・ニイガタ・ナイス・ネットワーク」の四つの「エヌ」を意味するという。合併参加の四社は、大原商店、高橋商店、鍋六、太刀川商店である（『日経流通新聞』一九九二年八月一一日）。大原商店の創業は一九二五（大正一四）年一〇月、一九八八年頃の資本金は一五〇〇万円、従業員数は六九名である（長岡商工会議所『昭和六三年版長岡商工名鑑』、一九八八年三月、六一三頁）。高橋商店は、一八七一（明治四）年に和洋紙卸業として創業し、一九五〇（昭和二五年）一月に株式会社高橋商店に組織変更し、合併直前時点での資本金は一二六〇万円、一九八九年末時点での従業員数は五八名であった。鍋六商店は一九四八（昭和二三）年七月に設立され、合併直前時点での資本金は一八〇〇万円、従業員数は五五名となっている。太刀川商店は一九三六年九月に開業し、一九五〇年一月に株式会社に改組し、合併直前の資本金は二〇〇〇万円、従業員数は四一名となっている（『平成二年版新潟県会社要覧』新潟経済社会リサーチセンター、一九八九年一二月、八〇一頁および八〇九頁、『平成四年新潟県会社要覧』新潟経済社会リサーチセンター、一九九一年一二月、七二七頁、八四〇頁および八四四頁、前掲『昭和六三年版長岡商工名鑑』六一三頁）。四社合併直後の資本金は三〇〇〇万円、従業員数は一九四名となっている（長岡商工会議所『一九九一年長岡商工名鑑』一九九二年五月、七一三頁）。なお、『一九九一年長岡商工名鑑』七一三頁では、エヌフォーの設立年月が一九九二（平成四）年二月とされているが、ここでは『日経流通新聞』一九九二年八月一一日号の記事に拠って、一九九一年一〇月とした。

(18) 八社とは、寺長（青森市）、熊長（盛岡市）、浅香商店（一関市）、大須賀（仙台市）、吉村広商（仙台市）、キャスター商事（仙台市）、芳賀（北会津郡）、アキヒコ（山形市）である（熊谷昭三・岩倉重夫・佐藤美枝子編、牧野立雄執筆『熊長本店社史　一八七六―一九九五　桜雲緑風一二〇年』熊谷昭三発行、二〇〇九年七月一〇日、一一九〜一二〇頁）。

(19) 四社とは、上記八社のうち、寺長、熊長、大須賀、芳賀である（同書、一二一〜一二二頁および同書一二二頁にも転載されている『週刊粧業』㈱週刊粧業、一九九五年四月一〇日号）。

(20) 三喜屋では、一九八九年七月に組織改編を実施し、文具事務機器事業部を㈱三喜屋カルチャーとし、日用品雑貨事業部とミキヤライオン製品販売部を合併して㈱三喜屋ライフとした。そして、㈱三喜屋はグループ本部機構として存続させた。三喜屋ライフと三喜屋カルチャーの売上比率は六対四で、一九八九（平成元）年度の三喜屋ライフの売上は前年比一〇八パーセントで、二四億五〇〇〇万円であった。青森県内のエリア別の販売比率をみると、弘前五割、残りを青森と八戸で分け合っていたが、青森・八戸地区の伸長率が高く同社の売上に大きく貢献していたという（『週刊粧業』㈱週刊粧業、一九九〇年九月三日号、三頁）。

(21) ㈱パルタック自社作成の年表による。

(22) この花王のＥＤＩシステムについては、平坂敏夫編著『花王情報システム革命』（ダイヤモンド社、一九九六年四月一八日）一九二〜一九五頁を参照されたい。

(23) 同書、一八三〜一九二頁。なお、ＳＡノートに関して補足しておくと、花王販社では、一九八〇年にＥＯＳ（電子発注システム）を導入し、一九八三年には携帯用端末（ハンディ・ターミナル）を導入していた。しかし、毎朝、ＳＡの自宅にファックスで送られてくる回訪先店舗の販売実績情報にもとづく、アドヴァイスや商談の資料作成や、帰宅後の販社支店へ連絡や報告書の送付もファックスで送信していた。ＳＡノートでは、必要な情報は用意されていてシミュレーション機能も備えているので一店舗当たり一〇分程度での計画・立案が可能となり、SAはこれによって生じた時間的余裕を本来の業務である商談に振り向けることができるようになったのである（同書、一八三〜一九二頁）。

(24) ここでの花王および花王販社のリテイル・サポートに関する記述は、とくに断りのない限り、斎藤正治監修・山田泰造著『花王流通コラボレーション戦略――高収益をあげ続けるビジネスモデル』（ダイヤモンド社、二〇〇一年八月九日）一一〜一三頁および七七〜一〇四頁、花王ミュージアム・資料室編『花王一二〇年　一八九〇―二〇一〇年』（花王株式会社、二〇一二年五月）五一八〜五二六頁による。

(25) この各地の流通情報サービス会社の活動は、提供する店頭管理サービスの対価を受けるという業務が「礼を失する」行為と誤解されたこともあって、その後、相次いで解散した（前掲『花王流通コラボレーション戦略――高収益をあげ続けるビジネスモデル』八三〜八八頁）。

(26) 同書、七七〜八二頁。

(27) 『ダイカマンスリー』第二一巻第二二五号（ダイカ株式会社、一九八九年八月一日）一頁による。

(28) ダイカ株式会社『第二一期報告書』（平成元年八月一日から平成二年七月三一日まで）一頁。

(29) 同報告書、一頁。

(30) 前掲『ダイカマンスリー』第二一巻第二二五号、一頁。

(31) ダイカ株式会社『第二〇期報告書』（昭和六三年八月一日から平成元年七月三一日まで）二頁および『ダイカマンスリー』第二一巻第二三〇号（ダイカ株式会社、一九九〇年一月一日）一頁。

(32) 『週刊粧業』㈱週刊粧業、一九九〇年一月一日号）六七頁。

(33) 前掲『第二〇期報告書』二頁。

(34) 『ダイカマンスリー』第二一巻第二二六号（ダイカ株式会社、一九九九年九月一日）一頁。なお、この第二一期営業本部長方針は、振吉巳歳男『通信報――私のマネジメント思考』（二〇〇三年八月一日）一五七〜一五八頁にも収められている。

(35) 『社内報だいか』第三二七号（ダイカ株式会社、一九九八年一月二五日）二頁。

(36) 『ダイカマンスリー』第二一巻第二三五号（ダイカ株式会社、一九九〇年六月一日）一頁および『社内報だいか』第二三六号（ダイカ株式会社、一九九〇年六月二〇日）一頁。ネタツの社名は、江戸時代に武士から町人に転じた工藤家の者が八戸の古城の根城に因んで根城屋という屋号を付け、そこから分家した工藤辰四郎が、根城屋とみずからの名前を組み合わせて根辰としたことに由来するという。一九一〇（明治四三）年一一月の創業で、ダイカとの合併はちょうど創業八〇年目の節目にあたる年のことであった（前掲『社内報だいか』第二三六号、一頁）。創業年月について、『昭和一二年版八戸商工案内』（一九三七年九月二五日、八戸商工会、四四頁）では「明治四三年一〇月」とされており、『昭和三八年度版八戸商工名鑑』（一九六三年一一月一〇日、八戸商工会議所、一一五頁）では創立年が「明治三八年」となっている。株式会社工藤辰四郎商店（後のネタツ興商）の設立年月は、一九五四年七月（二一日）ということで複数の文献が一致している（前掲『東奥年鑑　一九八九』一九八八年九月一日、東奥日報社、九〇八頁、『東奥年鑑　一九九〇』一九八九年九月一日、東奥日報社、九四〇頁、『東奥年鑑　一九九二』一九九〇年九月一日、東奥日報社、九三三頁、『一九八二年版南部会社年鑑』一九八一年一一月二七日、南部出版調査部、六三頁および『一九八三年版南部会社年鑑』一九八二年一一月二七日、南部出版調査部、七九頁）。また取扱品目についてみると、一九三七年頃の広告文では「日用雑貨、武道用具、荒物和洋、菓子卸商」となっている（前掲『昭和一二年版八戸商工案内』八〇頁）が、一九五一年頃の広告文では「石鹼、マッチ、ローソク、和洋紙、襖紙、家庭用金物器具、箒、草履、和傘、硝子器具、ランプ、地下足袋、運動靴、ゴム長靴、線香類」が営業品目となっており、ライオン油脂はじめ一二社の代理店となっている（『八戸商工名鑑一九五二』一九五一年一二月二五日、八戸商工会議所、一七四頁）。それから一二年後の広告文では、ライオン油脂はじめ二七社の代理店となっており（『一九六三八戸商工名鑑』一九六三年一一月一〇日、八戸商工会議所、頁記載なし）、取扱品目が拡大していたことがうかがわれる。注目したいことのひとつは一九五一年頃には東都電球株式会社、一九六三年頃には東芝製品各種の代理店となっていることである。電球や電池およびソケット類などと推定されるが、こうした今日でいう家電小物の流通が日雑卸店によって担われていたことは注意しておきたい。

なお、青森県の有力卸企業としては、一八六八（慶応四）年創業の寺長があった。ダイカでは寺長にも合併の打診をしたが、寺長側の事情で合意に達しなかったようである（大公一郎氏への聞き取り調査による）。

（37）前掲『ダイカマンスリー』第二一巻第二三五号一頁。

(38) 合併前年の㈱ネタツ興商『第三五期営業報告書』(自昭和六三年六月一日至平成元年五月三一日)による。なお、同報告書によれば、ネタツのこの時期の総資産は約二二億九〇〇二万円であり、売上高は約五七億九六四九万円、売上総利益が約七億五三一七万円、営業利益が約四七四八万円、経常利益が約二〇四三万円であった。また合併直前の従業員数は、一〇〇名であったとされている(前掲『東奥年鑑 一九九〇』九四〇頁および『東奥年鑑 一九九一』九三三頁)。

(39) MSS研究会編『MSS第二次海外視察研究報告(期間一九七八年二月四日〜二月一七日)』によると、MSS研究会は一九七四(昭和四九)年一〇月に発案され、第一回の研究会は翌一九七五(昭和五〇)年四月に開催された。それ以来、メンバー企業の相互訪問と幹部懇談、業界先輩経営者との懇談、他業界の卸売業の訪問と幹部懇談、流通専門学者による講義など多彩な企画を実施し、さまざまな視点からメンバー相互に意見交換を重ねたという(同報告、一頁)。また、この報告の視察先であるサンフランシスコやロサンゼルスの視察に参加した七人のメンバーは、大公一郎(ダイカ株式会社専務取締役)と工藤欣一(株式会社工藤辰四郎商店代表取締役社長)や後にダイカとともに株式会社あらたに加わる伊藤昌弘(伊藤伊株式会社取締役)のほか、清水俊吉(株式会社麻友代表取締役社長)、霜田清隆(霜田物産株式会社代表取締役社長)、辻中正(大福商事株式会社取締役営業本部長)、夏川敬三(株式会社夏川本店代表取締役社長)であった(同報告書五頁)。

(40) 前掲『ダイカマンスリー』第二一巻第二三五号一頁および『日本経済新聞』(一九九〇年三月二五日号、地方経済面・北海道)。

(41) 前掲『週刊粧業』(一九九〇年九月三日号)三頁。

(42) 青森支店の様子については、『社内報だいか』第二五一号(ダイカ株式会社、一九九一年三月二六日)二頁に写真が掲載されている。

(43) ダイカ株式会社『第五六期事業報告書』(平成二年八月一日から平成三年七月三一日まで)一〜二頁、および同『第五七期事業報告書』(平成三年八月一日から平成四年七月三一日まで)二頁。なお、この典拠文献の「五六期」は、一九六九年八月のダイカ成立からの決算期でみると、前掲『第二〇期報告書』の次々期の「二二期」に相当する。ダイカ成立期直後の『営業報告書』は『第三四期営業報告書』となっている。これは、一九三六(昭和一一)年の株式会社改組からの期数であるが、その後、ダイカ成立時を「第一期」とする期数の表記と株式会社改組時を「一期」とする期数の表記とが混在する。その間、一〇―一期（四三期）と一〇―二（四四期）などもあり、時系列的にみるときは注意を要する。本章では、典拠とする『営業報告書』や『有価証券報告書』のそれぞれに記載されている期数をそのまま用いる。

(44) ダイカ株式会社『第五七期事業報告書』（平成三年八月一日から平成四年七月三一日まで）二頁。

(45)『社内報だいか』第二六五号（ダイカ株式会社、一九九二年一一月二五日）一四～一五頁。

(46) ダイカ株式会社『有価証券届出書』（北海道財務局長宛、平成八年七月一日提出）二七頁、同『第六〇期有価証券報告書』（自平成六年八月一日至平成七年七月三一日）一三頁、『社内報だいか』第二八九号（ダイカ株式会社、一九九四年一一月二五日）二頁および一六頁、『日本経済新聞』（一九九四年三月一八日号、地方経済面・北海道）。なお、同紙同号では、ダイカが三協商事山形営業所から継承する売上は年額六億円程度と推計している。

(47) 前掲『有価証券届出書』（北海道財務局長宛、平成八年七月一日提出）二七頁、前掲『第六〇期有価証券報告書』一三頁、『社内報だいか』第二九四号（ダイカ株式会社、一九九五年四月二五日）二頁。

(48) ダイカ株式会社『第六二期有価証券報告書』（自平成八年八月一日至平成九年七月三一日）一三頁、前掲『第六〇期有価証券報告書』一三頁、『社内報だいか』第三一三号（ダイカ株式会社、一九九六年一一月二五日）一四頁、『社内報だいか』第三一四号（ダイカ株式会社、一九九六年一二月二五日）一五頁。

(49) 前掲『第六〇期有価証券報告書』一三頁、前掲『第六二期有価証券報告書』一三頁、『社内報だいか』第三一五号（ダイカ株式会社、一九九七年一月二五日）三頁。

(50) 前掲『第六〇期有価証券報告書』一三頁、『社内報だいか』第二八六号（ダイカ株式会社、一九九四年八月二五日）一頁。

(51) 前掲『第六〇期有価証券報告書』一三頁、前掲『第六二期有価証券報告書』一三頁、『日経流通新聞』（一九九四年一月一一日号）。導入の年月について、これらの出典では、一九九四年一〇月とされているが、株式会社あらた北海道支社作成「ダイカ株式会社の沿革一九九〇～」では、一九九四年一一月に「新コンピューターシステム『DARWIN』スタート」とされており、ここではこの年月にしたがった。

(52) 前掲『六〇期有価証券報告書』一三頁、前掲『第六二期有価証券報告書』一三頁、ダイカ株式会社『社内報だいか』第二九二号（一九九五年二月二五日）二頁、『日経流通新聞』（一九九五年五月四日号）。

(53) ダイカ株式会社『第六三期有価証券報告書』(自平成九年八月一日至平成一〇年七月三一日)一六頁、『社内報だいか』第三一二号(ダイカ株式会社、一九九六年一〇月二五日)二頁。
(54) 前掲『第六三期有価証券報告書』一六頁、『社内報だいか』第三一九号(ダイカ株式会社、一九九七年五月二五日)一三頁。
(55) 前掲『第六三期有価証券報告書』一六頁。
(56) 『秋田魁新報』(秋田魁新報社)一九八二年一二月一八日号および同紙一九九七年一一月五日号。戦後の石鹼配給規則下の配給統制については、佐々木聡『日本的流通の経営史』(有斐閣、二〇〇七年一一月)一四一〜二〇六頁を参照されたい。また、同書二五〇頁の表6-24には、富士商会のライオン歯磨との取引実績が掲載されている。さらに同書二五四頁の表6-26に示しているように、一九五六年度のライオン油脂との取引実績では、一〇六八万六〇〇〇円で、全国代理店のランクで三二位となっている。
(57) 『日本経済新聞』(一九九五年五月二〇日号、地方経済面・東北A)、『週刊粧業』(㈱週刊粧業、一九九八年五月一八日号)九八頁および筆者による大公一郎氏への質問に対する回答による。
(58) 売上高と従業員数は『社内報だいか』第三二七号(ダイカ株式会社、一九九八年一月二五日)二頁、純資産額は前掲『第六三期有価証券報告書』一五頁による。
(59) 田中紙店および株式会社タナカの経営史については、『家庭紙ひとすじ六〇年』(株式会社タナカ、一九八六年二月)を参照されたい。
(60) 売上高と従業員数は前掲『社内報だいか』第三二七号二頁、純資産額は前掲『第六三期有価証券報告書』一五頁による。
(61) 『ダイカマンスリー』第二〇巻第三二八号(ダイカ株式会社、一九九八年二月一日)一頁。なお、前掲『週刊粧業』(一九九八年五月一八日号)九九頁では、大公一郎氏は「一昨年(一九九六年——引用者)一〇月頃に田中会長(ママ)から合併についての申し入れがありました。合併を決めたのは、昨年(一九九七年——引用者)九月ですから、一年近く考えさせていただいた」と述べており、田中作次氏からの合併申し入れの時期について、ここでの引用と二カ月ほどの違いがある。なお、鈴木節雄の氏名表記については、筆者が、かつて鈴木節雄氏、鈴木茂夫氏および鈴木富士夫氏の三氏に秋田市でお話を伺った際の情報による。

(62)　前掲『第六三期有価証券報告書』一四頁。
(63)　同報告書一三頁。
(64)　前掲『社内報だいか』第三二七号二頁、前掲『週刊粧業』（一九九八年五月一八日号）九八頁。
(65)　前掲『週刊粧業』（一九九八年五月一八日号）九八頁。大公一郎氏によれば「ダイカの秋田営業所はネタツ興商の秋田営業所をネタツとの合併時点で引き継いだものである」という（筆者による大公一郎氏への質問に対する回答による）。
(66)　前掲『週刊粧業』（一九九八年五月一八日号）九八頁。
(67)　『社内報だいか』第三三二号（ダイカ株式会社、一九九八年六月二五日）二頁、ダイカ株式会社『第六四期有価証券報告書』（自平成一〇年八月一日至平成一一年七月三一日）一五頁。
(68)　『社内報だいか』第三三六号（ダイカ株式会社、一九九八年一〇月二五日）二頁、同誌第三四〇号（一九九九年二月二五日）一二頁、同誌第三四二号（一九九九年四月二五日）一二頁、同誌第三四四号（一九九九年六月二五日）三頁、同誌第三四六号（一九九九年八月二五日）一頁、前掲『第六四期有価証券報告書』一五頁。なお、『ダイカマンスリー』第三一巻第三四八号（ダイカ株式会社、一九九九年一一月一日）一頁では、アッテルの台数は一〇台、自動倉庫の収容パレット数は七七一二とされている。
(69)　『ダイカマンスリー』第三〇巻第三四〇号（ダイカ株式会社、一九九九年三月一日）一頁、前掲同誌第三一巻第三四八号一頁、前掲『社内報だいか』第三四六号一頁。
(70)　『社内報だいか』第三二七号（ダイカ株式会社、一九九九年九月二〇日）一四頁には、関係会社の株式会社アドニスの石狩卸センター内の写真入り建築作業記事が掲載されている。それによると、一九九九年六月に着工、同年一〇月に完成の予定とされている。また、敷地坪数は二五八七坪（約八五三七平方メートル）、建築は七四七坪（約二四六五平方メートル）とされており、表4－5の「その他・賃貸」の自社の土地・建物より小さい。
(71)　前掲『第六四期有価証券報告書』一三頁。
(72)　『ダイカマンスリー』第三一巻第三四五号（ダイカ株式会社、一九九九年八月一日）一頁、『社内報だいか』第三四六号（ダイカ株式会社、一九九九年八月二五日）一頁、同誌第三四七号（一九九九年九月二五日）二頁、ダイカ株式会社『第六五

期有価証券報告書』（自平成一一年八月一日至平成一二年七月三一日）八頁。
(73) 前掲『社内報だいか』第三四七号二頁。
(74) 同誌同号、二頁。
(75) 前掲『通信報──私のマネジメント思考』一六三頁。
(76) 前掲『第六五期有価証券報告書』一五頁、前掲『第六五期有価証券報告書』八頁。
(77) 前掲『第六四期有価証券報告書』一五頁、『社内報だいか』第三五三号（ダイカ株式会社、二〇〇〇年三月二五日）一八頁、『ダイカマンスリー』第三一巻第三五二号（ダイカ株式会社、二〇〇〇年三月一日）一頁。
(78) 前掲『第六四期有価証券報告書』一五頁、『社内報だいか』第三五六号（ダイカ株式会社、二〇〇〇年六月二五日）二頁、『ダイカマンスリー』第三一巻第三五五号（ダイカ株式会社、二〇〇〇年六月一日）一頁。
(79) 前掲『第六四期有価証券報告書』一五頁、『社内報だいか』第三五八号（ダイカ株式会社、二〇〇〇年八月二五日）二頁、『ダイカマンスリー』第三一巻第三五七号（ダイカ株式会社、二〇〇〇年八月一日）一頁。
(80) 前掲『第六五期有価証券報告書』八頁、『社内報だいか』第三五二号（ダイカ株式会社、二〇〇〇年二月二五日）二頁。
(81) 前掲『第六五期有価証券報告書』八頁、前掲『社内報だいか』第三五八号、二頁、ダイカ株式会社『ダイカマンスリー』第三一巻第三四八号（一九九九年一一月一日）一頁。
(82) 前掲『社内報だいか』第三五八号一頁。
(83) 『社内報だいか』第三六一号（ダイカ株式会社、二〇〇〇年一一月二五日）一頁。
(84) 『ダイカマンスリー』第三一巻第三五三号（ダイカ株式会社、二〇〇〇年四月一日）一頁および前掲「ダイカ株式会社の沿革 一九九〇～」による。
(85) ヘリオスについては第三章を参照されたい。
(86) 『社内報だいか』第三五五号（ダイカ株式会社、二〇〇〇年五月二五日）二頁、『ダイカマンスリー』第三二巻第三六五号（ダイカ株式会社、二〇〇一年四月一日）一頁。
(87) 『社内報だいか』第三六四号（ダイカ株式会社、二〇〇一年二月二五日）二頁、前掲『ダイカマンスリー』第三二巻第三六五号一頁。

(88) ダイカ株式会社『第六六期有価証券報告書』(自平成一二年八月一日至平成一三年七月三一日)九頁および七〇頁、同『ダイカマンスリー』第三一巻第三五三号(二〇〇〇年四月一日)一頁。

(89) 『日本経済新聞』(二〇〇〇年三月一四日号)、『日経流通新聞』(二〇〇〇年三月一六日号)、『社内報だいか』第三五三号(ダイカ株式会社、二〇〇〇年三月二五日号)一八頁。

(90) 筆者による大公一郎氏への質問に対する回答による。

(91) 前掲『社内報だいか』第三五八号一頁。

(92) 『社内報だいか』第三五六号(ダイカ株式会社、二〇〇〇年六月二五日)二頁。

(93) ここでの関東支社エリアへのDARWIN 2000iの導入に関する叙述は、『社内報だいか』第三六一号(ダイカ株式会社、二〇〇〇年一一月二五日)一頁、同誌第三六二号一頁、同誌第三六三号二頁などによる。

(94) ここでの新潟支社へのDARWIN 2000iの導入ほか、システム更新に関する叙述は、『社内報だいか』第三七九号(ダイカ株式会社、二〇〇二年五月二五日)二頁による。

(95) 前掲『第六五期有価証券報告書』一二頁。

(96) 前掲『第六六期有価証券報告書』一一頁。

(97) ダイカ株式会社『第六七期有価証券報告書』(自平成一三年八月一日至平成一四年七月三一日)一〇頁。

(98) ダイカ株式会社『第六八期有価証券報告書』(自平成一四年八月一日至平成一五年七月三一日)一〇頁。

(99) 前掲『第六五期有価証券報告書』一二頁。

(100) 前掲『第六六期有価証券報告書』一一頁。

(101) 前掲『第六七期有価証券報告書』一〇頁。

(102) 前掲『第六六期有価証券報告書』七一頁。

(103) 前掲『第六八期有価証券報告書』五頁。なお、「あらた」の社名は、ダイカ、伊藤伊、サンビック三社の社員公募により決定された。応募総数二二三六通のなかで、ダイカ石狩支店の須藤知枝氏と伊藤伊の三好正昭氏の応募した社名が選出された。

須藤知枝氏によると、「三文字のひらがながはやるというアドバイスがあり、『あ』から始まる言葉が良かったからです。その時、辞書を見ていて『あらた』と言う言葉が目に止まり、意味も『過去にこだわらず、今までになかった状況が出現したという気持ちで事態をとらえる様子』とあったので、今のダイカにふさわしいと思い『あらた』にしました」という（『社内報だいか』第三七一号、ダイカ株式会社、二〇〇一年九月二五日、二頁）。

(104) 『ダイカマンスリー』第三三巻第三六九号（ダイカ株式会社、二〇〇一年八月一日）一頁。

(105) 『日本経済新聞』（二〇〇一年一〇月一一日号）所収の「交遊抄」。

(106) 大公一郎氏への聞き取り調査による。

(107) 大公一郎氏への聞き取り調査および『マーケティング・ホライズン』第五四四号（日本マーケティング協会、二〇〇三年一一月一日）二八〜二九頁。

(108) 株式会社パルタック『第七七期有価証券報告書』（自平成一六年一〇月一日至平成一七年九月三〇日まで）一四頁。

(109) 前掲『第六六期有価証券報告書』三頁、七一頁。

(110) 株式会社パルタック『第七三期事業報告書』（平成一二年一〇月一日から平成一三年九月三〇日まで）四頁。

(111) 株式会社あらた『第二期有価証券報告書』（自平成一五年四月一日至平成一六年三月三一日）三頁、株式会社あらた『第三期事業報告書』（平成一六年四月一日から平成一七年三月三一日まで）二頁。なお、徳倉の年商額は『ダイカマンスリー』第三四巻第三八三号（ダイカ株式会社、二〇〇二年一〇月一日）一頁の大公一郎社長への取材記事による。

(112) 前掲『第六七期有価証券報告書』七頁、前掲『ダイカマンスリー』第三三巻第三六九号、一頁、『社内報だいか』第三七〇号（ダイカ株式会社、二〇〇一年八月二五日）一頁。

(113) 前掲『第六八期有価証券報告書』七頁、『ダイカマンスリー』第三四巻第三七七号（ダイカ株式会社、二〇〇二年四月一日）一頁、

(114) 前掲『ダイカマンスリー』第三四巻第三八三号、一頁。

(115) 齋藤脩平の経営理念については、第一章を参照されたい。また、七社統合時の経営理念については、第二章を参照されたい。

(116) ダイカ株式会社『第六九期（中）半期報告書』（自平成一五年四月一日至平成一五年九月二〇日）五頁、『ダイカマンスリー』第三五巻第三八九号（ダイカ株式会社、二〇〇三年四月一日）一頁。
(117) ここでの土浦支店、柏支店、柏デポ、水戸支店などに関する叙述は、前掲『第六六期有価証券報告書』七頁、一一頁、『社内報だいか』第三六二号（ダイカ株式会社、二〇〇一年五月二五日）一～二頁による。
(118) 株式会社アドニス『第一期報告書』（平成元年八月一日から平成二年七月三一日まで）一頁。
(119) アドニスの業務停止の年月は、『社内報だいか』第三八七号（ダイカ株式会社、二〇〇三年一月二五日号）一二頁による。
(120) 前掲『第六八期有価証券報告書』五頁。なお、株式会社ファッション・ダイカと株式会社アドニスの設立の経緯と業務については、第三章を参照されたい。ダイカの従業員によるアドニスの業務経験上の思い出については、『社内報だいか』第三八八号（ダイカ株式会社、二〇〇三年二月二五日）二頁を参照されたい。
(121) 前掲『第六八期有価証券報告書』七頁、一〇頁。
(122) 沼津デポ新設の年月は、前掲『社内報だいか』第三八七号、一二頁による。
(123) 前掲『第六八期有価証券報告書』七頁、一〇頁。
(124) 同報告書七頁、一〇頁および前掲『社内報だいか』第三八八号、二頁。
(125) 前掲『第六八期有価証券報告書』一〇頁、『社内報だいか』第三九七号（ダイカ株式会社、二〇〇三年一一月二五日）二頁、前掲『ダイカマンスリー』第三四巻第三八三号、一頁、『日本経済新聞』（二〇〇三年一月一一日号、地方経済面：北海道）、同紙同号（地方経済面：中部）、同紙同号（地方経済面：九州B）。
(126) 前掲『社内報だいか』第三九七号、三頁。
(127) ダイカ株式会社『第二〇期営業報告書』（昭和六三年八月一日から平成元年七月三一日まで）二頁およびダイカ㈱（現・㈱あらた）経理担当者の説明による。詳細は、第三章を参照されたい。
(128) 株式会社ネタツ興商『第三五期営業報告書』（自昭和六三年六月一日至平成元年五月三一日）、ダイカ株式会社『第二一期報告書』（平成元年八月一日から平成二年七月三一日まで）およびダイカ㈱（現・㈱あらた）経理担当者の説明による。
(129) ダイカ㈱（現・㈱あらた）経理担当者の説明による。

(130) 前掲『第五七期事業報告書』二頁、『ダイカマンスリー』第二四巻第二六一号（ダイカ株式会社、一九九二年八月一日）一頁、『社内報だいか』第二六二号（ダイカ株式会社、一九九二年八月二五日）一頁。

(131) ダイカ㈱（現・㈱あらた）経理担当者の説明による。念のために注記しておくが、加重平均での株価が一三二一円であるから、一三二一円に六五万株を乗じた場合、応募総額八五億五九〇九万円との間に誤差が生じる。

(132) 前掲『社内報だいか』第二六二号、一頁。

(133) 前掲『ダイカマンスリー』第二四巻第二六一号、一頁。

(134) ここでの無償株式分割・社債転換増資と公募増資に関する説明は、おおむね筆者の質問に対するダイカ㈱（現㈱あらた）経理担当者の回答による。

(135) 前掲『六三期有価証券報告書』四四頁。

(136) 同報告書、五二頁。

(137) 同報告書、一四頁。以下でのタナカおよび富士商会の合併にともなう増資の記述は、筆者の質問に対するダイカ㈱（現・㈱あらた）経理担当者の回答による。

(138) 株式会社エヌフォー『第一〇期決算報告書』（自平成一一年四月一日至平成一二年七月三一日）。

(139) 前掲『第六六期有価証券報告書』九頁、七〇頁、および筆者の質問に対するダイカ㈱（現・㈱あらた）経理担当者の回答による。

(140) 前掲『第六七期有価証券報告書』七頁。

(141) 前掲『第二〇期報告書』五頁。

(142) 前掲『第五六期事業報告書』二頁。

(143) 前掲『第六〇期有価証券報告書』二八頁。

(144) 同『報告書』二八頁およびダイカ株式会社『有価証券届出書』（平成八年七月一日提出）一八頁。なお、スイス・フランの転換社債の引き受け手についてダイカ経理担当者にも確認したが、不明とのことであった。ただし、「為替レート、手数料などを捨象すれば、転換価格一五一七円であることから、ダイカ株式が将来一五一七円以上になると判断した投資家は購入し

ている と考えられる」という回答であった。

(145) ダイカの道内事業時代の取引銀行については、第三章を参照されたい。

(146) ダイカ㈱(現・㈱あらた)経理担当者の説明による。

(147) ダイカ株式会社『有価証券報告書』各期および前掲『第六九期有価証券報告書』一四頁。

(148) 前掲『第六三期有価証券報告書』六頁。

(149) パルタック株式会社『有価証券報告書』第六七期(自平成六年一〇月一日至平成七年九月三〇日)～第七四期(自平成一三年一〇月一日至平成一四年九月三〇日)の「株式等の状況」記載の各頁。

(150) 筆者による質問に対するダイカ関係者からの回答による。

(151) ここでの経営者の経歴については、前掲『第六〇期有価証券報告書』七～一〇頁による。

(152) ここでの役員の経歴についても、同報告書、七～一〇頁による。

(153) 前掲『第六五期有価証券報告書』二三頁には、「代表取締役会長田中作次と専務取締役阿部勇次とは兄弟であります」と記載されており、その兄弟関係について田中作次氏に確認したところ「自分の弟」という回答であった。

(154) ここでの役員の経歴については、前掲『第六三期有価証券報告書』八～一一頁による。

(155) ここでの役員の経歴については、前掲『第六五期有価証券報告書』二〇～二三頁および前掲『第六六期有価証券報告書』一六～一八頁による。なお、第六五期からの「役員の状況」には、学歴についての記載がない。

(156) 筆者による質問に対するダイカ関係者からの回答による。

(157) 一九七〇年代の詳細は、第三章を参照されたい。

(158) 前掲『通信報――私のマネジメント思考』一八頁。

(159) ダイカ株式会社『Business Information水車の論理』(発行年月不明：記載内容から一九九六年八月以降の発行と推定される)一頁。

(160) 前掲『通信報――私のマネジメント思考』一八～一九頁。

(161) 同書、一九頁。

(162) ダイカ株式会社『社内報だいか』各号所収「研修」・「見学」記事。

(163) 前掲『通信報――私のマネジメント思考』二〇頁および二二頁。

(164) 第三章を参照されたい。

(165) 『社内報だいか』（ダイカ株式会社）各号所収「サークル紹介」記事。

(166) 『社内報だいか』（ダイカ株式会社）各号所収「業務自己評価表」および「PERFORMANCE DATA」記事。たとえば、『社内報だいか』第三一四号（ダイカ株式会社、一九九六年一二月二五日）では第二八期一一月度「PERFORMANCE DATA」（今期累計月平均）の各事業所別・全社の評価項目として、「1　品切れ率　%」、「2　品切金額　千円」、「3　誤配送率　%」、「4　誤配送件数」、「5　梱物出荷梱数」、「6　詰合出荷梱数」、「7　バラ毎時一人梱」、「8　一梱当物流費」、「9　EOS受注率　%」、「10　セールスPOT一台当」、「11　物流課人員」、「12　一人当時間外」、「13　売上返品額　千（ママ）」の一三項目となっている。他方、二八期八月から一九拠点別の一一月の「業績自己評価表」（累計）の項目は、「1　売上」、「2　一人当り利益1」、「3　一人当り利益2」、「4　営業費」、「5　粗利益」、「6　貸倒金」、「7　在庫」、「8　回収率」、「9　売上返品」、「10　売上欠品」、「11　車輌事故」の一一項目となっている。

(167) 『社内報だいか』第二九五号（ダイカ株式会社、一九九五年五月二五日）二頁。

(168) 前掲『通信報――私のマネジメント思考』二〇〜二一頁。

(169) ㈱あらた北海道支社長・得能健次氏への聞き取り調査による。

(170) A. D. Chandler, Jr. *The Visible Hand-The Managerial Revolution in American Business*, Harvard University Press, 1977（A・D・チャンドラー、Jr.著、鳥羽欽一郎・小林袈裟治訳『経営者の時代』上・下、東洋経済新報社、一九七九年一〇月・一一月）。

(171) 振吉巳歳男氏への聞き取り調査による。なお、『ダイカマンスリー』第二七巻第二九九号（ダイカ株式会社、一九九五年一〇月一日）一頁に振吉巳歳男による「『ボート』思考」という記事があり、これには「ボートは漕ぎ手全員が、全く同じ運動をするという、団体競技としては珍しく、この様な競技は『綱引きとボート』だけではないでしょうか。それだけにチームワークと言うよりユニフォーミティーが要求されるスポーツなのです。」と述べている。

(172)『ダイカマンスリー』第一一巻第一二三号（ダイカ株式会社、一九八一年三月一日）一頁、および同誌同号同頁を転載した前掲『通信報――私のマネジメント思考』六四〜六六頁。

(173)この仕入先無返品の公表時期について、『ダイカマンスリー』第二八巻第三二五号（ダイカ株式会社、一九九八年二月一日）一頁および同誌同号同頁を転載した前掲『通信報――私のマネジメント思考』一六頁では、一九九一（平成三）年一一月としている。しかしながら、『社内報だいか』第二五五号（ダイカ株式会社、一九九二年一月二五日）三頁の「平成三年度ダイカ十大ニュース」の八番目に「来年四月より仕入先返品ゼロの営業分部長方針が発表される（九月）」という記事があること、さらにその『第二三期営業本部長方針』が公表されていること、『ダイカマンスリー』第二三巻第二五一号（ダイカ株式会社、一九九一年一〇月一日）の刊行年月が、一九九一（平成三）年一〇月一日であることから、最初の公表時期は一九九一年九月頃とみてよいであろう。

(174)『ダイカマンスリー』第二四巻第二六三号（ダイカ株式会社、一九九二年一〇月一日）一頁、前掲『通信報――私のマネジメント思考』一〇頁。

(175)『ダイカマンスリー』第二三巻第二五五号（ダイカ株式会社、一九九二年二月一日）一頁、前掲『通信報――私のマネジメント思考』一〇〜一七頁にも転載。

(176)『ダイカマンスリー』第二四巻第二六三号（ダイカ株式会社、一九九二年一〇月一日）一頁、前掲『通信報――私のマネジメント思考』一六〇頁にも転載。

(177)『ダイカマンスリー』第二五巻第二七五号（ダイカ株式会社、一九九三年一〇月一日）一頁、前掲『通信報――私のマネジメント思考』一六〇頁にも転載。

(178)『ダイカマンスリー』第二六巻第二八七号（ダイカ株式会社、一九九四年一〇月一日、一頁、同誌第二七巻第二九九号（同社、一九九五年一〇月一日)、いずれも前掲『通信報――私のマネジメント思考』一六〇〜一六一頁にも転載。

(179)『ダイカマンスリー』第二八巻第三二五号（ダイカ株式会社、一九九七年二月一日)、一頁、前掲『通信報――私のマネジメント思考』一六〜一七頁に転載されているが、この転載が部分的であるため、返品率の数字が、仕入先への返品率と誤読される可能性が高いであろう。

(180) 筆者による質問に対するダイカ関係者からの回答による。
(181) 前掲『ダイカマンスリー』第二三巻第二五五号一頁、前掲『ダイカマンスリー』第二四巻第二六三号一頁、前掲『ダイカマンスリー』第二五巻第二七五号、一頁、前掲『ダイカマンスリー』第二六巻第二八七号一頁および前掲『通信報――私のマネジメント思考』一六〇～一六一頁。
(182) 前掲『ダイカマンスリー』第二五巻第二七五号一頁、前掲『通信報――私のマネジメント思考』七九～八二頁にも転載。
(183) 前掲『ダイカマンスリー』第二八巻第三一五号一頁。
(184) 前掲『通信報――私のマネジメント思考』二六頁。
(185) 同書、二七～三〇頁。
(186) 前掲『第六三期有価証券報告書』一六頁、『ダイカマンスリー』第二九巻第三二一号（ダイカ株式会社、一九九七年八月一日）一頁。
(187) 『ダイカマンスリー』第二九巻第三二二号（ダイカ株式会社、一九九八年九月一日）一頁、前掲『通信報――私のマネジメント思考』一六二頁にも転載。
(188) 同書、三〇頁。
(189) 前掲『ダイカマンスリー』第二九巻第三二二号一頁。
(190) 前掲『通信報――私のマネジメント思考』二七頁。
(191) 前掲『第五六期事業報告書』一頁。
(192) 前掲『第五七期事業報告書』一頁。
(193) ダイカ株式会社『第五八期事業報告書』（平成四年八月一日から平成五年七月三一日まで）一頁。
(194) ダイカ株式会社『第五九期事業報告書』（平成五年八月一日から平成六年七月三一日まで）二頁。
(195) 前掲『第六〇期有価証券報告書』一三頁、前掲『第六一期有価証券報告書』一三頁、前掲『第六二期有価証券報告書』一三頁。
(196) 前掲『第六二期有価証券報告書』一三頁。

(197) 前掲『第六三期有価証券報告書』一六頁。
(198) 前掲『第六四期有価証券報告書』一五頁。
(199) 前掲『第六五期有価証券報告書』八頁、前掲『第六六期有価証券報告書』七頁。
(200) 前掲『第六八期有価証券報告書』七頁。
(201) 前掲『第五六期事業報告書』一頁。
(202) 前掲『第六一期有価証券報告書』二四頁。
(203) 前掲『第二〇期報告書』七頁。
(204) 筆者による質問に対するダイカ関係者からの回答による。
(205) 伊藤伊は、伊藤昌弘氏が伊藤伊株式会社の社長に就任した一九八五年当時でも「売上高の八〇パーセントが仲間卸で、残り二〇パーセント程度が小売店の販売で」あり、「九〇年代に入っても仲間卸は七〇パーセントを占めて」いた。その後、小売店との直接取引を拡げて二〇〇二年の初め頃には「直接取引が七五パーセント、仲間卸が二五パーセント」へと転じた(伊藤伊株式会社『ぱぶりん』第四二号、二〇〇二年春号、八頁)。仲間卸から小売店への販売価格と伊藤伊から小売店への販売価格は同一とされたため(伊藤伊株式会社『ぱぶりん』第二〇号、一九九六年春号、二頁および伊藤伊関係者への聞き取り調査による)、伊藤伊は仕入価格と同額で仲間卸へ販売することとなり、伊藤伊にとって仲間卸への売上総利益は名目上ゼロ(実質的には帳合料が仕入原価から控除されるのでその分が売上総利益となる)となる。こうしたこともあって、伊藤伊の売上総利益率は、ダイカのように小売店への直接販売が大きい場合と比べて、小さくなる。ちなみに、仲間卸の比重が高かった一九八五年一一月期決算の第二〇期(一九八四年一一月二九日~一九八五年一一月二八日)の伊藤伊の売上総利益率を計算してみると五・一パーセントであるが、仲間取引に対してメーカーから付与される帳合料などの受取割戻金(仕入割戻)を売上原価から控除して再計算すると七・七四パーセントとなる(伊藤伊株式会社『第二〇期決算書』)。また直接取引への移行が進んだ二〇〇四年三月決算の第三八期(二〇〇三年四月一日~二〇〇四年三月三一日)を計算してみると、仕入割戻を原価控除しない場合で九・〇六七パーセント、原価控除した場合で八・九八五パーセントとなる。直接取引への移行によって売上総利益率が向上したことになるが、それでも一九九〇年代のダイカに比べて低いことがわかる。

(206) このほかに外部との取引関係での会計上の近年の変更の主なものについてふれておくと、大手小売業者への納品の際に、その物流倉庫のいわば「使用料」として支払うセンター・フィーは、ダイカでは従来から株式会社あらたの時代になっても販売管理費の「納品代行料」(「運送料」などとは別の独立した科目)の費目で計上してきたが、これも二〇一三(平成二五)年三月期になって売上高の控除項目の「売上割戻」に変更された。この場合、売上総利益がその分だけ減額されることになる。これは、得意先へのフィーであり、株式会社あらたで管理できる費用ではなく、支払リベートであるとの考え方からであるという(筆者による質問に対する㈱あらた関係者からの回答による)。

(207) 前掲『第六五期有価証券報告書』八頁および前掲『第六六期有価証券報告書』七頁。

(208) 前掲『第六六期有価証券報告書』七頁および五九頁。

(209) 前掲『第六〇期有価証券報告書』六頁、前掲『第六一期有価証券報告書』六頁、前掲『第六二期有価証券報告書』六頁、前掲『第六三期有価証券報告書』七頁、前掲『第六四期有価証券報告書』六頁、前掲『第六五期有価証券報告書』一九頁、前掲『第六六期有価証券報告書』一五頁、前掲『第六七期有価証券報告書』一五頁、前掲『第六八期有価証券報告書』一四頁。

(210) 前掲『第六〇期有価証券報告書』六頁。

(211) 前掲『第六一期有価証券報告書』六頁。

(212) 前掲『第六二期有価証券報告書』六頁。

(213) 前掲『第六三期有価証券報告書』七頁。

(214) 前掲『第六〇期有価証券報告書』六頁、前掲『第六一期有価証券報告書』六頁、前掲『第六二期有価証券報告書』六頁、前掲『第六三期有価証券報告書』七頁、前掲『第六四期有価証券報告書』六頁、前掲『第六五期有価証券報告書』一九頁、前掲『第六六期有価証券報告書』一五頁、前掲『第六七期有価証券報告書』一五頁、前掲『第六八期有価証券報告書』一四頁。

(215) 第三章を参照されたい。

(216) 『日経流通新聞』一九九一年七月二七日号。

(217) 前掲『第二〇期報告書』六頁、前掲『第二一期報告書』一〜二頁。
(218)『日経流通新聞』一九九二年七月三〇日号。
(219) 前掲『第五六期事業報告書』一頁。なお、同書同頁には「代金回収の自動振替制移行は、実施して八カ月間で二〇〇〇店に達し」と記されているが、この報告書の対象とする期間（一九九〇年八月一日〜一九九一年七月三一日）あるいは期間前のどの時点で自動振替制に移行したかは明らかではない。
(220)『日経ＭＪ』二〇〇二年八月一日号。
(221) 株式会社あらた『第二期有価証券報告書』（自二〇〇三年四月一日至二〇〇四年三月三一日）三三頁。
(222) 同報告書、七三頁、九五頁および一二一頁。

結　ダイカの進化と流通革命

最後に本書の検討によって明らかにされたことをあらためて整理し、㐂十全堂およびダイカが中間流通企業としての役割を長期的に、かつより大きく担うことができた諸特長について経営史的な視点から、述べておくことにしたい。

ダイカの創業と経営の展開

まず第一章では、一九〇九（明治四二）年の創業から一九六九（昭和四四）年の七社合併会社のダイカへ展開する直前までの㐂十全堂の経営の発展過程を検討した。函館の経済・商業が興隆する明治末期に創業された㐂十全堂は、勤労と社会貢献を重視する創業経営者の齋藤脩平の経営理念によって、函館から北海道各地へと拠点を増やし、さらに、メーカーによる流通経路の掌握の戦略に対しては能動的に対応し、複数の「分社」制による道内広域総合卸企業へと経営を進展させた。地理的な広がりをもちながらも、それぞれの独立性を保ちながら連携する組織運営の方法は、その後の時期に同社が合併を推進してゆく際の経験的基礎となった。

一方、㐂十全堂は、すでに一九三〇年代初期には花王との取引実績で、北海道内第二位にランクされるまでになっていて、戦後の一九六〇年代前半には、ライオン歯磨との取引実績でみる限り、北海道内で首位にランクされるようになった。それは、齋藤脩平から経営の舵取りを継承した大総一郎の時代になってからのことになる。

第二章では、七社の合同企業によりダイカが成立する過程とその背景および経営史的意義について検討した。ダイカの成立を促した客体的条件としては、旧態依然たる中間卸業者の消滅を示唆する流通改革の学説や、資本自由化をふまえたメーカーの流通段階の統合・包摂の戦略、さらには北海道内での小売新業態の台頭などがあった。また、そうした経営環境の変化を改革の好機と積極的に捉えた経営者たちは、先代からの信頼関係や道内卸業者の日常の協調を基礎に、強い結束の方向へと動いた。そうした主・客両諸条件があいまってダイカへの統合が実現し、合併後の業務展開を順調なものにした。ダイカは、道内では最大、全国でも第二位の資本金規模の企業合併となり、その営業網も道内のほぼ全域となった。

一方、ダイカへの統合は、道内のみならず全国の卸企業の連携や合同の影響を受けたり、影響を与える面があったが、被合併会社の業績や関係からみても模範的なものであった。他面において、ダイカの合併は、ダイカ自身にとっては、その規模と範囲のより高度な経済性を追求する基盤を形成する意味をもった。また卸業界全体にとっても、経済性追求のひとつの方向性を示すものであった。こうした意味で、ダイカの成立は、そうした卸業者の社会的存在意義を、日本の流通経営史上に大きくとどめる意義をもつものであったといえる。

第三章では、一九七〇〜八〇年代のダイカの企業経営および卸機能の諸側面について多面的に検討した。大総一郎の子息である大公一郎と、その義理の兄弟である振吉巳歳男が経営の舵取りを継承した時代である。この時期のダイカでは、ダイカ成立に参加した母体企業の経営と所有が依然として中心であったものの、専門経営者層の成長もみられ、確固たる経営方針による自主性を保持した拡充戦略が展開された。さらに、組織を担う人材の質の向上と組織的結束力強化の努力も重ねられ、競争優位を決定づける情報・物流の機能面への投資にも積極的であった。また店頭管理というインストア・マーチャンダイジングの展開もはかられた。これらのことが、一九七〇～八〇年代のダイカの経営全体を通じてみた主体的な成長条件であったとみることができよう。

このような成長条件は、次の時期に全国に経営の拡大をはかることを可能とする優位性をもった条件となったとみることができよう。

第四章では、流通の川上に位置するメーカーの専門卸会社や、川下に位置する小売企業が出店規制緩和で全国化を進展させるなかで、中間流通企業のダイカが広域化してゆく過程を検討した。この一九九〇年代から二〇〇〇年代初期の時期の流通経営の機能面に注目すると、より顧客志向が強まり、店頭の活性化のためのより高度なシステムの構築が求められるようになった。

そうした経営環境のなかで、ダイカは一九九〇年代に入ると、八戸のネタツ興商、秋田の富士商会、埼玉のタナカと合併し、東北・関東地域へと進出した。二〇〇〇年になると長岡のエヌフォーとの合併により、東日本のほぼ全域をカバーする広域卸企業となった。それとともに、営業拠点の再設計や、物流や情報のシステムの高度化と広域的統一および新たな拠点整備のために積極的な投資を実現した。二〇〇二年には、名古屋の伊藤伊、九州のサンビックとの連携による持株会社設立によって全国卸への準備も始めた。

この時期のダイカの資金調達面をみると、一九九二年に株式の店頭登録を果たし、それ以降、増資によって自己資本を拡充させた。また、設備やシステムの高度化のために必要な資金を賄うために、社債や長期借入金も必要とした。銀行との金融関係をみると、次第に株式による資金調達よりも、借入金にシフトする傾向もみられた。

所有と経営の側面についてみると、所有面では、従業員持株会が、ダイカとその被合併会社の経営者ファミリーと同様に安定的株主であった。経営面では、ダイカとその被合併会社の関係者のほか、これらの会社で育成された人材が経営者層を形成し、専門経営者層を従前よりも厚くしていく傾向がみられた。

人的資源についてみると、合併による広域展開とともに人的資源を増加させたが、採用地は東日本全体に拡がった。新規採用者の最終学歴をみると、高校卒業者が依然として高い比率であったが、大学卒業者も少しずつ増えてその出身大学も地理的に拡がる傾向がみられた。また、人的資源を設備投資のストックとの関係で捉えると、資本装備率を上昇させており、ダイカが機械化・近代化を進展させたこともおおむね確認された。採用された人材は、ダイカの教育システムによって、その資質の向上がはかられた。それと同時に、マネジメントの効率化が追求された。

業績を見ると、売上高は次第に向上し、一二年あまりで四倍以上の伸びとなった。売上構成のなかでは、次第に紙・衛生材が比重を増していった。利益面も、決算期や会計制度の変更にともなう一時期を除いて伸張の傾向にあった。売上総利益に注目すると、小売店との直接取引の比重が大きいダイカは、二次卸（仲間取引）中心の伊藤伊のそれと比べると相対的に高かったことも注目される。

利益還元をみると、配当性向は次第に増える傾向にあり、株主への利益還元が重視される傾向が読みとれた。売上高でみる限り、ダイカは業界二位の地位にあり、持株会社方式による三社連携の合計額でみると業界首位が見込まれるほどであった。しかし、一人当り売上高や売上高経常利益率あるいは一人当り経常利益額でみると、必ずしも上位にはランクされず、業務効率改善の効果は、その意味で限界的であったとみられる。

ダイカ発展の経営史的特長

以上のように、創業年の一九〇九（明治四二）年から二〇〇〇年代初期までの一〇〇年近くの奙十全堂およびダイカ株式会社の経営史的な検討の結果、次のように総括できよう。

まず第一に、創業者から第三代目の経営者にいたるまでの経営の理念である。共通する経営理念は、社会への奉仕と貢献ということである。これは、ダイカとして合併する場合も、東日本のダイカへと広域展開する場合も、合併に参加する経営者たちの社会的使命として共感を呼び、統合の求心力となった。

第二に、そうした社会的使命感にもとづく、リーダーシップと企業行動の積極性である。経営者の確信に満ちた経営理念が原動力となって、強いリーダーシップが発揮された。そのリーダーシップは、経営者の近未来の展望力とネットワークによって、合併を実現させることとなった。そして、その合併が規模と範囲の経済性を発揮する企業組織を形づくった。組織の外形のみならず、その内部においても、強いリーダーシップによって組織能力の充実と強化がはかられた。人材の育成は最も重視された要素であり、有能な人材の確保とその能力向上の施策によって「組織の鮮度維持」がはかられた。また、物流・情報システムの革新、商品管理の革新も追求された。

第三に、メーカー、中間流通、小売企業の間のいわゆる垂直的競争のなかで、すでにメーカーの高圧的な戦略に対しては一九二〇年代から、小売業のそれに対しては一九七〇年代から分社的な別会社として対応措置を講じたことである。企業の本体から切り離した組織的な対応措置を講ずることで、一定程度のリスクを回避しながら、中間流通企業としての社会的存在意義を維持する戦略であった。

第四に、一九八〇年代以降、垂直的な競争と中間流通企業の間の水平的な競争が双方ともに激しさを増すなかで、情報・物流システムがいずれの競争でも競争優位を決定づける領域となったが、そうした面への投資もたゆまず追求したことである。その根底には、みずからの社会的存在意義をつねに自己に問い続ける経営者の意識が強くはたらいていたことが垣間見える。

第五に、本書では必ずしも実証的に明快にすることはできなかったが、広域的事業管理の早期の経験とその積み重ね、およびその広域事業システムのたゆまざる高度化の追求の面にも注意しておきたい。すでに創業者の時代から広域的事業を経験し、その後、メーカーへの対応策としての別会社経営、ダイカ成立による道内広域事業拠点による管理など、つねに複数の事業拠点を分散的かつ統合的にマネジメントする経験を重ねてきた。とくに道内全域を網羅する管理システムの構築は、次の時代の東日本のダイカ、全国卸のあらたへと展開する組織と管理の経営史的基盤となったことであろう。

このように、奈十全堂およびダイカでは、商いと企業の活動を通じて社会に貢献するという経営者の意識を進化的に継承し、そうした経営理念にもとづいて中間流通企業としての機能を進化させる企業行動を継続してきた。こうした中間流通企業こそが、「問屋斜陽論」や「問屋無用論」に反して、実際の「流通革命」を大きく担ってきたといえよう。

なお、序章でもふれたように、二〇〇四(平成一四)四月、ダイカは四社合併により株式会社あらたとして、全国卸としての本格的な事業展開を進めていくこととなる。あらた成立に参加した他の中間流通企業の経営史的検討や、あらた成立後の事業展開の実証的な検討については、他日を期することにしたい。

あとがき

本書は、日用雑貨の中間流通企業の株式会社あらたの前身企業のひとつであるダイカの経営史的研究である。筆者のこれまでの二冊の単著学術研究書である『科学的管理法の日本的展開』(有斐閣、一九九八年)と『日本的流通の経営史』(有斐閣、二〇〇七年)は、複数の事例の検討によって構成されていたが、本書では単一の事例についての検討を行った。その意味でも初めての試みであるが、いわゆる卸売企業の事例についての経営史的研究の蓄積がいまだ十分でない現状にかんがみても少ない試みのひとつといえるかもしれない。

研究書の出版が難しい状況のなかで、前の二冊の研究書と同様に、明治大学社会科学研究所の研究叢書としての出版助成を得て、上梓することができた。記して関係者へ感謝の意を表したい。

本書を構成する各章の論考の初出を章の順に整理すると、次の通りである。

第一章　「㮈十全堂にみる地域有力卸企業の生成」(明治大学経営学研究所『経営論集』第五九巻第一・二号、二〇一二年二月)。

第二章　「ダイカ成立の背景と過程――『問屋斜陽論』の経営史的検討の試み――」(同志社大学商学会『同志社商学』第六三巻第五号、二〇一二年三月)。

第三章　「ダイカにみる一九七〇～八〇年代の地域卸企業の経営発展」（明治大学経営学研究所『経営論集』第五九巻第三・四号、二〇一二年三月）。

第四章　「ダイカにみる一九九〇～二〇〇〇年代初頭の地域有力卸企業の広域展開」（明治大学経営学研究所『経営論集』第六一巻第三号、二〇一四年三月）。

これらのうち第一章、第二章および第三章に関する論考の作成に関しては、文部科学省所管・日本学術振興会科学研究費補助金・基盤研究（C）（二〇〇九～二〇一一年度【課題番号：21530346】）、第四章に関する論考については、同・基盤研究（C）（二〇一三～二〇一七年度【課題番号：25380448】）の研究助成を得た。

これらの論文を作成する過程で、明治大学図書館、立教大学図書館、弘前大学図書館、札幌市中央図書館、函館市中央図書館、八戸市立図書館、秋田県立図書館、仙台市民図書館、長岡市立図書館、花王株式会社、ライオン株式会社などの所蔵文献・史料を利用させていただいた。これらの関係者にもお礼を申し上げたい。また第三章と第四章に関する論文を作成する過程で、北海道大学で開催された経営史学会北海道ワークショップで二度にわたり（二〇一二年一月七日、二〇一三年七月二〇日）、報告の機会をいただき、参加された方々からコメントをいただいた。心より、お礼を申し上げたい。

さて、ダイカの事例を検討するうえで大きなきっかけとなったのは、別の研究テーマでお世話になっていた函館市の経済部経済企画課（当時）の東出洋幸氏の岳父の石井勝男氏（二〇一四年五月逝去）がダイカに勤務されいたという話をうかがったことである。そのつてで、元ダイカの常務取締役で、本書の経営者の検討の部分でもお名前をあげさせていただいている池田稔氏と、二〇〇九（平成二一）年九月八日に札幌のホテルでお会いすることができた。池田氏から、さまざまなお話しをうかがいながら、大公一郎氏をご紹介いただくこととなった。同年一〇月二九日、札幌のホテルで大氏とお会いし、北海道大学の高井哲彦氏が予約してくれた北海道大学内の部屋で、大氏への初めての聞き取り調査を実施することができた。翌月の一一月六日にも、北大で聞き取り調査を重ねたが、それ以降、細かい事実や経営者の認識などの確認のために、大氏には、何度か直接お会いしただけではなく、手紙や電話やFAXで何度も連絡を取らせていただくことになった。

大氏からは、振吉巳歳男氏をご紹介いただくとともに、株式会社あらた北海道支社長の得能健次氏と業務統括（当時）の北飯義則氏、『北海道商報』を発行されていた米山幸喜氏（北海道卸粧業連合会事務局）をご紹介いただいた。振吉氏には、二〇一〇年七月二日に得能氏・北飯氏とともに初めてお会いし、さらに翌月の八月一九日にも聞き取り調査の機会をいただいた。振吉氏からは、その後もお話しをうかがったり、お手紙でいろいろとご教示をいただいた。また得能氏からは、ダイカの『社内報』はじめ『事業（営業）報告書』や『有価証券報告書』、得意先向け広報誌『ダイカマンスリー』などの経営諸史料の活用の便宜をはかっていただいた。得能氏や北飯氏には、その後も細かい事実確認などで多くの方々をご紹介いただき、長い間にわたってお世話になった。米山氏からも、『北海道商報』掲載記事の詳細や業界の状況についてご教示いただいた。さらに、大氏からは、後にダイカと合併する、タナカの田中作次氏、伊藤伊の伊藤昌弘氏、サンビックの小野文明氏もご紹介いただいた。三氏からいろいろとお話しをうかがうことができたことにより、卸売企業の経営について理解を深めることができた。

他方、これより前の二〇〇五年九月二七日から二〇〇六年四月七日まで六回にわたって、東京の代表的な卸売企業である中央物産の丸山源一氏に、お話しをうかがう機会があった。これは、法政大学の尾高煌之助・松島茂両教授（当時）によるオーラル・ヒストリーのプロジェクトであり、筆者も参加させていただいた。この聞き取り調査で、東京はじめ各地の業界について理解を深めることができた。

ところで、筆者は、二度にわたり花王の会社史編纂のお手伝いをさせていただいたが、その間に、それら社史編纂とは別に、所蔵資料について研究用史料としての活用の便宜をはかっていただいた。さらに、花王の社史編纂室の申し出で、社史とは別の花王の販社（花王製品専門の卸売会社）草創期の歴史を整理することとなり、多くの関係者への聞き取り調査を実施する機会に恵まれた。この過程を通じて、ダイカと合併した富士商会の鈴木茂夫氏はじめ同社の経営者の方々とお会いすることができたし、メーカーと各地の卸売店との関係や各地の卸売業の地域性といったことについて理解を深めることができた。また、別の機会にライオンの井口寛治氏（二〇一四年三月逝去）には、各地の卸売業界の方をご紹介いただいた。

なお、前著『日本的流通の経営史』のあとがきでも記したが、筆者は、日本の流通発展に関わる二人の重要な学者と接点をもっていた。おひと方は、田島義博先生（故人）であり、もうおひとかたは林周二先生である。一九七五（昭和五〇）年の秋に指定校推薦入試で上京した際に、学習院大学経済学部の面接諮問者の立場でいらした田島義博先生に初めてお会いした。また、一九八八（昭和六三）年四月に大学教員として初めて赴任した静岡県立大学経営情報学部の初代学部長は、本書でとりあげた『流通革命』論の林周二先生であった。そうしたご縁をふりかえると、本書のようなテーマに取り組むことになったのにも、何か運命的なものを感じないではいられない。

これまで筆者が、何とか地道に研究活動を続けて来られたのは、多くの先生方のおかげである。学部時代の指導教授の湯沢威先生には、今なお湯沢ゼミOB研究会で、多くの同期生・後輩とともに知的交流の場をいただいている。大学院時代の指導教授である由井常彦先生には、大学院時代から今日もなおいろいろと研究の展開に関わるご指導をいただいている。両先生との出会いとご指導がなければ、経営史という難しくもおもしろい研究の道に進むことはできなかったであろう。両先生とも、いまもなお新しい研究を次々を発表されており、そうした率先垂範に導かれて、筆者も初心を忘れずに何とか研究活動を継続できている。また、森川英正先生、米川伸一先生（故人）、宇田川勝先生にも、学部時代からたいへんお世話になっている。大東英祐先生には、前の研究テーマであった科学的管理法の経営史的研究の時期から今日にいたるまで丁寧なご指導をいただいている。そのほか、経営史学会の多くの先生方のご指導やご支援も、筆者にとっては研究を進めるうえでの大きな基盤となっている。

以上のように、ダイカをはじめ卸業界の関係者、花王やライオンの関係者、経営史学会の多くの先生方のご教導とご協力によって本書は上梓された。皆様に、心よりお礼を申し上げたい。

本書の企画・出版に際しては、株式会社ミネルヴァ書房の堀川健太郎氏にたいへんお世話になった。同氏はじめミネルヴァ書房の関係者にも、お礼を申し上げたい。

二〇一五年三月

佐々木　聡

人名・組織・企業名索引

（＊は人名）

あ 行

か 行

さ 行

た　行

な　行

は　行

ま　行

や・ら・わ行

欧　文

事項索引

あ 行

か 行

さ 行

た　行

な・は行

ま　行

や・ら・わ行

欧　文

《著者紹介》

佐々木　聡（ささき・さとし）

1957年　青森市生まれ。
1988年　明治大学大学院経営学研究科博士後期課程単位取得退学。
1995年　博士（経営学）（明治大学）。
現　在　明治大学経営学部教授。
主　書　『科学的管理法の日本的展開』有斐閣，1998年。
『日本的流通の経営史』有斐閣，2007年。
『暮らしを変えた美容と衛生』芙蓉書房出版，2009年。
『日本の企業家群像Ⅲ』（編著）丸善出版，2011年，ほか多数。

明治大学社会科学研究所叢書
地域卸売企業ダイカの展開
――ナショナル・ホールセラーへの歴史的所産――

2015年３月20日　初版第１刷発行　〈検印省略〉

定価はカバーに
表示しています

著　者　佐々木　聡
発行者　杉田啓三
印刷者　藤森英夫

発行所　株式会社　ミネルヴァ書房
607-8494 京都市山科区日ノ岡堤谷町１
電話代表　(075)581-5191
振替口座　01020-0-8076

亜細亜印刷・新生製本

ISBN978-4-623-07289-7

Printed in Japan